我的99次相亲

外企高管的奇葩相亲记

作者
夏晓光

时代出版传媒股份有限公司
北京时代华文书局

图书在版编目（CIP）数据

我的 99 次相亲 / 夏晓光著 . -- 北京 : 北京时代华文书局 , 2014.5
ISBN 978-7-80769-660-5

Ⅰ . ①我… Ⅱ . ①夏… Ⅲ . ①恋爱－通俗读物 Ⅳ . ① I247.5

中国版本图书馆 CIP 数据核字 (2014) 第 109955 号

我 的 99 次 相 亲

著　者 | 夏晓光

出 版 人 | 田海明　朱智润
统筹监制 | 王　水
选题策划 | 杨　霄
责任编辑 | 王　水　杨　霄
装帧设计 | 思成创业
责任印制 | 刘　银
营销推广 | 杨　霄

出版发行 | 时代出版传媒股份有限公司 http://www.press-mart.com
　　　　　北京时代华文书局 http://www.bjsdsj.com.cn
　　　　　北京市东城区安定门外大街 136 号皇城国际大厦 A 座 8 楼
　　　　　邮编: 100011　电话: 010 - 64267120　64267397
印　　刷 | 三河市祥达印刷包装有限公司　0316 - 3656589
　　　　　（如发现印装质量问题，请与印刷厂联系调换）
开　　本 | 695×995mm　　1/16
印　　张 | 20
字　　数 | 300 千字
版　　次 | 2014 年 7 月第 1 版　　2014 年 7 月第 1 次印刷
书　　号 | ISBN 978-7-80769-660-5

定　　价 | 32.00 元

目 录

01 奶奶级少女

本人姓夏，名曰：晓光。

1979 年末，出生在祖国北方的一所小村子。由于乡下的教育很不正规，7 岁的孩子入学，必须读完"小学前班"和"大学前班"，才可以升至一年级。当我离开乡下，到省城去读大学的时候，报到的当天就发现自己和大三的学生是同龄。

父母当初问过学校，土鳖老师回答说，孩子上学，从小打的基础最重要，没有学前班坚实的基础，到了一年级就会跟不上课。我的大好年华就这么在摇篮里被扼杀了两年，本来是 70 后的尾巴，却和 80 后一起走向社会。

大一开始的时候，母亲一直叮嘱我，在大学千万不要谈恋爱，要好好学习，现在的就业压力很大，不学点本事可不行。

大四年级快毕业的时候，母亲忽然告诉我，你可以去谈恋爱了，快毕业了，谈好对象后，毕业后尽快结婚。

在大学里，美女们往往在大一的时候就已经名花有主，到了大二和大三，不漂亮的女孩子也渐渐有主了。

那时候我扫描了一遍学校里剩下的单身女子，多半已经让人没有什么感觉了。你也许会说，不能太在意外表。

在长期的进化过程中，男人已经变成了一种视觉动物。女人或许觉得男人很肤浅，性格不比外表更重要吗？

这是一个残酷的事实，男人的大脑喜欢的是女人的性格，但眼睛却喜欢女人的外表，而恰恰眼睛长在了大脑的前面。所以女人用性格打动男人之前，必须先用身体打动男人。

大学期间，我除了学习之外，喜欢上了写作，校报经常发表我的文章，很快我便成了校园的才子。

　　既然是才子，就算没有佳人，最起码要有个长得不差的女朋友吧？不管同学们对我的才华评价有多高，事实就是那么残酷，学校的美女们一个个被那些叼着烟卷儿的丑八怪们追走了，我却被剩下了。

　　大学快结课的时候，姑姑要给我介绍女朋友。女孩名字叫陈圆圆，比我小一岁，从小在石家庄长大。女孩子大学在北京读的，今年面临毕业，由于学校已经结课了，回到了石家庄在找工作。

　　听到陈圆圆的名字，让人预感对方就是一个美女，不然的话，父母怎么会把女儿的名字取得如此红颜。

　　男人虽然很在乎女人的外表，我却并不是为了找什么大美女，只希望找一位让自己有些感觉的，带出去不觉得委屈就行。

　　"你见过那位女孩子吗？有照片吗？"

　　"我没见过，也没有她的照片。她妈妈说她女儿个子很高，接近170cm，性格也很大大咧咧的那种，曾经在学校跳芭蕾舞得过冠军……"

　　没等姑姑继续说下去，我立刻说："不错，我去见！"

　　跳芭蕾舞获过冠军的人，身材一定超级棒了。对于一个成熟的男人来说，脸蛋和身材相比，可能身材好的女性更有吸引力。如此红颜的名字，再加上170cm的芭蕾舞身材，足以让男人们浮想联翩。

　　姑姑又说："我给你电话，你们约上吃个饭，两个人聊聊。"

　　我留下了电话，与陈圆圆联系上了。一通电话，觉得对方说话声音很粗。有这样一则规律，说话声音越粗的女孩，长得越漂亮，声音越动听的女孩，一般都长得不好看。

　　上帝给了她好的嗓音就不会给她好的容貌，如果容貌和嗓音不可兼得的话，男人肯定会选择容貌。

　　我和陈圆圆沟通了一次，便约对方有时间一起吃饭。陈圆圆说："什么年代了，一起吃饭多俗呀，有时间一起去爬山吧。"

　　"爬山，石家庄哪里有山？"

陈圆圆"切"了我一声，说："苍岩山，在石家庄周边的鹿泉，我经常去爬山，有助于消耗多余的脂肪。"

　　"好，那咱们就去爬山吧。"

　　室友们知道我要去相亲一位获过芭蕾舞冠军的女孩，一个个羡慕的口水都差点流出来，嚷嚷着让我请大家吃饭表示庆贺。

　　父母给我花血本买了一套户外休闲装，连鞋子都是新买的，想讨一个都市美女做老婆，投资一下自己的"行头"还是有必要的。

　　当我们在石家庄的长途汽车站碰面的时候，我差点吐出血来。站在我面前的是一位体重几乎180斤的大胖子，大大的块头，特像周星驰电影中的搞笑女丑角。

　　……

　　这样的身材，也是跳过芭蕾舞的？居然还敢取名陈圆圆？

　　我上下打量她的时候，人家倒是很客气，主动与我握手。反正都到了长途汽车站了，即使一万个后悔，也得一起去爬一次苍岩山了。

　　你说逢场作戏也罢，碍于面子也罢，我只好跟陈圆圆去爬山，一路上偷着骂了姑姑一万次。她为什么都不看一眼实物，或者仔细打听一下，就直接介绍过来了，简直是太滑稽了。

　　到了苍岩山，我们开始爬。陈圆圆一个劲儿地狂侃，说她在北京读书的时候每周都爬一次长城，现在回了石家庄，以后苍岩山就是她健身的地方了，就是希望练出好身材。

　　我冷不丁问了一句："听说你芭蕾舞获过冠军？"

　　陈圆圆粗声粗气地笑了，说："那是我读小学四年级的时候。"

　　我终于明白了有些事情是不能依靠感觉来下结论的，信息一定要收集的足够全面，才能对事情做出正确的判断。

　　中午的时候，陈圆圆将包包里带的一大堆零食全部吃得一干二净。我心想，她这种累了就狂吃的方式，哪里是在减肥啊，分明是在增肥。

　　当我们爬到山顶"天桥"的时候，陈圆圆非要与我合影。我忙说："我给你照吧，我不太习惯照相。"

　　陈圆圆倒是蛮自信的，摆出了各种Pose。此时此刻，在她的心目中，自己一定是最美的。

一天下来，我被累了个半死，临别的时候，陈圆圆专门要了我的QQ、邮箱等一切的联系方式。

回到学校，发现陈圆圆已经上了QQ。她告诉我，可以去她的空间踩踩。当我进去她的QQ空间后，发现相册里有很多照片。最近的照片是这次在苍岩山上拍的，每一张照片下面都写着备注。

在庙宇前的照片，备注为：奶奶在庙宇前。在天桥上的照片，备注为：奶奶在天桥上，在山顶的照片，备注为：奶奶在山顶……

我又看了一眼她曾经在长城上拍的照片，站在好汉坡前的照片，备注为：奶奶在好汉坡。在长城门口大炮前的照片，备注为：奶奶在大炮前。

……

另一个相册写着西湖一游，我打开后，下意识地打开一张在断桥上的照片，不用我说大家一定知道写的是什么吧？

看了这些照片后，我想笑，觉得这个女孩属于超级自信的类型，还是因为丑人多作怪的缘故。也许因为她不漂亮，没有男孩追求她，于是采用这种出风头的形式来展现自己。

陈圆圆用QQ问我，"今天很高兴与你在一起读过愉快的时光，我们可以进一步交往一下吗？"

我回复说："我们还是做普通朋友吧。"

"为什么呢？"

"因为我太年轻，还不想这么早就当爷爷。"

……

接下来的日子里，这位"奶奶"级的少女从我的世界里消失了，QQ上再也看不到她了。也许是人家找到归宿了，也许是人家觉得和我没戏，就删除了我，省得浪费时间。

在我的印象中，这个女孩还是蛮可爱的，但是可爱跟让人想去爱还是有一定的距离。我没有选择跟她走到一起，做"爷爷"。

02 凤凰男

毕业后，我拿到了一纸文凭。逛了几次人才市场，投递了几份简历后，在家里等用人单位的消息。

母亲一直唠叨，希望我能带一位女朋友回家，早点结婚。我说没有遇到合适的，母亲又追问："为什么别人能找到，你却找不到？"

"读大一的时候，你不让我谈恋爱，在这方面我从没有练过手，让我一点经验都没有积累。从小到大，你又把我教育的这么传统，这么认真，这么老实巴交，我从不会说谎，做事情一板一眼。导致我追女朋友方面，怎么能 PK 得过那些坏小子们？"

母亲诧异的望着我，说："你这样的人，应该比他们更好找女朋友才对呀？"

"那是在解放前。"

……

父母也许永远不会理解，好男人为什么竞争不过坏男人。父母更不会理解，为什么现在的女孩子甚至不去看男人是不是真正的"适合"，只要追她的方式对了，被宠的感觉来了，一下子就爱了。

与其说这是爱情的力量，不如这就是女人的一股子冲动。冲动让她们恋爱，冲动又让她们结婚，后来又因为看透了对方而离婚。玩的一切都是那么闪电，有时候仅需要一个月，就把结婚证和离婚证都办了下来。

思想传统的父母，教育的孩子往往不太会追女朋友。刚到大学报到不到一周时间，已经有人拉着女朋友坐到自己大腿上了。当我还没有搞清楚班内美女的名字，已经有人在女生窗外的草坪上点燃一圈儿蜡烛，冲楼上大喊"我爱你"了。

你也许会说，女人需要的是浪漫。我要问你一个问题，你知道浪漫是什么吗？这个问题我当时也不明白，我走向社会后遇到的一系列的相亲对象中，一次次的败给了有经验的坏男人，我才开始研究这个问题。浪漫在某种程度下，就是"坏"，越老实巴交的男人，越让人感觉不到浪漫。

在争夺美女的战争中，缺乏经验的我，几乎不可能打赢。同学们劝说我眼光不要太高，咱委屈点，凑合一下，找个丑点的也无所谓，晚上把灯关了都一样。

难道好男人就该娶丑老婆？把美女们都留给那帮孙子们？不管我多么感叹天道不公，事实总是这样的，好汉子无好妻，赖汉子配仙女，在大学校园里无数例子已经证明，好菜都被猪拱了。

从小到大，我一直保持着真诚和传统，这与生长的环境有关。我的老家虽属于石家庄周边的郊县，那里却是一个非常传统的地方，直到现在还保留着一些旧社会的习俗。比如，每逢春节，我们都要给长辈们磕头拜年。村子里辈分大的老人，大年初一给他磕头的人，一跪就是一大片人，跟当年皇上享受的待遇差不多。

石家庄周围几个小县城的农村里，一直保留着这些风俗。也许是因为石家庄是一个小村庄发展起来的，这一带缺少都市文化的熏陶，很多古老习俗保持的比较"完好"。

我们的邻村更绝，除了磕头拜年的风俗之外，还流行"娃娃亲"。你也许觉得非常不可思议，城市里都到"爱情快餐"时代了，居然还有娃娃亲？

风俗的流行，并不是由于闭塞，而是大家都在这么做，没有人能够齐心协力去改变。即使个别村民不想订娃娃亲，也出于无奈。如果不给子女提早定亲，他的子女就可能抢不到像样的伴侣。

7岁的小男孩刚入学，家长就跟着孩子到学校去"选老婆"。农民"选美"也有一套，他们会参照对方父母的身高和模样来预测定亲对象未来的样子。

村长为自己的宝贝女儿选中了村子里一对卖菜夫妇的儿子，这对夫妇是村子里有名的老油条，精通耍撑杆儿技术，一斤菜少给顾客一两半。他们高超的撑杆儿技术，很多村民以他们为偶像。

他们的儿子刚入小学便成为娃娃亲的抢手货，提亲的人几乎要踏破门槛，最终被村长的女儿抢到了手里。

上天有时候喜欢给人类开玩笑，这小子从小学四年级开始，身体再没有长高过，而他的脚却一直快速的生长。

14岁的时候，他需要穿46号的鞋子。如果你低头看到他的脚，会想象此人身高至少一米九。当你抬起头看到实物的时候，却发现身高只有一米五。这小子不仅没有遗传父母的身高，也没有遗传父母的智力。

父母那么狡猾，儿子却先天性脑残，每次考试都得零蛋，抄别人试卷的时候，把对方的名字和学号也抄在了自己的试卷上。还有人透露，这小子除了身材矮小，大脑弱智之外，还每天都尿炕。

……

那些定了亲的孩子们，在学校从不和自己的"对象"谈话，甚至走碰了也装作不认识。他们只在逢年过节，男孩会买一些瓜子和糖果跑到女方家里走"亲戚"。

这些孩子长大后，刚满18岁就举行农村式婚礼，随后夫妻生活在一起，到了国家规定的结婚年龄，再去补办一张结婚证。

定了亲的双方如果有一方考上了大学，而另一方没有考上。榜上提名的孩子家长便要到对方家里去退亲，赔偿几百块钱违约金，这门亲事就算一笔勾销了。

这种习俗不知道流行了多少年，邻村很少和别的村子通婚，人家的姑娘基本上不对外。7岁就名花有主了，很少有机会嫁到外村。有一次，邻村一位姑娘，嫁给了我们村一位民工，邻村的人都说她嫁给了"老外"。

你也许会想，如果嫁给了外国人，村民们该怎么形容这位姑娘呢？这一点你可以放心，在我们老家，这种事情绝对不会发生，姑娘们有史以来从未嫁给过外国人，很多人一辈子都没有见过外国人。

03 起跑线

这一阵子，石家庄的人才招聘会成了我常光顾的场所，哪里有招聘会，哪里便有我的影子。

有好几次，我问招聘会上的工作人员，参加招聘会有没有贵宾卡？或者打折卡也行，近期的招聘会我几乎场场都去参加。

工作人员看到我这位一直没有找到工作的"常客"，还是摇了摇头。不管怎么说，我一直以每场 10 块钱的价格参加着一场场的招聘会。

作为一名法律专业的学生，出路只有报考公务员和律师。公务员的考试就算是过了，面试的时候也会有很多猫腻儿。父母如果没有关系，我们只有去投靠律师事务所。进去后先打杂，美其名曰"实习"，其实就是免费给对方干活儿。

律师事务所中午只管一顿饭，就可以免费使用这些大小伙子们。我不甘心那么贱卖自己的劳动力，想闯荡一下真正的社会。再加上所学的专业不给力，只好拿着大学里的兴趣爱好当做了求职的敲门砖，把方向瞄准了文案类的工作。

先是一家房地产公司的文案工作，邀请我去他们公司面试。面试官是一位 30 来岁的漂亮女士。第一眼，我的目光落在了她手臂的刺青上，那是一条小青蛇。

对方简单的问了我几个问题，看样子对我印象还不错，直接让他们总监给我面试，一见面，发现这位总监手臂上也有刺青，是一只蝎子。

当时有一种葫芦娃闯进"妖洞"的感觉，甚至对方给我倒的水，都不敢喝了。强忍着口渴，回答他的各种问题。当对方问我对薪资有什么要求的时候，我已经意识到，对方可能真的想要我了。

没等我回答，对方就说："每月工资 1200 元，试用期间 900 元，三个月试用期后就转正，行不行？"

我只好点点头，应付了一下，那时候我心里非常矛盾。来？还是不来呢？说实话，这个人给开的工资还不低，2004 年的石家庄社会平均工资才 900 元，刚毕业就给开到这样的薪资已经很难得了。

走出该公司的时候，我心里一直很纠结，好不容易得到的工作，给的待遇也是自己喜欢的。也许是我思想保守，对方手臂上的刺青，始终使我心里疙疙瘩瘩的，万一某一天发生了冲突，我招架得住吗？

正当我回头望了一眼这家公司，有一位女生拿着简历走了出来。一看就是刚才参加了面试，我急忙走过去和对方搭讪。

"来面试的吗？"

"是呀？"

这位女生算不上大美女，但也很清秀的样子，略有几分姿色。她对我眨了眨眼睛，表示友好。

"谈得怎么样？"

"没戏。"

"不会吧？"

女生讲述自己只进了"一面"，跟一位女面试官谈了没两句就结束了。我一听，也觉得肯定是没戏了。

如果进入"二面"的话，就会跟他们的"蝎子总监"面试了。面对这位清秀纯洁的女孩，我心中油然而生出一种想认识她的冲动。

经过我们的交流，她的名字叫宋佳，河北师范大学中文系毕业生，比我小两岁。

宋佳跟我一样，也是来自于石家庄周边县城的小村子，性格比较质朴和内秀。我为了提高自己的形象，告诉她我喜欢文学，经常有作品见校报，以后可以多交流。她顿时对我刮目相看的样子，说她很欣赏有文学气息的男生。

我们在公交站分别，留下了彼此的电话号码，以便于日后的联系。能够认识这么一位女孩也算比较幸运，我一直在猜她有没有男朋友。如果没有的话，我就有戏了。

刚才面试过的那家公司，经过我的犹豫再三，决定不考虑他们了，每当想起对方手臂上的刺青，我心里就一直没底。

回到家，关于工作的问题我就说面试失败了，再也没提这家公司的事情。报到的那天，我在家里睡觉，对方电话打了过来。我忙说自己身体不舒服，对方听后狠狠地摔了电话，把我耳膜都差点震坏了。

接下来的日子里，我和宋佳经常一起去参加各种招聘会，见到文案类的工作，我们就把简历递上去。

终于，有一家文化公司同时向我们抛出了橄榄枝。这是一家小公司，在裕华路的一个小角落，这里有一排小平房。

给我们的工资都是 500 元，合同、社保全部都没有。这家公司出版的杂志叫做"梅花读者文慧"，杂志的封面上，"梅花"两个字印得非常不明显，"文慧"两个字也弄得很小，不仔细看都看不到。

只有"读者"二字，印得又红又大，跟知名杂志《读者文摘》的封面做得极其相似。封面这么设计，目的是让人把该杂志当做《读者文摘》买了，以便于蒙混一些销量。

我任职文字编辑，主编姓吴是一位 40 多岁的男人，老婆留在老家，自己在外打工。住在办公室隔壁的小平房里，第一次走进他房间的时候，一股臭脚丫子气味差点把我顶了出来。

吴主编每月工资 1000 元，这个人整天不洗脸，也不梳头，每天起床后用五根手指在头发上抓两下，就等于梳头了。

他每天大量的时间都在网络里徘徊，给我们的感觉就是，大家没有太多的规矩，性格都很随和，我们起初工作也很开心。

别看 500 块钱的小工资，我当时干得很来劲儿，几乎就是领导指哪打哪。我和宋佳这种农村出来的孩子，对刚得到的第一份工作还是很珍惜的。

不久，我渐渐发现，我每天不是被吴主编派遣到公司外面的图书馆去选稿子，就是被派往印刷厂去调整杂志的板式。

我在办公室的时间几乎很少，当我干完活回办公室交差的时候。每次都看到宋佳和吴主编坐在电脑前看爱情电影，两个人的桌子上，还放着一支鲜艳欲滴的玫瑰。

宋佳很快和吴主编住进了那间布满臭脚丫子气味的房间，当初我们一起入职这家公司的时候，本以为我会成为近水楼台，结果人家却成了吴主编碗里的菜。

吴主编每天在网上写诗歌，声称要统领中国的诗歌界。宋佳也经常说，将来人们的生活节奏越来越快，就会没有时间看长篇小说，文字作品就会越来越短小，直到变成一首诗为止。

我终于明白了，吴主编利用小姑娘对诗人的崇拜，搞定了她。还贯彻了一系列的，写小说的作家未来没有前途，不如写诗歌的吃香。

吴主编每天都秀他的诗歌，其中有一首诗用陀螺来形容他自己的人生。诗歌大致是这样描述的，人生宛如陀螺，不停地被鞭笞，不停地旋转，鞭笞得越狠，旋转得越快……

宋佳读了一遍，眼睛湿润了。我看后，觉得吴主编一定是从哪里抄来的，在旧社会或许有人会写出这样的文字。吴主编每天睡到中午才起床，谁鞭笞了他？他又去哪里旋转了？

坚持干了3个月，我提出了辞职，我看不惯吴主编这种有家室的人还欺骗小姑娘。

当我要走的时候，发行部的同事说，大学生工作不好找，他们之间暧昧不管你的事，你辞职干什么？公司的老板也跟我说，如果在公司待下去，将来公司发展了，我们这些人都会是公司的元老。

为一家山寨版的杂志做元老？我毫不犹豫地走了，辞职后，还被母亲狠狠地说了一顿，说我缺乏坚持，大学生找工作非常不容易，况且吴主编又不是什么恶人，工资也不拖欠。

母亲还说民工们一个月累死累活，也只挣几百块钱，每月500块钱的工作也不好找，母亲一连串地对我数落着。她一直在农村待着，凡事都愿意拿民工们做比较，周围邻居家的孩子都跑去城里做了民工，也对母亲加深了跟他们比较的意识。

尽管我有很多次碰壁，还是相信自己会找到工作的。母亲开始求助于算命先生，对方给我相面以后，对我母亲说，你儿子面相不错，会有好工作等着他呢。

母亲这才放下心来，并且很认真地叮嘱我，说："你一定要答应我，以后再找了工作，无论如何，也不要再辞职了！"

又徘徊了两个月，终于功夫不负有心人，我找到了一家上市的制药企业，谋求了一份医药代表的工作。

医药代表就是往医院销售药品，对专业限制相对不是多强。销售这类工作，会做人就会做事儿，形象不差，肯吃苦就行，没什么难的。

到公司报到后，我先被该企业送到了绿色军营里进行了为期十天的军训。军训过后，又被公司安排到工厂里进行全封闭车间实习，两个月的实习结束后，公司派遣我到西安去做市场。

24岁的我，从未出过河北省，这次一下子被派往西安，觉得自己即将成为一个漂泊在外的孩子了。

值得我高兴的事情是，公司给到了1800元的底薪，根据当时的石家庄平均工资，能够拿到1800元的底薪，就算一分钱奖金都不拿的话，也算是一份高收入的工作了。

西安的消费水平和石家庄不相上下，这样的收入对于我来说是很让人兴奋的，销售工作如果业绩做得好，收入还会有大幅度的变化。

不管去哪里，为了前途和未来，我也得往前冲。此时此刻的心情，我带着好奇和冲动，也带着去一座陌生城市的恐惧和不安，不管怎么样，西安这座历史悠久的文化都城，在向我招手了……

04 两个世界的对话

过几天就要离开家了，这几天，我先和"发小"们道个别。我来到何涛家，这小子初中毕业后，就没有继续往上读书，如今在外面做民工。

何涛和我一般大的年龄，他现在小孩都两岁多了。当他知道我还没有对象，忽然想到，前几天刚刚有个工友让何涛给他妹妹介绍对象，正在帮对方物色人选。

"那个女孩是什么学历？"

"我不知道。"

"学的什么专业你知道吗？"

"也不知道。"

"长得什么模样呢？"

"没见过。"

天哪！何涛一直在帮女孩物色对象，应该对那个女孩的个人信息了如指掌，结果却对人家一无所知。好比你要出售一件商品，你自己都不清楚你要卖的商品是什么，这是多么不专业的做法。

我得不到任何讯息，只好问了一个开放性的问题："你到底知道那个女孩的哪些信息呢？"

何涛的眼睛一亮，说："我知道她是属鸡的，跟你属羊的不犯克。你有意吗？有意的话就见见。"

我有一种预感，这个女孩的条件不会多好。放弃吧，好歹也是一次机会，何涛介绍的这个女孩究竟是何许人也，现在我是一点眉目都没有。

"你到底见吗？"

何涛开始催促着，我考虑再三，觉得希望不大的事情，可以在本村见，反正我不用出远门，多见一个人也不吃亏。

"见吧，我们就在你们家见面。"

何涛听后，按着免提给他的工友打了电话。劈头就说给他妹妹介绍一个对象，把我夸得很帅，电话的对面立刻激动了起来。

"明天安排见见吧。"

"好呀，在哪里呢？"

"让你妹妹来我们村吧，在我家里见。"

对方顿时有意见了，说："这种事情都是男方趁女方，没有见过女方来趁着男方的，让那小子来我们村！"

何涛一听，觉得也有道理，于是答应了下来。何涛挂掉了电话，我说："我们不是说过吗？让她们来咱们村，否则我就不见了。"

"可人家是女方，你应该趁人家去。"

我也有一种倔脾气，本来一次希望很渺茫的相亲，跑那么远谁去呀？我又说："我们要是见面，就来这里，她们要是不想来的话，我就不见了。"

何涛又给对方打了一个电话，说："男方想让你们来这里，不想去你们村。"

对方听了一怔，说："靠！这是他妈的什么人啊？懂不懂人事儿？"

何涛笑呵呵的解释说："我同学就是很个性，其实人很好的。你们还是来吧，他肯定是不过去了。"

对方又说："那就到西马村见吧，我们家在西马村有亲戚，这个村子正好在我们村和你们村中间的位置上。"

"好吧。"

何涛又答应了下来，尽管我不停的使眼色和手势，他还是答应了人家。挂了电话后，我觉得何涛真不是一个会沟通的人，对他说："我说过了，要是见，就来这里，要么就不见了。"

何涛皱了皱眉头，说："就这么两公里，你也不过去？"

"对！"

我很坚决地说，防止何涛再一次向人家妥协。说实话，并不是我摆架子，主要是因为我对这场相亲寄托的希望不大。过几天要驻外工作了，在家的几天很难得，傻乎乎的跑出去，还不如在家多陪陪父母呢。

何涛只好又跟对方通了一次电话，好说歹说，终于说服了对方，对方骂骂咧咧过后，同意到何涛家里来相亲。

次日。

我按照农村人的方式，进行了相亲仪式。所谓农村人的相亲方式就是，男方需要买两斤瓜子，两斤糖果，放在媒人家里，等待着女方的到来。

女方来了，在母亲的陪同下来的。女方的母亲和何涛的母亲一见面，便聊到了一起，留下我和这位女士在一个房间里聊天。

事实证明，我的预感是正确的。第一眼看到这位女孩的时候，一点感觉也没有。长得一张黑黑的大饼脸，眼睛小且看上去带着一定的小脾气。

真没想到何涛给介绍的女朋友是这样的情况，这位女孩看到我长得还算阳光，她的脸上出现了一抹喜悦的微笑，问："你上过高中吗？"

说实话，对方这句话差点让我喷了，没想到一张嘴居然这么暴露自己的实底儿。为了面子过得去，我也只好配合说："上过。"

女孩用很欣赏的目光望着我说："你真的上过高中？"

我心里暗骂何涛介绍对象太不专业了，转念一想，在农村人的脑子里，哪有什么学历的概念啊？

他们认为，只要是没结婚的成年人，不管是谁，也不事先了解对方的任何情况，就开始往一起撮合。

"你什么时候高中毕业的呢？"女孩又问。

我想了想，说："4年了。"

"你高中毕业后，这几年去干了点什么？"

我开始不耐烦地说："把高中这一页翻过去，好吗？"

"为什么呢？"女孩很认真地说，"我想找个有高中文凭的。"

我对她笑了笑，说："我高中毕业后，读了大学，四年本科学历，目前在一家上市公司做医药代表。"

女孩嗤之以鼻地望着我，说："你大学毕业？胡扯！"

我也象征性地问了她一句："你从事什么工作的呢？"

"在我们村一家鞋厂干活。"

我知道，这种所谓的鞋厂，都是一些村民私营的，买一台压鞋机器，雇佣几个村民来干活，就算开工厂了。

女孩又问我，"你刚才说，你在什么地方做代表？"

"制药企业。"

"人大会你们参加吗？"

"不参加。"

"你不是代表吗？"

我递过去了一张公司刚刚为我印制的名片，说："我是制药企业的医药代表。"

女孩一只手抓过我的名片，问："医药代表不是代表医药的吗？为什么不去参加人大会？"

我解释说："医药代表的工作是往各医院去销售药品，也需要给客户做培训……"

"什么？你还做培训？"

我点了点头，女孩用一种怀疑的目光望着我，问："看你瘦瘦的，不像是学体育的呀？"

这句话我一时不解，做培训和学体育有什么关系呢？转念一想，忽然想明白了。村子里的人，似乎见过的培训就是体育训练，培训师在她们眼中也就是体育老师，似乎别的行业业不存在什么培训。

这便是传说中的没有共同语言，两个不在同一个世界里的人，被外力撮合到了一起，我只好沉默了。

难熬的时间终于结束了，两位唠嗑的老人走了进来。女孩的母亲打量着我的样子，满意地笑着说："你们谈的怎么样？相互留一下电话吧，以后你们好好联系。"

我忙赔上笑脸，说："我已经留名片了。"

"你还有名片？"女孩的母亲好奇地问，"你是做什么的呢？"

"医药代表……"我说到这里，看到对方正在皱眉，我又解释说："是做销售的。"

女孩的母亲又细细地打量了我，说："不至于吧，随便找个工作，比做销售不好吗？"

我不想做任何解释，老百姓眼中，似乎销售工作就是他们看到的那些挎个包挨家挨户推销的，似乎我们的工作和乞丐区别不大。对方不懂，我只好顺着说："销售的工作确实不好，现在工作不好找，以后有机会再说吧。"

听到我这么说，女孩的母亲点了点头，说："小伙子，沉住气，别太着急，工作只要努力去找，还是能找到的。回头看看我们村的鞋厂还招人吗？我让闺女帮你留意着，到时候你们一起去上班……"

"谢谢大妈的好意。"

女孩的母亲笑了，说："以后你们多联系，多了解了解，年龄大了，也该办事了。"

……

女孩及其母亲被送走后，何涛忙问："感觉怎么样？合适吧？"

"废话。"

何涛一脸不解，问："你说啥？"

我狠狠地瞪了他一眼，说："你自己觉得呢？"

何涛振振有词地说："差不多就行了，你打算又要学历，又要长相啊，一个村子才能出几个大学生啊？你这么大岁数了还想找什么样的呀？"

"我才24呀！"

……

我被何涛和他的母亲以及他的妻子连番着数落了很久，大概都是一些年龄大了，早该结婚了这样的话。

05 灰太郎

奔赴西安之前，村民们听说我找到了工作，有位 50 多岁的大爷跑到我家里来做媒，问："你们家晓光有对象了吗？"

"还没有呢。"

"我给他介绍对象来了。"

"是什么条件的姑娘呢？"

这位媒人很自信地说："这个姑娘工作非常好，就是长得不好看。"

媒人都说长得不好看，估计已经不堪入目了，我失望了大半截。看到我提不起兴趣，媒人一再得强调，说："人家工作非常好，你要是娶了这样的媳妇，以后日子会很好过。长相好坏又不当饭吃。"

没等我表态，媒人又问："你到底有意没有？人家可是工作很好，你赶紧决定吧，别错拿主意了。"

"到底是什么工作呢？"

媒人的眼睛睁得很大，伸出了大拇指，说："人家可是正式的工人，在市里的一家纺织厂上班，属于在编员工，逢年过节厂里都会发一些东西，每次发的东西最少也值 200 多块钱！"

我的脑子顿时"嗡——"的一声，难道所谓的好工作就是一位正式工人？转念一想，觉得也情有可原。

在农民眼中，工人阶级已经算是他们羡慕掉牙的阶层了，我如果和这些人进行理论，已经没法讲通道理了。

我很果断地对媒人表态，说："不合适，别见了。"

媒人瞪着眼睛有些恼火，问："为什么不合适？"

我说："你都说长得不好看了，我觉得不适合我。"

媒人用手指头在我脑门上狠狠地一点，说："你小子，人家工作好就得了呗，你管人家长得丑还是俊呢，长得好看能当饭吃吗？"

"我的工作也不差呀。"

"不差？"媒人指手画脚说，"你不就是找了一份跑销售的工作吗？你有固定工资吗？你们过节发东西吗？"

我正想跟他争辩，母亲瞪了我一眼，忙着圆场，说："让孩子考虑一下，回头再给你消息。"

媒人走出我家大门的时候，对母亲比划了好一番手势，说："好好劝劝他，千万别错过了，人家的工作的确很好，真正结婚过日子，长相都是次要的，娶了这样的姑娘，是你们家的福气……"

母亲送走媒人后，又跟我说："你要是有意的话，就去见见面。要是没意的话，也要给人家个台阶下，别那么硬生生地顶人家，人家给你介绍对象的都是好意。你这么一顶，以后再没人给你介绍了。再说了，见一下也不损失什么吧？说不定你还能找到感觉……"

"好！好！好！别说了。"

我觉得母亲似乎也希望我去见一见，这一点让我心里有些不快。在农村人眼中，二十岁就应该结婚生子，我这种年龄已经算是大龄未婚青年，所以母亲巴不得我立刻找一个媳妇结婚。

自从毕业到现在，母亲一直跟我念叨，等着抱孙子呢。她似乎都不想想，如果我这么仓促的娶一个丑八怪，你还能抱一个像样的孙子吗？

次日。

我正睡得迷迷糊糊，母亲把我叫醒了，"晓光，快起来，媒人来了……"

"又是什么媒人？"

我揉着朦胧的睡眼，从床上爬了起来。一看又是昨天那位令人讨厌的大爷，他今天龇着牙笑着，说："你小子还不起床，我都把你媳妇给带来了……"

天哪？

我立刻惊呆了，原来媒人把姑娘带来了，想让我见一见。我顿时明白过来，这是他和我母亲的算盘，都希望这门亲事能够有一个结果。

气得我一拳捶在了床头上，拳头立刻破了一层皮。母亲指着我说："不要犯傻，你的手不疼吗？赶紧出去见见人家，人家都来了，总不能不给面子吧？"

母亲推着我去洗了一把脸，又把我半推半桑的推到客厅。此时我父亲没在家，沙发上坐着一位个子较矮的姑娘和一位中年男人。

我仔细一打量，这位姑娘的脸上带着一块若隐若现的红色胎记。媒人事先说了这位姑娘不好看，可能指的就是这个缺陷。由于先前有了思想准备，觉得这个姑娘似乎并不如想象中的那么恐怖。

旁边的中年男人，留着小平头，长得样子还算是比较质朴的。从年龄一看便知道，父亲带着女儿来相亲了。

我礼貌性地对二人微笑了一下，坐在了沙发对面的椅子上。媒人笑着拍了一下我的肩膀，说："小伙子还害臊呢。"

这时候，中年男人的手机响了，他从裤兜里掏出手机，接听了一个电话，嘴里不停地说："我带着闺女出来相亲了……哦……小伙子还不错……家庭条件倒是……呵呵……，我家闺女在石家庄市里上班，工作也很好，太差的她也不同意……这次我劝劝她，小伙子好的话估计我家闺女没多大意见……"

我听了这些话，觉得媒人安排的这场相亲真的是荒唐的要命，在电话中被提到我家庭条件的时候，人家虽然只笑了两声，足以令坐在我一旁的母亲脸上红了好一阵子。

中年男人不停地对手机讲话，我发现他手机上拴着一大串铁链子，链子的另一头拴在裤环儿上。这是防止手机丢失的方法。在斯文人眼中，这样做的男人很土鳖。在农村人眼中，这种做法也许叫时髦。

通话结束后，他将手机塞回了自己的裤兜里。对我笑了笑，指着他家的闺女说："我家闺女在市里上班，今天请了假过来，你们单独谈谈。"

我愣在那里没有动弹，也没有回应，母亲在后面使劲推了我一下，说："去吧，你们到里屋去谈谈。"

姑娘已经站了起来，径直地走向了里屋，似乎她成了这里的主人。我只好跟在她后面磨磨蹭蹭地进了屋，身后的门，一下子就被关死了。

母亲关门还是真够快的，以前不管做什么事情，都没见到她这么利索过，看来这门亲事能这么荒唐，肯定有她的一份"功劳"。

我心里很难受，在母亲眼中，难道我真的和这个丑姑娘合适？

24岁的年龄，在城市里属于还不成熟的毛小子，甚至还没有足够的成熟给女性吸引力，在农村人眼中，这种年龄都应该有个会打酱油的儿子了。

姑娘跟我坐在相距两米远的地方，我一直没有开口。她倒是憋不住了，问："你父母除了种地之外，还做着别的事情吗？"

"没有。"

姑娘又认真地望了我一眼，说："你作为男人，会介意女方的家庭条件比你们家好吗？"

听到这句话，我白了她一眼，没说话。

姑娘似乎看出了我的表情，接着说："我没有看不起你的意思，我的意思是说，我父母在我们村里开了一家小卖铺，经营了十多年，赚了不少钱。在我们村，我们家是唯一盖上二层小楼的家庭。"

我对她装出了一个微笑，说："我将来是不准备生活在农村的，盖楼不盖楼的，跟我没什么关系。"

姑娘说："好呀，我也不准备在农村生活，一直在农村待着多没意思啊，平时想看场电影都没地方看。爸爸前年花三万块钱帮我安排了工作，现在我属于厂里的在编职工。"

我睁大了眼睛，问："你的工作还需要花三万块钱安排？"

姑娘一脸严肃地说："我们是国企单位，而且还给我做了编制，不花钱你能进得去吗？"

我笑了笑，说："我可不想进。"

姑娘眼睛一翻，说："你是吃不了葡萄说葡萄酸吧？"

我再也没说话，对方问我什么，我就应付两句，过了近一个小时。中年男人、媒人、我的母亲都进来了。

媒人笑眯眯地说："你们谈得怎么样？"

姑娘的脸红了，羞涩地望了爸爸一眼。中年男人顿时明白了女儿的心思，说："你们既然谈得不错，就留下电话号码吧，以后多联系联系，年龄都不小了，也该结婚了……"

母亲也在一旁说："晓光，快把你的手机号写给她。"

我忙说："我过几天就要到西安工作了，到了西安就会换号码，让她先把电话号码写给我吧，我换了号码跟她联系。"

中年男人笑着说："你去了西安，要多回来看看，别一走就忘了爹娘。"

媒人拍了好几下我的肩膀，说："更别走后，一下子把媳妇也忘了，多打打电话！"

姑娘的脸变得绯红，这么一红，那块红色的胎记似乎不太明显了。母亲找来了纸笔递给了那位丑姑娘，她的手哆嗦着写下了自己的电话号码，写完后，又仔细地检查了两遍，递给了我的母亲。

相亲后，媒人临走的时候，还对我母亲小声说："让他多给人家女方打打电话，男方要主动点，去西安后多回来看看，人家这个姑娘的条件是真不错，过了这村可没这店了……"

06 刺激

几天后，我离开了家乡，奔赴西安。

临走的时候，母亲提醒我，记得带上那个姑娘的电话号码。当我走出村口的时候，把丑姑娘的电话号码扔在了马路边上。

在西安工作期间，我先后回过几次老家，村里的人知道我在西安工作，经常有人问我，西安大还是石家庄大？我说西安至少顶三个石家庄。他们又问，莫非西安的建筑物比石家庄还要多？

公司的办事处坐落在西安郊区的大庆路附近，公司租用了一套 160 ㎡ 的住宅楼，变成了陕西办事处。

同事们多数是陕西本地人，有三位同事跟我一样，属于从公司招聘后派遣驻外工作的。我们三个人都住在办事处，我和商务代表赵咚住一间房。

陕西办事处经理叫陈剑，是一位 34 岁的单身青年，当时的我，第一次见到这么大龄的单身男人，此时此刻，一下子找到了心理平衡。

陈剑是领导，拥有一间独立的卧室。尽管相差 10 岁，毕竟大家也都是年轻人，很多话题是比较投机的，谈着谈着似乎打破了那种领导和下属的概念。

本来离开家有一种失落感，来到这么一个"家庭"后，我立刻感觉找到了组织。安顿好一切后，我给父母打电话说在这里开心得很，遇到了一个好团队，让他们尽管放心。

母亲听后，猛地转移话题问："给那个姑娘打电话没有？"

"号码被我扔了。"

"你给扔了？"

"不要再提她了，好吗？"

母亲停顿了片刻，又说："你们那里有女同事吗？工作安顿好后，赶紧谈个对象吧……"

陈剑给我划分了市场，负责西安西郊的土门以西到三桥的区域。公司的产品多数都是廉价的中成药，医院、门诊，甚至大药房都能卖得动。我先把整个区域都跑了一遍，并且不断的开发新的医院和社区门诊。

为了把整个区域都开发出来，我买了一辆自行车，每一条大街小巷，都统统的跑一遍。不管是公立医院还是私立门诊，每一家都进行产品开发，尽管很辛苦，业绩很快便有了一定的起色。

陈剑也对我开始赏识起来，我们成了无话不说的朋友。

一天晚上，刚吃过晚饭。陈剑便在自己的卧室里聊 QQ，我进来串门的时候，发现他正在视频聊天。

我下意识地看了一眼，他冲我"嘘"了一声，示意我不要出声。原来他正跟一位漂亮美眉玩视频。

陈剑这边没有摄像头，我们能看到对方，而对方看不到我们这里。在陈剑三寸不烂之舌的游说下，那位漂亮美眉聊着聊着就开始脱衣服。

我头一次遇到这种情况，几乎屏住了呼吸。女孩外衣脱掉后，又在陈剑甜言蜜语的攻击下，把胸罩也脱了下来……

女孩看不到我们这边的情况，也不知道这里有几个人在盯着她的胸部。如果不是我亲眼所见，似乎不会相信世界上还有如此"大方"的女孩。在一分钱不拿的情况下，将自己的乳房暴露给对方看，也不怕被抓拍后传到网上。

当时的网络视频刚兴起不久，还没有那么多"门"出现，人们的安全意识比较淡薄，没听说过截屏网络曝光的事情。

我一声不敢吭，看到这样的画面，比看 A 片还刺激，这可是现场直播。

这位女孩是汉中的，那里挨着四川，所以美女很多。陈剑在汉中出差的时候认识的，两个人经常约会，都是老相好了。

视频中的那一幕，刺激了我的荷尔蒙。走出陈剑的卧室，我躺在床上，此时的心情，就想尽快找个女朋友了。

　　从那天开始，每次跑市场的时候，我都在留意着，想先从客户单位的护士小姐中选一位，我一连晃荡了好几个月，都没有丝毫收获。

　　我由于缺少恋爱经验，没有能力从别人手里抢走女朋友。再加上宁缺毋滥的性格，不会轻易地跟一个没有感觉的人谈恋爱，只好一直等下去。那时候，我总有一种感觉，会有一位好姑娘走进我的世界。

07 出差奇遇记

宝鸡市要开一场学术推广会，陈剑带着我和商务代表赵咚一起去了。我初次出差参加这种学术推广会，希望学习一下工作的经验。陈剑和赵咚经常一起合作举办会议，他们也是一起出差的老搭档了。

经过了三个半小时的大巴车旅程，到达了陕西省的第二大城市——宝鸡。这是一座具有悠久历史的地方，早在商代的时候，这里便是西岐，属于西伯侯以仁义治国的地界。

当晚，入住酒店后，三个人聚在陈剑的房间里聊天。男人们在一起聊天，百分之七十的话题都是女人，这句话一点也不假。聊了一会儿女人后，陈剑的荷尔蒙被刺激了，他对赵咚说："打电话找个小姐来吧。"

赵咚拿出手机，翻出了一名叫孟婷的女孩。通话的时候，他按的是免提，也许这是做商务的习惯，洽谈业务也该让出钱方听到。

我和陈剑都不吭声，静静地听着赵咚和孟婷小姐的谈话。

"孟婷，你知道我是谁吗？"

"不知道。"

"我们上次见过的，我姓赵。"

"姓赵的人多了，我怎么知道你是谁？"

"我是医药公司的那位，想起来了吗？我们上次在蓝月亮大酒店认识的。"

"你赶紧告诉我你的名字吧，否则我要挂电话了。"

赵咚见孟婷很不耐烦了，忙说："我是赵咚，还记得吗？"

"哦，你又来宝鸡了？"

"今晚刚到，想约你出来玩玩。"

"今天晚上不行。"

"为什么呢？"

"明天还要上班呢，每次跟你玩了，第二天早上都起不来。"

"怕什么呢？迟到一会儿也没事。"

"公司还要打卡呢。"

赵咚失望了，说："那你给介绍几位女孩吧。"

"你们要几位呢？"

"三位。"

我听到赵咚说三位，忙对赵咚摇了一下手势，示意自己不需要。没等赵咚说话，电话对面的孟婷已经说了，"我认识的姐妹们除了出去陪客人的之外，不够三个人了，而且明天都要上班呢，你还是找别人吧。"

……

洽谈失败，挂掉电话后，陈剑又想了想，对赵咚说："那咱们玩刘惠吧，你看看她能出来吗？"

赵咚又给一个叫刘惠的小姐打了电话，电话接通后，对方给捏掉了。赵咚只好将短信发了过去，表明了自己的意图。刘惠的短信回来后，赵咚迫不及待地打开，将内容念了出来："我正在陪客人。"

没约上小姐，陈剑仍然不死心，他查了一下房间有没有按摩中心。宾馆的按摩中心一般都会有特殊服务。

事情有时候偏偏不巧，怎奈这家酒店非常正规，根本没有这种服务。陈剑抱怨了半天，以前出差的时候，遍地都是这种服务，偏偏需要的时候没有了。

正在失望的时候，门缝里缓缓塞进来一张名片。

赵咚像蚊子见了血一般冲了过去，捡起来如获至宝的名片，对陈剑说："太好了，还有俄罗斯和法国女人呢！"

赵咚拨打了名片中的联系电话，让"老鸨"给介绍了一名俄罗斯女人和一名法国女人，感受一下洋姐的服务。

十几分钟后，敲门的洋妞来了，一个个身材微胖，穿着吊带儿，露出部分大而不协调的胸部。

　　我好奇的瞄了一眼，发现这两位洋妞的脸，一点都不漂亮，打扮的特妖气。两位洋妞说着蹩脚的汉语，讲了几句低俗下流的调侃，便开始动手干活了。

　　赵咚拉住俄罗斯女人的手回了自己房间，留下陈剑和法国妓女在房间里亲热，我一个人闪了。

　　回到房间后，听到隔壁传来赵咚和俄罗斯女人床上大战的声音。我的荷尔蒙再一次被刺激，翻来覆去地睡不着。回西安后，首要任务就是要找个女朋友，一个人的生活始终是缺少点什么的。

08 蒙娜丽莎

出差回来后，我几乎发动了公司所有认识的人，来帮我物色女朋友。人脉最广的当属总裁秘书李莉。

这位81年的姑娘，石家庄人，北京外国语大学毕业后，回到老家找工作。我们同一批进入了维尔达药业，一起参加过军训和车间实习。

培训期间，我们关系很好，经常在一起聊天。车间实习结束后，我被公司派往了销售前线，李莉留在集团总部做了总裁秘书。

我找女朋友这件事情，先在我们同批学员的QQ群里发了一则征友信息。李莉最先回复了。她有一位闺蜜，在石家庄一家房地产公司做内勤，正好目前也是单身。我相信她的眼光，李莉本来就很漂亮，能够和美女是闺蜜的女孩，也不差不到哪里去。

我们这些驻外工作的人员，每两个月有五天的探亲假。我利用探亲假回了一趟老家，顺便见一下李莉介绍的女朋友。

由于刚走出大学校门不久，我还总惦记着大学的同学们。回石家庄之前，联系了一下同寝室的兄弟。已经有好几位兄弟的电话打不通了，想必都回了各自的老家，电话换号了也不打个招呼，也许以后生死不相往来了。

学校同寝室的老大被联系上了，他的名字叫张晨，来自唐山的农村，毕业后留在石家庄过着都市边缘人的生活。他高考的时候复课了两年，所以与我是同岁，只是生日比我大了几天，成了我们寝室的老大。

大学期间，他也酷爱文学，喜欢吟诗作赋。

张晨追女生的方式却很传统，每天为对方写一首诗歌。如果这些诗篇搞不定这个女生，对于别的女生还能重复利用。事实证明，张晨这种文雅的方式不仅没有打动任何女生，好几次都被骂成了神经病。

在恋爱方面，我和张晨都是不得志的。同是天涯沦落人，让我们关系走得很近。我们经常看到那些打扮得像小流氓一般的男生，叼着香烟，打着耳钉，拉着美女在学校里闲逛。我和张晨总是异口同声地说："好菜都被猪拱了。"

……

张晨目前在一家灯具公司做销售经理，月薪700元。

由于薪水低，在郊区租着一间民房，一个人清茶淡饭地生活着。他说不能看收入多少，选择这份工作就是为了锻炼能力。

我听了他描述了工作的内容，哪里需要买灯具，就给他们公司打电话。张晨骑着自行车送过去一趟，把钱收回来就行了。听他这么描述，我才知道这份工作锻炼的不是能力，而是体力，所谓的"销售经理"其实就是一个送货员。

关于相亲的事情，我已经计划好。先去张晨那里留宿一晚，兄弟重逢后好好叙叙旧，第二天相完亲我再回家。

当我踏进张晨的寒舍，浓浓的臭脚丫子气味迫使我捂住了鼻子。凌乱不堪的床上，堆积着成堆的袜子，一直向外散发着男人味。

张晨把那堆袜子推开，说："晚上，咱们住在这里了，明天正好是周末，我可以陪你去相亲，顺便为你做参谋。"

尽管空气不太好，兄弟重逢始终是一件高兴的事情。为了在一起叙叙旧，我使劲儿咬牙忍了忍，最终没有被那堆臭袜子熏倒。

晚上，睡觉前。

张晨又脱下了一双臭袜子，直接堆在了那堆袜子上。这双刚脱下的袜子，气味儿比剩下的一堆"陈货"厉害得多。

我捂住鼻子也不管用，实在忍不住了，只好对张晨说："老大，把这双袜子洗洗吧。"

张晨说："我用被子盖住行吗？"

这双臭袜子虽然被张晨用被子盖住了，还是时而不时的往外散发臭气，地上还有一双人造革鞋。

我又忍了一会儿，还是承受不了，又一次恳求说："老大，把脚和袜子都洗一下吧。"

张晨说："我不是用被子盖住了吗？"

"还是有味儿。"

"我怎么闻不到啊？"

"你在这种环境下，早就锻炼出来了，我可受不了。"

"那你就学着适应生活吧，入乡随俗。"

我翻来覆去地难以入眠，将电灯打开，说："我帮你洗脚，行吗？"

张晨说："桌子上有花露水，你喷点吧。"

我如获至宝地抓住花露水喷了喷，又往地上那双人造革鞋里面狠狠喷了几下。臭气和香气混合在了一起，弥散在屋子里，比刚才舒服了一些。几分钟后，花露水的气味散去了，臭脚丫子的气味却持久不散。

……

"老大，我还是帮你洗洗脚吧。"

"我这里没有热水。"

"有热得快吗？我们现在烧一壶开水。"

"没有。"

"你平时不喝水吗？"

"我平时买矿泉水。"

我顿时傻了，觉得这种人真厉害，宁可买矿泉水都舍不得自己动手烧水。他只好用被子蒙住头，阻挡着外面的臭气，终于胜利地睡着了。

早上08：00，我醒来，发现张晨还睡得像一头死猪。我使劲儿将他摇醒后，他开始慢慢地穿衣服。

穿袜子的时候，他先从袜子堆上面摸了一双袜子，揉一揉，闻一闻，然后放下，又摸了一双，揉一揉，闻一闻……

挑了几次后，找出来一双相对不太臭也不太硬的袜子，穿在了脚上。

洗过脸后，我们早饭都没吃，就坐着张晨的自行车，来到友谊大街的一家茶馆，找好了座位，等待着李莉带着她的闺蜜到来。

张晨从来没有进过茶馆，来了以后，感慨了一番。他说他这种文人墨客，最喜欢品茶了。茶馆不是高消费场所，我们这些农村的孩子，当初在大学期间，吃一次快餐都算高消费了，谁还有心思去品茶？

10：00AM。

李莉来了，带着一位个子高高的女孩，名字叫吕娟。这个女孩子绝对属于那种从背影看上去让人想犯罪，从正面看上去想自卫的那种。一副魔鬼般的身材，同时却又配备了一张魔鬼般的脸蛋。眼睛上面光秃秃的没有一根眉毛，肤色较黑，二十岁出头的年龄，从整体的光泽看，一点青春的气息都没有，让人觉得她似乎是一名近40岁的中年妇女。

千里迢迢回来相亲，本以为李莉眼光不错，现在才让我发现信错了人。或许是她们关系比较要好，觉得吕娟人不错，希望对方尽快找一位不错的小伙子，于是把我贡献了出来。另外，女孩子似乎不懂男人的审美，也不了解男人的心思。

男人喜欢女人，是先从喜欢对方的身体开始的，然后再去试着了解对方的性格。男人厌烦女人，也是先从厌烦对方的身体开始的。只要女人的外表没有达到男人的要求底线，基本上不会进一步去接触了，很难有机会日久生情。

这一点，是男人的本能，并不是什么价值观的扭曲。如果连这一点都想掩盖的男人，他说的其他的话，也一概不要相信了。

尽管李莉的介绍让我失望，还得表现得很绅士。大家坐定后，李莉望着我，问："你觉得吕娟很面熟吗？"

我点点头，说："面熟？像谁？"

"像不像蒙娜丽莎？"

这么一说，还略有几分相似。同样都没有眉毛，同样看上去像一名中年妇女，皮肤同样比较黑。就算拿炮逼着我，我也不会觉得蒙娜丽莎是美女，而且是不男不女。那幅画之所以会传世，并不是因为漂亮，而是因为作者是达·芬奇。

"我把蒙娜丽莎这么漂亮的女孩介绍给你，以后，你准备怎么谢我？"

李莉这么一说，我刚喝下的一口茶，差点喷出来。原本以为李莉觉得吕娟人不错，才介绍了给我，现在我似乎不太理解了，居然她还夸吕娟漂亮？

张晨偷偷地对我咧了咧嘴，男人的心思，也只有男人会更明白。

以后我宁可相信白日见鬼，也不会再去相信女人的审美。这时候，张晨用脚碰了碰我，才让我发现原来刚才冷场了。

李莉还等着我以后怎么谢她呢，我忙尴尬地笑了一下，象征地说了几句客套话，并主动给蒙娜丽莎添茶水。

张晨在一边偷着乐，一个人品茶，脸上带着不易察觉的微笑。李莉做总裁秘书的，也善于察言观色，发现我对吕娟没什么意思了，就没有安排大家一起吃午饭。

李莉也知道，一场没有结果的相亲，大家聚在一起吃一顿大餐的话，对我也是一项经济负担。当时刚毕业不久，奖金还没有拿到，收入虽说有1800块钱，一个人长期驻外，花销也是比较大的。

这场相亲只喝了一会儿茶就结束了，张晨倒是主动要了两位女孩的电话号码，说他们都在石家庄工作，可以多一些朋友。

送走了李莉和蒙娜丽莎，张晨说："吕娟太丑了，我猜你也不喜欢。我倒是觉得李莉不错，你们俩挺合适的。"

"公司规定不允许内部谈恋爱。"

"为什么呢？"

"这是公司的一种职业操守，凡规模大的企业，都有这方面的规定，可以避免公司员工之间有亲情关系而影响了工作关系。"

张晨还是不解，振振有词地说："我们公司里面，一共二十个人，里面就有六对夫妻，工作照样干得很好。"

我见张晨不解，于是也不说了，他哪里会理解我们企业的规定。

休假回来后，我又投身到了紧张的销售队伍中。这一阵子，我的工作非常努力，冲刺自己的业绩指标。

公司明文规定，连续两个季度完成不了业绩，就会被解聘。这种压力是巨大的，尤其是对于一个初入职场的人来说，工作尽管有了一定的起色，毕竟经验尚缺乏，失去工作也就意味着失去前途。

每天早上8点钟，我就赶到了医院。忙完一整天的拜访，直到晚上进行完夜访后，我才离开医院。

有一天，我忽然接到了李莉的电话。本来以为是朋友之间叙叙旧，李莉却劈头就开骂："你那个同学张晨，是他妈的一个神经病！"

"怎么了？到底发生了什么呢？"

记得上次李莉给我介绍女朋友，张晨陪我来相亲。当时，张晨索要了她们的电话号码。后来，张晨便开始给李莉写情诗，来表达爱意。遭到拒绝后，此人仍不死心，每天发一首情诗，而且还用短信和电话纠缠不休。

我听了，觉得张晨做得有些过分。李莉是我的朋友，既然对人家有意思，出于礼貌，也该跟我说一声吧？

张晨却选择了偷偷地行动，这个人到底是不是一个做事坦诚的人呢？他的眼中到底有没有我？

本以为我很了解张晨，现在觉得他的心理还是很复杂的，做事情都是悄悄地行动，不露声色。

李莉打电话给我的目的是，让我告诉张晨，不要再进行毫无意义的纠缠了。

安慰过李莉后，我向她保证，不让张晨再纠缠了。李莉被安慰住了，我又很好奇，说："把张晨给你写的诗发给我看看吧。"

"有什么好看的？写得很差，确切地说，还不如一篇三流的散文押韵，只是逢标点符号就另起一行，做成了诗歌的格式。"

"发过来看看吧，我很好奇。"

……

挂断了电话，李莉转发了一首诗过来，内容如下：

　　你那冰清玉洁的气质

　　让我难忘

今夜，我的心很空落

想起你那婀娜的身姿

以及，你那回眸的一笑

你的眼神

让我情不自禁地

说一句

我爱你

我看到这样的诗，觉得很眼熟，顿时想起来了。这小子大一的时候就写了这首诗，从大学四年到现在不知道发给过多少女孩子，每次追求都没有成功。

不管结果怎样，张晨的这首诗真是没有白写，利用率太高了。分别给不同的女孩，成了他的敲门砖。

我把电话打到了张晨的手机上，问："老大，你正在追李莉？"

张晨猛地一怔，哼哼唧唧了很长的时间，才终于承认了。我对他笑了一声，说："李莉是我的同事，你也是通过我认识的，你要是有想法，干吗不跟我说一声呢？"

"本打算成功了再告诉你。"

"你还是不要再追她了，她刚打电话告诉我，让你死心，不要再纠缠……"

没等我说完，张晨打断了我的话，说："牛 B 啥呢？她以为自己是谁？我还不稀罕她呢！"

"好了好了，你只要以后不再追她，我就放心了。"

张晨反问："你小子，是不是对她有想法？"

"我们公司不允许内部谈恋爱。"

"你总是说你们公司不允许内部谈恋爱，难道公司的规定，真的能挡得住两个人的爱情吗？"

"好了，我们不纠缠这个话题了，你只要以后不再追李莉就行了。"

"好！我保证不追你老婆了。"

"这哪跟哪呀！"

"不是你老婆，你阻止我干吗？"

……

两个月后，我与客户的关系已经有了很大的提高，大家都比较接受我这位老实巴交的小伙子。

从事销售工作之前，我觉得做销售是比"能说"，后来才发现，做销售是比"做人"，正直诚信的人比那些"大忽悠"更容易赢得客户的支持。

如果本季度能完成业绩，不仅能够顺利转正，还能拿到奖金。粗略地计算了一下，拿到奖金的话，我的月收入会在4000元以上。对于一个刚毕业不久的孩子，在2004年的西安，能拿到这样的收入，已经算是"富人"阶层了。

正当我憧憬着奖金的时候，张晨的电话打来了。他劈头就问："能不能借给我300块钱？"

"啊？怎么了？发生了什么事吗？"

张晨又是哼哼唧唧地说："说来话长了，还是不要说了吧。"

"奇怪了，都是好哥们，有什么事情值得这么隐瞒的？"

"你要是够朋友，就把钱打到我的账户。"

经过我的再三追问，张晨一直守口如瓶，不肯吐露半点信息。到底因为什么？莫非欠了别人的钱？不还钱人家要揍他？

当时的石家庄，张晨每月工资700块钱。300块钱对他来说，几乎能顶他半个月的工资了。那时候的300块钱也有一定的分量，在我们农村老家，300块钱可以雇一位农村妇女干一个月的农活儿。

为了对哥们儿义气，我把钱打给了张晨，他就消失了。他原本说工资发下来就还钱的，我现在才发现人家说那句话的时候是没有过大脑的。

一个月后。

我在上QQ的时候碰巧看到张晨在线，搭讪后，张晨一直也不提还钱的事情。我冷不丁问了一句，"你当时借钱，是处于什么原因呢？现在可以跟兄弟讲讲吗？"

"谢谢你借给我的钱，确实帮了我的大忙。"

"到底发生了什么事情呢？我很好奇。"

"你还记得吕娟吗？"张晨问。

我回想了片刻，忙说："记得，上次李莉给我介绍的那位女朋友。你陪我一起去相亲了，后来你们留了电话……"

接下来，张晨发来了一段让我崩溃的文字："我们现在住在一起了，之前她怀孕了，借你钱就是为了给她打胎。"

"你喜欢吕娟吗？"

"这个重要吗？"

"你要回答我！"

"这些跟你有关系吗？"

张晨没有正面回答我的问题，却也等于间接的表态了。他是不会喜欢吕娟的，作为男人我很懂他的心理。这小子之所以起初对李莉纠缠不放，就是因为喜欢美女。一个男人的审美，不可能从李莉直接跨到吕娟。他跟吕娟在一起，就是为了玩人家，还让人家怀孕了，多么不负责任的男人。

我满腔的怒火压抑不住，敲出了下面的文字："张晨，以后我们还是不要做朋友了，大学时候的兄弟之情，现在一笔勾销。"

"为什么呢？"

"不为什么，就是不想再搭理你了。"

张晨又问："这么多年的兄弟，大学四年的同学，说掰就掰了？"

我又敲过去一行文字："没能力当爹，就不该让女人怀孕，最基本的责任心你都没有，我还敢跟你做朋友吗？"

"小子，你跟着急什么？又不是打你的胎？再说了，我不就是借了你300块钱嘛？我会还给你的！"

我立刻从QQ好友列表里，删除了张晨的头像，然后，一巴掌拍在了电脑桌子上，震得手麻了好一阵子。张晨太伤天害理了简直是中国有史以来最大的流氓！

09 一日恋歌

每当看到公司产品的商业流向，我都会来气。由于公司产品都是中成药，除了医院的处方之外，医院门口的几家大药房，销量非常巨大，多数都是医院跑出来的方子。

也就是说，医生开了这些药方子，患者不从医院药房拿药，而是跑到医院外面的大药房去买，为的就是图个便宜。

由于大药房属于 OTC 代表负责，大药房的销售量归他占有，他什么工作都不用做，就能白捡这些销量。

陈剑得知这些消息后，把医院门口的几家大药房的销量划分给了我。自从负责了医院门口的大药房后，我似乎有了更多的工作乐趣。

大药房里的店员都很闲，我经常找女店员侃大山。与客户闲聊也算是工作，很多情况下业绩都是这么做出来的。

店长的名字叫白洁，是一位 30 来岁的女士，我们都叫她白姐。药房不同于医院，医院都称呼老师，药房里多数都是哥哥姐姐的称呼。

这一天，白姐见到我后，要告诉我一个好消息，"我们店里来了一位美女，你可以去认识一下。"

顺着她的指向，我看到了一位身材窈窕的女孩，瓜子脸，皮肤白皙，气质很好，正站在感冒药专柜。

在白姐的鼓动下，我走了过去。女孩看到来了一位年轻的小伙，便问："您找啥药呢？"

"我是厂家的。"

我递给她一张名片，女孩接过来，说："你们公司很大呀。"

"谢谢夸奖。"

我看到柜台上摆着自己公司的产品，顺便用手整理了一下药盒子，说："这药最近卖得怎么样？"

"不知道，我新来的。"

"中午有时间一起吃个饭吗？以后我的药需要劳烦你了。"

这是我约女孩的第一步，作为一名医药代表，请一位店员吃饭，很正常的事情，对方不会有太高的警惕。

在我的内心里，请这位女孩吃饭是私大于公。公司给了有限的招待费，往往会把这些钱花在科室主任、主治大夫，以及药房店长和采购经理身上，很少会花在药房店员身上，更何况还是一位新来的。

店员们很少有医药代表请她们吃饭，女孩很高兴地便答应了下来，没有对我的邀请有任何的怀疑。

中午。

我们约在了药店附近的一家餐厅内，要了三个炒菜，一个汤。这位店员的名字叫梁静，老家是咸阳的，由于咸阳和西安超级近，中专刚毕业便到西安来闯荡。

我寒暄了几句，便切入了正题："你有男朋友吗？"

女孩点了点头，接下来半晌不语。通过她此时此刻的表情，我已经可以判断，她似乎不想提起男朋友的事情，一定是发生了什么不愉快。

这种现象对我来说，是一件好事儿，对方不愉快，我就有戏了。于是，我开始深挖"男朋友"这个话题。

在我有效的探寻下，梁静终于说了。原来，她刚到西安的时候，认识了一个小伙子，叫赵鹏，是西安当地人，开着一家光碟经营的小店。

她是通过到对方店里买光碟认识的，刚开始赵鹏对她很好。后来发现这人太花心，总是在外面拈花惹草，经常带着别的女人到家里来过夜。

根据梁静的叙述，让我是比较吃惊的。那小子有女朋友的前提下，一个卖光碟的究竟有多大的魅力，能够拉了一个又一个的女孩到他家里过夜？再者，他把梁静当成什么了？既然想和梁静在一起相处，又想出去拈花惹草，还要带回家？

梁静又说："起初我并不喜欢他，他当时对我百依百顺，每天都想办法出现在我面前，而且每天都送花给我，我就接受了他，谁知……"

这就是女人的普遍心理，一开始我也很不懂女人的思维，在我长达十年的相亲历程中，经历了无数次失败，发现好男人一直斗不过那些不靠谱的坏男人。究竟是为什么？经过长期的研究，翻阅了大量书籍，才发现女人的思维和男人截然不同。

女人是一个孩子思维，你如果把女人当做成人思维去追求，根本追不上。我之前总把女人当做成年人思维，只要女人说一句"我们不合适"，我就认为自己没戏了。后来我才知道，女人所谓的那句"不合适"，根本不是因为你的基本条件配不上她，而是你追求她的方式不对路。

和你的客观条件相比，女人更注重你让她产生的那种恋爱的感觉。只要感觉来了一切都对，感觉没来一切都错。

她们选老公不是用眼睛去观察，而是用耳朵恋爱的。她们不是在看对方是不是好男人，而是看对方懂不懂哄我，懂不懂宠我，一切都是为了追求那种被宠的感觉。这种感觉大于天的女孩，多数不会有好的爱情结局，因为他们忽略了观察男人的本质，说白了就是还没有经历心理成熟期，一切的行为都是幼稚和冲动。

……

梁静和我吃了这顿饭，眼泪泛滥了好几次。我急忙掏了纸巾递给她，泪水没有被擦干净，反而越擦越多。

此时此刻，我脑子里只有一个念头，想把这位小美女抢过来了。我的内心很善良，本身不是一个习惯拆散别人感情的人。现在我觉得，拆散他们是正义的事情，就算我得不到梁静，这么做是让善良的女孩避免人生的悲剧。

晚上，22:00。

我正在床上看书，收到了一条短信，是梁静发来的。信息的内容为："可以出来陪陪我吗？"

顿时，我的心紧紧的收了起来，机会终于来了！

老天爷真的要给我安排这一段因缘了吗？这一场缘分总的来说来得有些突然。我和梁静是上午认识的，中午在一起吃了饭，晚上就要出来陪陪。

我急忙抓住机会，约了在了西门好又多商场的附近。我打车来到了目的地，梁静见到我的时候，眼泪哗哗地流了出来。

"怎么了？什么情况？快说给我听听！"

"我下班回到家，看到赵鹏带着一个女孩在床上睡觉，我一怒之下，就跑了出来……"

我把拳头攥得格格响，天底下怎么会有这样的傻 B 呢？男的傻 B，那个跟他在一起的女的更傻 B。

我拍了拍梁静的肩头，说："走吧，我们唱歌去，开开心。"

"不用了，还得让你破费。"

一个药店售货员的收入，在当时的西安市来说，600–700 元之间。唱歌的话，对她们来说确实属于高消费。这个女孩还不错，不同意我这么"铺张浪费"。

"那我们不能一直待在大街上吧。"

"陪我逛逛街吧，待会儿我心情调整好了，就回家去。"梁静一边说，一边抹了抹眼泪。

"你还想回家？"

接下来，我没再说这个话题，而是陪着梁静漫步在大街上，穿过冷森森的大城门，来到了西大街。这时候，我悄悄地拉住了她的手，她没有反抗。我顿时觉得自己的幸福来的真快，第一天相识，晚上就成功牵手了。

走了很长时间，觉得走得累了，梁静也没有提要回家的事情。说实话，她"家"里现在的情况，怎么能回去呢？

我觉得此时此刻，有一个很好的机会，可以彻底把梁静抢到手里。如果我们当晚在一起住下，以后我就是她男朋友了，她和那小子的恋爱就一笔勾销了。

对于我这样一名处男，提起这样的事情，似乎需要很大的勇气。

经过忧郁了好长时间，我才鼓足了勇气，说："今天晚上你别回家了，我们找个地方住下吧。"

梁静摇了摇头，又将自己的手缩了回去。我再一次拉住了她的手，拥抱住她那苗条的身子，说："你的家已经不能回去了，你难道还不明白吗？今天不能回，以后也不能回了，赶紧脱离苦海吧。"

她没有说话，身体微微地颤抖，眼睛里的灯影，隐隐约约的涌动，眼泪又来了。我帮她擦拭好眼泪，拉着她走进西大街一家连锁酒店，开了一间房。

我们一男一女躺在床上，并不像你们想象的那个样子。我性格天生很腼腆，当时特别单纯，不会那么快做出那种事情。

梁静心情很差，一直在讲述自己和赵鹏在一起的点点滴滴。她的故事讲完，被泪水冲断了好几次。那些事情任何男人听起来都会骂赵鹏太流氓，梁静却一直以为赵鹏是好人，之前对她很好，只是遇到了一个又一个的坏女人，把他勾引坏了。

男人和女人思维真是不一样，在判断男人的心理方面，女人的能力等于零。甚至有些女人认为，男人找小三是因为被小三忽悠了。她们都不想想，你的老公究竟多大魅力，人家年轻漂亮的小三会先去忽悠他？

如果男人不去主动忽悠小三，即使你再有钱，小三多数不会主动找他。更何况现在的社会，农民工都能找到小三，是因为有钱吗？

我不想在此时教育梁静，对于她的"痴傻"，我只好进行安慰。她情绪稳定后，我们两个人相拥而眠。特此申明一下，我们当时连衣服都没有完全脱，隔着一层内衣拥抱着彼此睡了一晚上。

次日。

我和梁静手拉手，像一对幸福的小夫妻，来到药店上班。她去站柜台，我去和药店采购经理谈进货。

我刚走进采购部，看到白姐跑进来，说外面有人吵架了。我也跟着出来看看，发现一位满脸横肉的矮胖男人，正在拽着梁静的头发使劲摇撼。

这个人不说我也知道是谁，于是，我冲到了跟前，大喊一声："住手！"

那小子看到我的到来，停住了手，瞪着眼睛说："是你昨晚上和我老婆住在一起了？"

围观的人都禁不住笑了，挤到前面看热闹。还有一些买药的老头老太太，也凑过来看，有位老头说："年轻人，有话好好说嘛！"

梁静一边哭，一边去拉那小子的胳膊，说："不管他的事。"

赵鹏将胳膊一甩，把梁静瘦弱的身躯甩了一个趔趄。我用手将他一指，说："她还不是你老婆，你没权利限制她的自由，更不能欺负她。再说了，是你拈花惹草先对不住她，她走投无路，我才安慰了她。"

赵鹏的听到"安慰"二字，劈头一拳冲了过来，说："王八蛋，你上了我老婆，爷爷今天打死你！"

我急忙招架，挡住了飞来的拳头，说："我昨天晚上和她在一起，什么都没做。"

那小子眼睛瞪着更大了，说："是你刚才亲口说的，你说你安慰了她。我老婆是要别的男人随便安慰的吗？你自己说漏了，还想狡辩？"

我准备继续解释的时候，这小子不分三七二十一，又是一拳，打了过来。我的脸上中了一拳，这一拳终于激怒了我。

这种自私的男人，允许他在外面找别的女人，就不允许女朋友在外面跟别的朋友倾诉一下苦衷。

他的拳头再一次朝我打来的时候，我向后一退，赵鹏个子矮，胳膊短，拳头落了空。

常言道，天下武功，唯快不破。我闪电般的向前一冲，没等他反应过来，我的拳头打在了他的胸口，那小子顿时捂住肚子蹲下了身体，呻吟了几声缓缓蹲下了。

我没有使劲打，以咱的身手，对付他太小菜一碟了。读中学的时候，我经常研习李小龙的功夫《截拳道》，崇拜过李小龙。虽然我没有练就多好的身手，对付他，根本不在话下。

几分钟后，赵鹏晃晃悠悠地站了起来。这时候，白姐带着警察进来了，警察问："到底怎么回事？"

　　赵鹏把梁静一指，说："这是我老婆，被这小子昨天晚上给睡了。"

　　警察上下审视着望着我，问："你怎么那么色？"

　　我解释说："我根本没有睡他老婆，是他晚上带着其他女人到家过夜，他老婆，不……是他女朋友才离家出走，我和她在外面住了一夜……"

　　"停！"警察说，"你刚才他他他的，我没听懂，只听懂了最后一句，你们住了一夜，对吗？"

　　"对。"

　　"那你还说没睡他老婆？"

　　"是睡了，但是，不是你们想象的那种睡。"

　　"睡了就是睡了，还有什么不一样的吗？"

　　我耐心地解释说："我指的睡，是指两个人一起睡觉。你们指的睡是，是指两个人在一起干，当然截然不同了。"

　　围观的人都大笑了起来，连老头都笑得合不拢嘴。警察也笑了，说："我现在问你，你到底有没有干？"

　　"没有。"

　　赵鹏怒冲冲地说："可能吗？谁他妈的相信！"

　　警察又问："说实话，到底有没有？"

　　"没有，不信你检查。"

　　赵鹏拉住警察，说："现在检查他！"

　　"怎么检查？我可没那么先进的仪器。再说了，只要不算强奸，就不算犯罪，我也管不了。"警察说完，摇了摇头走了。

　　赵鹏拉住梁静的手，说："梁静，咱们三个人该做个了断了，其实我一直是爱你的，你也知道吧。你……还记得我们之前说过的话吗？我准备年底就跟你结婚。今天，我当着这么多的人，保证以后会好好的爱你，我们重新开始，好吗？"

梁静没有说话，她的眼泪无声无息地流了下来。

赵鹏用手背，擦了擦梁静脸上的泪水，说："梁静，你现在告诉我，你爱的人是谁？你如果爱他的话，我保证以后不会纠缠你们，并且祝你一辈子幸福。如果你爱的人是我，我会陪你一辈子，不离不弃。"

梁静轻轻的抽噎，变成了失声痛哭。过了很长的时间，她睁开满面泪光的眼睛，望了望我，又望了望赵鹏，久久没有表态，似乎很难做出这个决定。

我忍不住了，说："梁静，你快说！你到底喜欢谁。现在是决定你幸福的时刻了，你只要选择一方，另一方将不会再干扰你的生活。明白了吗？幸福现在就掌握在你下一秒的决断里，你可要想清楚了……"

赵鹏拉住了梁静的手，说："你说呀！"

我一把拉下赵鹏的手，说："先不要碰她的手，她现在不属于你！等她决定了再说。"

"梁静，你说呀……"

"梁静，你快说……"

1分钟过去了……

5分钟过去了……

人们总是希望故事有一个完美的结局，但是，有时候现实中的结局真的很缺德。梁静选择了赵鹏，她缓缓拉住了他那胖乎乎的咸猪手。赵鹏顿时把她紧紧地搂了起来，说："我会好好爱你一辈子……"

看热闹的人，开始齐刷刷地鼓掌了，似乎看到了有情人终成眷属的画面。还有的人说，太感人了。

本来以为自己是正义的，却遭到了无数讥笑的目光。这时候，我的脸上有一种火辣辣的灼烧，生平以来，我从未这么被羞辱过。

梁静站到我的面前，认真地说："对不起，晓光，祝你早日找到属于自己的幸福。"

我挥起一巴掌，狠狠地抽在了自己脸上。接下来，一口气冲出了药店，在大街上狂奔了起来……

10 邻家女孩

"别生气了，女人就是没脑子的动物。再说了，人家至少也是几年的感情，难道还不如你一天的感情深啊？"

"那算什么感情？她是被流氓骗了！"

赵咚又给我倒了一杯啤酒，说："你小子不是很明白吗？女人一旦恋爱了，就完完全全的变成零智商了。不管多么烂的男人，女人都肯把命交给人家。关于那个女孩的事情，你也不用这么郁闷，可怜之人必有可恨之处。人家愿意往火坑跳，你能拦得住吗？人家就是喜欢那个流氓，你在人家眼中狗屁都不是。你还觉得人家可怜，我看是你才可怜！"

这么一说，我似乎觉得心里轻松了许多。

……

我们喝了很多酒，之前喝酒从来没有这么痛快过。我不胜酒力，被赵咚搀扶回去的时候，躺在床上就睡着了。

几天后，我从"失恋"的阴影中走了出来。因为只有一天的恋爱，所以疼痛期也比较短。有人说过，疼痛期是恋爱期的 10% 的时间。

如果你们的恋爱期是 10 年，分手后，你会疼痛一年。如果你们的恋爱期是一年，分手后，你会疼痛一个多月。

为了帮我尽快找个女朋友，赵咚一直留意着他接触到的资源。终于有一天，他帮我物色到了一位。

女孩的名字叫陆小菲，是一名商业公司的内勤，据说身材很好，170cm

左右。女孩的家在西安郊县，初中毕业后读了中专，走出校门就在医药公司工作了。

相亲后，我们一见钟情。对方不仅身材好，脸蛋长得也比较端庄，算不上什么大美女，也颇有几分姿色。

大家都知道，一见钟情往往钟的是脸，而不是情。"情"是慢慢相处中得到的，而一见钟情的几分钟内，能够感受到的就是外表。

认识陆小菲后，我们每天下班都一起吃饭。内勤的工资比较低，吃饭每次都由我破费。在跟女孩子的约会中，我从不会进行 AA 制。因为一个真诚的男人，绝对不会 AA 制的。一旦男人因为一些小钱对女人算起了经济账，说明他根本没有喜欢对方，只不过是在算计和此人上床的成本有多大。

半个月后，我光临了陆小菲在汉城路附近租的小房子，这间房子大致十几平米，是当地老百姓盖的民房，专门租给外面的打工者。房子里乱糟糟放着一些女孩的零食和衣服，剩下的就是一台电视机。

当我打开电视机的时候，正在播放第二次世界大战的纪录片，播音员是用英文讲述的。希特勒出现在影片中的时候，陆小菲说："卓别林的电影挺老的，还是黑白的。"

"你说什么？卓别林？"

陆小菲指着希特勒说："这不是卓别林吗？"

"那是希特勒。"

陆小菲又说："可是他留着小胡子，怎么会不是卓别林呢？"

"留小胡子的都是卓别林吗？还有希特勒。骑白马的都是王子吗？还有唐僧。长翅膀的都是天使吗？还有鸟人……"

"希特勒演过什么电影？"

如果陆小菲换做另一种表情问这些话，我一定会以为是在开玩笑。我仔细观察她的表情，一点开玩笑的样子都找不到。令我吃惊的问题是，难道这个世界上真的有人还不知道希特勒是谁吗？

"这不是电影，这是纪录片，希特勒不是演员。"

"希特勒是谁？"

"希特勒是第二次世界大战德国的……"

我对她解释了半截，忽然觉得要解释这样一个人物似乎有些太复杂。还要从第一次世界大战后的《凡尔赛条约》讲起，一直讲到第二次世界大战后期的柏林巷战。

陆小菲见我没有回答，似乎又锲而不舍地问："希特勒到底是谁呀？他究竟是做什么的？"

"是……是一个带兵打仗的。"

"将军吗？"

"是德国的纳粹头子。"

"纳粹是什么？"

我白了她一眼，问了一句："你对二战了解吗？"

"二战是谁？"

"二战是一段历史时期，是指第二次世界大战。"

"我以为二战是个人名呢。"此时此刻，陆小菲正在用一种非常崇拜的目光望着我，说，"你懂的东西真多！"

……

令我百思不解的事情是，这姑娘好歹也是中专毕业呀，如果连希特勒都不知道是谁，连二战都没有听说过，我很好奇她当时上学的时候是怎么学习的？对于陆小菲的知识含量，我又试探性地问了一句："你知道世界大战一共打了几次吗？"

陆小菲想了想，说："看电视上天天在打仗，最少得几十次吧。"

我只好绕过这个话题不谈了。换台吧，我拿着电视机遥控器开始翻，看到一个电视台正在播放《三国演义》。当关羽出来的时候，陆小菲问："这个长胡子的人是谁呀？"

"关羽。"

"那个黑脸大胖子是谁呀？"

"张飞。"

"他们怎么不打呀？"

我又望了陆小菲一眼，问："你知道关羽和张飞是什么关系吗？"

"他们是亲戚吗？"

天哪，这个常识都不懂的话，以后我们还怎么沟通？我又试探性地问了一句："你听说过桃园三结义吗？"

陆小菲一边嚼着锅巴，沉思了一阵子说："是不是一些素不相识的人在桃园里喝了酒，遇到了一帮强盗，这些人一起打跑了强盗，然后在一起结义了。"

我倒是挺惊讶陆小菲的幻想能力，对她的解释我想笑，又使劲憋了回去。我又问："你听说过《三国演义》里面的温酒斩华雄吗？"

陆小菲摇了摇头，说："是不是杀人的时候，把酒倒在刀上面，有助于消毒吧。"

我差点喷了，说："为了杀人，还要给被杀的人消毒吗？"

"讨厌，不谈这些了。"

"你想谈什么呢？"

陆小菲眼睛一亮，说："告诉你一个好消息，北大街新开了一家餐馆，里面的水煮鱼做得不错，而且开业很优惠，可以返代金券，我们明天一起去吃吧。"

"好吧，还有什么好消息吗？"

"南大街的一家服装店现在也打折了，各种衣服都一折起……"

……

经过了这次聊天，我开始对陆小菲有些失望了。她这样的女孩，确实非常单纯，也很善良，基本的文化常识却匮乏得让我惊讶。我并没有要求对方有多少知识，如果没有常识的话，以后我们怎么沟通？

从她目前的状况看，一定是读初中的时候对历史课不感兴趣，也没认真听过课。

读完初中就读了中专，中专毕业后对书籍又不感兴趣。平时的工作也就是帮客户打打流向，收收款子，开开收据，干的都是现成活儿，导致基本文化常识的匮乏。

周末，我们在一起约会。我们去看了兵马俑。面前的景象真不愧是世界八大奇迹，我的意识仿佛跟随兵马俑穿越了两千多年，来到了那个金戈铁马的时代。

当观察到铜车马的时候，我更加惊叹秦朝人的技术和智慧，每一个细节，我都仔细聆听导游的讲解。

站在一旁的陆小菲却很不耐烦地说："真不知道这些东西有什么好看的，又不是金车银车，不就是一辆破铜车吗？快走吧，我们去华清池吧，那里的温泉水可以洗洗手，很舒服的……"

次日，陆小菲向我要在华清池给她拍的照片，让我到照相馆去冲洗出来。由于是数码相机，我建议发邮件给她，可以存在电脑里随时观看。

她没有电子邮箱，我便建议她去申请一个，以后是常用的工具。她后来告诉我，说已经申请好了。当我问她邮箱是什么的时候，她说："雅虎888。"

我记下了，yahoo888，又问："后面是什么呢？"

"后面没了。"

"yahoo888，后面没有了？"

"是呀，你快把照片发给我吧！"

我对她笑了笑，说："你用这个邮箱发过邮件吗？"

"当然发过了。"

我知道争执是没有用的，只好告诉她，我回头帮她去申请一个邮箱，然后把照片发过去。于是，我用她的名字申请了一个126邮箱，并且将照片发了过去。

弄好后，我把电话打给了陆小菲，说："我帮你申请了一个邮箱，照片已经发过去了，你查看一下吧。"

"邮箱是什么？"

"是你的名字全拼，后面是@126.com。"

"爱特是什么？"

"@ 就是圈 a。"

"圈 a 是什么？"

"圈 a 就是，外面一个圈儿，里面一个小写的……"当我解释到这里，立刻意识到我解释也是徒劳无功的。当一个人都不知道 @ 是什么的时候，怎么会使用电子邮箱？我只好说："算了算了，不解释了……"

陆小菲一下子火了，冲我嚷了起来："夏晓光！没见过你这种态度的人。我说让你发到我的邮箱，你不发，你说你给我去申请邮箱，既然申请了，照片也发了，就该告诉我。你说又不说清楚，到底是啥意思？"

我听了后，沉默了片刻，只好解释说："刚才是我不对，我明天去找一家照相馆把照片印出来带给你吧。"

陆小菲一下子高兴了，说："就是嘛，我就讨厌你们总是玩那些洋玩意儿，什么狗屁电子邮箱，一点都不好使。"

……

每天晚上我都在做思想斗争，一直在思考这个问题，我和陆小菲合适吗？尽管这个女孩形象还不错，并且质朴善良。

婚姻中，应该不仅仅需要这些吧？

能够长久的在一起，更多的还需要精神的共鸣。跟一个像陆小菲这样的女孩结婚的话，以后在精神层面，只有我一个人演独角戏了。这个女人肯定也只会带带孩子，做做饭，干一些简单的操作性的工作。

经过认真的思考，我已经意识到陆小菲不适合了。说实话，那时候我做事还不够成熟，虽然这本书你读起来觉得我很成熟，很了解女人，你不要忘了，这本书是后来写出来的。

每天经历着理智和情感的战斗，又经过了一段时间的相处，我越来越觉得谈起来很累，最大的原因在于内心已经觉得她不合适了，丝毫感觉不到恋爱的甜蜜。严格地说，我的恋爱其实已经吹了，只是嘴上没说，心已经不在了。

我和她从来没有亲热过，她是喜欢我的，每天主动拉我的手。而我就是这样矛盾地混日子，等待着"分手机会"的到来。

有一天，陆小菲给我打电话，说她爹要见见我。我猛地一怔，没想到这么快，"这么快，就要见我？"

"昨天，他给我电话，说要给我介绍男朋友。我说我已经有男朋友了，他说要你到我家去坐坐，他们要看看你。"

这件事感觉来得非常突然，是那么的让人措手不及。本想过几天，我准备暴露自己一个缺点，两个人搞个无痛分手。结果父母要见我，事情一下子被升级了。

"怎么，你不想见我父母吗？"

"我……"

"你不喜欢我，是吗？"陆小菲在电话的另一头生气了。

"不……"我忙说，"我只是觉得咱们刚认识不久，需要关系成熟后再见面。"

"你要是不见我父母的话，我们现在就分手吧！"

我内心里一直想着分手，当陆小菲说完这些，抽噎了一声，挂掉了电话。我顿时觉得伤害了她的感情，自己的心里也在阵阵作痛。

如果是现在的我，心智已经成熟，这样的恋爱就会这么画上一个句号。而当时太幼稚，思考了几分钟后，觉得这样做对不起陆小菲，不想让女孩太伤心。

当时，赵咚走了进来，看到我闷闷不乐，便跟我谈心。听我把这件事一讲，他大笑了起来，说："你真笨，追一个女孩到手很难，吹一个女孩还不容易啊？你如果觉得这么分手伤害了陆小菲，我可以教你一个办法。"

"什么办法？"

赵咚的眼睛翻了翻，说："这次你先去见她的父母一趟，到时候你尽量表现差一些，让她父母对你产生坏印象。到时候，就算陆小菲喜欢你，她的父母也一定会帮你说吹了这门亲事的。"

"这个主意不错，还是你有经验。"

"我是过来人，哪像你呀，还是初恋呢。"

我的心情总是这么矛盾的，内心深处觉得不合适，想分手。自己却说不出口，一旦说出来的话，自己还会很痛。

陆小菲对我来说就好比是一根刺，一旦被扎进去，很想拔出来，拔刺还要请人来拔，这样痛苦会小一些。

想到这里，我拨打了陆小菲的电话，她用一种抽噎的声音问："干吗？"

"我们这个周末去见见你的父母吧。"

11 岳父原则

陆小菲的家在西安周边的户县，父母都是农民，家里开着一间小卖部，父母也自称是村里的生意人。

这次我来的时候，根本没买什么礼品。我觉得只有这样的话，父母才会看不上这个抠门的"女婿"。

陆小菲拉着空着手的女婿回家了，一进家门，家里已经来了一大堆亲戚，大家都等着看这位女婿呢。她的七大姑八大姨都来了，看到我后，全都到隔壁房间跟陆小菲的父母私下谈论了一阵子。

我和陆小菲的父亲坐在客厅寒暄了一会儿，然后出来走了走，不小心路过隔壁房间门口。几个窃窃私语的亲戚顿时停止了说话，忙对我赔上一张笑脸，说："你来呀，进来坐！快来，嗑瓜子……"

进去闲聊了一阵子，话题大致一些，我家哪里的，父母做什么的，家里还有什么人等。到了吃饭的时间，大家一起坐在了酒桌上。亲戚们都开始倒酒的时候，我表示自己不会喝酒，要以雪碧代替酒。

农村流行一句话："酒品代表人品"，这种场合不喝酒的话，肯定会被这位老丈人瞧不上眼的。

一顿饭下来，我滴酒未沾，只喝雪碧。一直也没有举杯子与各位亲戚敬一下，甚至连老丈人都没有敬一下。

陆小菲提前叮嘱过我，她爹喜欢抽烟，让我提前买包烟，到时候敬一下烟。结果，我这次也没买烟。

酒过三巡，老丈人说话了，问我，"你以后有什么打算吗？准备在西安扎根吗？"

我知道老丈人这句话的意思，陕西的姑娘不对外。他们害怕外地人工作没着落，哪天调动到其他的城市，会觉得没有安全感。

"我以后准备到北京发展，因为我是河北人，距离北京比较近，而且大城市的发展平台比西安会好很多。"

我说出这句话的时候，陆小菲在一旁，对我使了一个眼色，示意我不要再说下去。老丈人听了这句话，将手里燃着的半支烟，狠命地抽了又抽。袅袅的烟雾，弥散在了他的周围，此时此刻，这个人的眉头紧紧地皱在了一起。

别的亲戚们都面面相觑，丈母娘忙对大家笑了笑，说："来来来，现在不谈这些了，赶紧吃菜，喝酒……"

下午，陆小菲和我一起回西安，父母对我的看法也不会这么早告诉陆小菲。因为她一直和我在一起，他们不方便把女儿叫到一边去评价这位女婿。

回西安的长途汽车上，陆小菲的身体依在我的肩膀上，她一直默默地攥着我的手。到了西安的时候，我去超市买了一大堆好吃的给陆小菲，然后说现在要回去处理一下工作，晚饭不能在一起吃了。

我之所以那么殷勤地去超市买东西，就是希望让自己对得起陆小菲，我觉得这场恋爱很快就要分手了。陆小菲父母一定会很快打电话给她，然后告诉她，这样的女婿万万不能嫁。

这样也算是一个比较好的结局，至少陆小菲那边会觉得是她的父母不同意，把我给灭灯了，人家不会多痛苦，更不会丢面子。

……

回到办事处，陆小菲的电话打到了我的手机上，劈头就说："晓光，你知道我父母是怎么说你的吗？"

我的胸口激动得直跳，这种心跳的感觉，不是在期盼一种肯定的结果，而是在期盼一个否定的结果。

"他们怎么说我的呢？"

电话里传来了陆小菲格格直笑的声音，她的笑声已经让我知道，我这次

"失败"了。她说："我不知道为什么？我父母把你说得简直太好了！我之前的男朋友，从来没有得到过我父母这么看重！"

"你说什么？"我再一次确认性地问，"他们对我评价很好？"

"我爹说，你不喝酒，也不抽烟，这样的年轻人真的很难找了。酒桌上的规矩你也不太懂，说明你平时不喜欢出去应酬，是个好孩子……"

"你爹没有说吗？我这次是空手登门的，一点礼品都没有给他老人家带，他难道都没有意见吗？"

陆小菲一直在笑，说："我爹也说了，越抠门的男人越顾家，越会过日子。你看看那些花钱大手大脚的人，有几个能存下钱的？"

"你爹没有说吗？如果我以后到北京去发展，你怎么办？"

"我爹说你这娃有志向，让我好好地跟着你。以后，不管你去北京，还是去上海，都让我跟着你去……"

12 缺德选情敌

工作中，经过我的努力，销售业绩有了很大的提升，每个月都能拿到奖金，平均每月 4000 多块钱收入。

陆小菲的收入，每月 600 块钱，属于当时西安市区的广大人民群众的低收入水平。由于我收入高了起来，她开始对我更加喜欢。对于陆小菲，我向来不吝啬，随便花钱请她吃几顿饭，她就爱死我了。有人问我为什么不和女朋友一起租房？享受一下幸福的二人世界，干吗还要住办事处。

当时在西安租一套一居室的房子也就 400 块钱。对我来说，根本没有经济压力。出乎别人预料的事情是，我和陆小菲相处了 3 个月，一直没有亲热过。在 3 个月的时间里，我们的爱情一直是不温不火的持续着。

我试着与陆小菲寻找一些共同的爱好和话题，始终是没有找到，陆小菲对文化和历史方面几乎可以用"目不识丁"来形容。我并不祈求对方有多深的知识，最基本的常识，应该还是需要了解的。

每次跟她谈话的时候，很多事情都需要解释一番对方才明白。偶尔在一起看电视的时候，我要看《康熙王朝》，陆小菲要看《星光灿烂猪八戒》。

她对康熙的了解，基本上是一无所知，康熙生活在哪个朝代，她都不知道。有次跟赵咚在一起，我们谈到了西安的历史，谈到之前是大唐盛世的长安城，当我们谈到当年大唐的疆域宽阔的时候。

陆小菲也许知道我对她的历史知识不满意，为了在我的同事面前表现自己的知识，忙插了一下嘴，说："唐朝疆域当然大了，那是成吉思汗的功劳。"

我的脸顿时就红了，赵咚在一旁，问："小菲，你知道成吉思汗真名字叫什么吗？"

"不是就叫成吉思汗吗？"

"好了好了，我们谈点别的。"

我打住了这个话题，事后，我提醒陆小菲以后多看一些书。陆小菲说："我看的书不少啊？"

"你都看什么书呢？"

"故事会，故事大王，故事奇观……"

"关于历史和文化常识方面，你应该多看看。我不求你知道百里奚是谁，最起码成吉思汗应该知道吧？凡是上过学的人，这些都应该知道的。你们当时上学的时候是怎么度过的呢？"

陆小菲反驳说："我要知道那些干啥呢？我靠历史吃饭吗？我又不是历史老师，学这些东西，吃饱了撑的……"

这样的恋爱，我实在是提不起激情。我心里很清楚，如果这么持续下去，不仅在伤害陆小菲，也在浪费我自己的时间。对于自己不想要结果的恋爱，还不如早点放弃，再去寻找合适的人。每当我想借机提分手的时候，总是看到陆小菲对我很专情，导致我实在没有勇气把"分手"说出口。

赵咚跟我住同一个寝室，每天晚上都聊女人。聊着聊着，基本上都会落到陆小菲身上。我心里的想法，和赵咚向来是无话不说的。

"你们相处这么久了，还没有磨出火花吗？"

"两个人实在是没有共同语言，我们的感情很难出现火花。我觉得我们在一起相处，每天就像例行公事一样的累。想快刀斩乱麻，又不好意思张口，每天看到她给我的短信和电话，我又觉得她对我挺好的，不忍心抛下她……"

赵咚严肃地望着我，说："我现在问你一句，你要冷静的回答。在你的内心里，到底想不想和她分手？"

"想。"

"你确定？"

"是的，我一直试着去寻找感觉，一直找不到。"

赵咚白了我一眼，说："说实话，陆小菲长得也不错，换做我的话，早住在一起了……"

"你就不要开我玩笑了，咱们说正事儿，既然不想在一起了，就该分手，我可以留出时间找合适的人。我们的爱情是没有共鸣的，早晚都会分，我已经彻底地想好了。"

赵咚抽了一口烟，说："我如果是你，管她以后在不在一起呢，先上了她再说，陆小菲这么好的身材……"

"好好好，这件事以后我不跟你说了！"

"你要实在是想分，直接跟她说就行，如果不好意思说，就发个短信告诉她。顶多人家难受几天，很快就好了。你就是太善良了，也许是你之前没有恋爱过的缘故，对爱情还是那么的优柔寡断。如果换作我，只要不爱了，想分还不好说？追一个女孩不容易，踹一个女孩简单得很！"

我闭着眼中准备睡觉，再没有理会赵咚。赵咚抽了一会儿烟，忽然说了一句："有办法了！"

"啊？什么办法？"

我睁开了眼睛，望着赵咚。他扔掉了烟头，眼睛翻了翻，说："我明天把你和陆小菲感情不太好的消息，散布到她们公司的客户那里，说不定很快就会有人来挖你的墙脚。"

"这么做不好吧……"

"你都不想要人家了，谁来追她，跟你什么关系？"

我想了想，觉得这样做也未尝不是好办法，除此之外，再也没有别的法子了。为了让陆小菲主动把我踹了，也只有这么做了。我再三叮嘱赵咚，一定要找一个条件好的人来挖墙脚，别找一个坏男人，到时候伤害了陆小菲。

赵咚笑了，说："你想想啊，你小子条件也不差，条件不好的话，能挖得倒你的墙脚吗？"

听他这么说，我就放心了。我缓缓闭上了眼睛，心想，缺德这一回吧。为了陆小菲的感受才这么做的，不合适的爱情，在一起时间久了伤得更深。希望赵咚能够找一把快刀，把这团乱麻迅速斩断。

三天后。

赵咚告诉我，情敌帮我找到了。我忙问："对方是个什么人？"

赵咚详细地讲述了事情的经过，被瞄上的那小子叫张玉刚，上个月刚刚和陆小菲的公司有合作。这小子对陆小菲有意思，很快被赵咚观察到了。男人对男人心里的想法，基本上还是一览无余的。

虽然他仅仅多看了陆小菲几眼，赵咚已经可以判断他对陆小菲是有想法的。他告诉张玉刚，陆小菲男朋友和他是同事关系，由于业务上的一些问题，同事之间不太和。他希望张玉刚把陆小菲追走，顺便解解气。

赵咚还告诉张玉刚，陆小菲正和男朋友闹感情危机呢，他现在正是下手的机会。他还说明天晚上要和陆小菲男朋友一起吃饭，让张玉刚装作他的朋友，演出一幕在饭店偶遇的情境。到时候三个人可以在一起吃顿饭，为了让张玉刚看了看自己的情敌是谁，让他了解一下对方的长处和短处，提高他的胜算把握。

我听到这里，顿时打住了，说："你想让我和那小子在一起吃饭？让他像CT片一样把我透视一遍，这算唱的哪一出呢？你刚才说了咱们关系不和，还和我一起吃饭，对方不会怀疑吗？"

"我告诉他，说咱们内心里不和，表面上跟兄弟一般。"

"他信了吗？"

"当然信了。"赵咚又点燃了一支烟，抽了两口说，"我这么做的目的是让你看看那个人是什么样的，你如果觉得对方配不上陆小菲的话，咱们再找别人。你不是很关心陆小菲的未来吗？看看这个人的样子，心里也好有个把握。"

"万一那小子自己去追陆小菲怎么办？"

"他会不会去追陆小菲，决定权在他。能不能追上陆小菲，决定权在你呀！你这么聪明的男人，难道这点账都不会算吗？"

我想了想，觉得很有道理，只要我对陆小菲热情一些，两个人搬到一起同居。让陆小菲享受一下爱情的升华，对方也许怎么努力都没用了。这就好比，小偷想偷你家里的东西，决定权在小偷。如果不想让小偷偷走东西，只要把东西看护好就 OK 了。

　　经过了再三考虑，事情也只有这么办了。我发现赵咚脑子还是挺聪明的，这件事托付给他办，还真没有找错人。不管这件事我做的多么缺德，却祈求上苍保佑，垂降一位好的情敌给我吧，让陆小菲能够有一个好的归宿。

13 酒桌上的较量

次日晚上，赵咚和我约到了金源饭店，两个人要了两瓶啤酒，点了几个小菜，等待着那个家伙的到来。

19：00 的时候，张玉刚准时出现在了饭店里。赵咚先看到他，偷着给我使了一个眼色，我顿时明白那个人便是他确定的人选。

我打量了一下这个人，长着一张黑脸，小眼睛，身材中等，略有些胖，土里土气的，走路的样子八字脚撇得很厉害。

张玉刚居然还穿着一件黄褐色的西装，打着领带，估计是为了在"情敌"面前提起自信才穿西装的。但是，这小子不懂穿西装的原则，上身西装，下身穿的却是牛仔裤，脚上穿着一双运动鞋。

西装和领带一看就是地摊货，穿到他身上活像一名养殖专业户。

"你从哪里找来了这样一位傻蛋呀。"

"嘘——"赵咚说："小声点，待会儿别让对方看出来。"

张玉刚眼睛还不太好使，在饭店里转了又转，没看到赵咚。这时候，赵咚站了起来，冲那小子喊了一声。

"嗨——"

那小子看到了，撇着八字脚走了过来，挤出了一张笑脸说："你们也在这里啊，真是巧了。"

赵咚也笑着说："真巧啊，在这里遇到你！来……我们认识一下，这位是我的同事，叫他小夏就行了。"

张玉刚装出了一张笑脸，对我假惺惺地表示了一下友好，伸出手说："高兴认识你，我叫张玉刚，是跑销售的。"

这小子普通话里带着浓浓的陕西乡音，我们握了手，让我感觉像是握住了一只熊掌。对方粗大的手，狠狠攥了我的手一把，被攥得隐隐作痛。

握手虽然需要给一定的力度，没必要用如此大的傻劲儿。

"坐下来，一起喝点酒吧……"

赵咚的话还没说完，张玉刚已经一屁股坐下了。他自己先倒了一满杯啤酒，冲我举起杯，说："来，我跟你干一个。"

"我……不太会喝酒，酒量也不好，还是你们老朋友先喝吧。"

张玉刚却表现了一副挑战的样子，说："小夏，今天哥就要跟你喝，你不陪哥，就是不给面子，到底陪不陪？"

"喝酒是量力而行的事情，跟面子没关系的。"

"不行！我爹说过，酒品代表人品。"

张玉刚说完，跟二傻子一样，一口灌下一杯啤酒。我见人家已经喝了，又说了酒品代表人品，也只好陪着喝了一杯。

赵咚开口说话了，"大家能认识就是一种缘分，希望你们以后也能成为朋友，大家都做这一行的，以后说不定会需要对方帮忙。"

张玉刚面无表情地扫了我一眼，问："你多大了？"

"24 岁。"

"你上过大学吗？"

"本科毕业。"

赵咚在一旁对他说："我们公司的员工都是大学毕业。"

张玉刚用一种不屑一顾的眼睛望着我，又问："你觉得上大学有用吗？"

"当然有用了！"我非常肯定地说，"大学几年也是一个人价值观形成的时期，也能体现一个人的综合素质，没有大学的教育经历，将来会失去很多机会。"

张玉刚说："我不那么认为，我没上过大学，比很多大学生们收入也不低。我们老板也没上过大学，一年赚上千万呢。"

我笑了笑，说："这是两码事，大学培养是综合素质，不是培养挣钱的本事。"

"素质高，挣不到钱，有啥用？"张玉刚扯住这个话题不放，又说，"你读了大学，每年能挣多少钱呢？"

这小子几乎是专门来"拍砖"的，而且手段之笨拙，情商之低，问的问题显得大家很尴尬。

赵咚只好打住说："不要谈这个话题了，换一个话题。"

张玉刚又一次举起酒杯，冲我说："来，我跟你再干一杯。"

他敬酒的时候，脸上虚假地笑了两下。我知道他心里对我有敌对情绪，换做聪明的人是不会表现出来的，没想到这个人如此傻帽。面对那小子一次次地"敬酒"，我忙说："我已经不能再喝了，头已经晕了。"

张玉刚又问："到底给不给面子？"

我心想，就这种水平，还想追陆小菲？简直是做梦。

"快点，端起你的酒杯吧，我都敬你半天了。"

"你放过我吧，我酒量真的不行，平时也很少喝酒的。"

张玉刚却很不识相，也不善于观察赵咚给他的眼色，不管赵咚在旁边怎么帮我解围，人家一直没有放过我的意思。

"你到底是不是男人？"

"废话，当然是了！"

张玉刚见我说了他"废话"二字，狠狠的瞪着眼睛，说："小夏，哥比你岁数大，刚才你骂我废话，哥不跟你计较。今天，哥要给你做个表率，让你看看什么才是男人！"

我一动不动地盯着他，不知道这家伙下一秒钟要做什么事情。只见那小子招呼服务员，再来一箱啤酒，并且全部让服务员打开。

他脱掉了西装，解掉了领带，把衬衣的扣子从上到下解开了好几个，猛抄起一瓶啤酒，咕咚咕咚地灌了起来……

不一会儿，六瓶啤酒一下子全灌了下去，这时候，他肚子里的啤酒已经返流了一些出来。当着面前的两位"朋友"，他抹了一下嘴，说："要是让我休息一会儿，我还能再喝几瓶，我现在肚子里没地方了。"

我们都知道，啤酒这东西在胃里就会被吸收，很多人能喝下几瓶啤酒，却无法喝下几瓶水。这么猛的灌下去的一箱瓶酒，在胃里来不及吸收，就被填的满满的，即使不醉也已经饱了。

赵咚对他笑了笑，说："你这么逞能干吗？"

张玉刚用手指头把我一指，说："我就是为了证明给小夏看，什么才是男人！"

赵咚脸上画满了无奈，拍了拍他的肩膀，说："好！好！好！你是男人！行了吧！人家小夏没有跟你比谁更男人！"

张玉刚又把我一指，说："我要他说出来，我才是男人，才行。"

我知道，这小子就是针对我来的。如果我拧到底，这小子说不定还会干什么？于是我也学着赵咚，拍了拍他的肩膀，说："哥，你才是男人，我佩服你！"

张玉刚脸上出现了胜利般的笑容，这时候，他一个饱嗝打了出来。肚子里的啤酒随着饱嗝全倒了出来，"哗啦"一声，全吐了桌子上，流到了地上一大片。

我顿时捂住了鼻子，十分痛苦地咧着嘴。服务员跑来清洁了一下，给我们三位换了一张干净的桌子。

赵咚急忙叫了一个果盘，给这小子清清火。果盘上来后，我想起这小子刚才呕吐的一片东西，我的胃里就开始恶心，连一片西瓜都吃不下去了。

这小子可是胃口大开，啤酒倒了出来，胃里面又有地方了。他两只手同时抓起两片西瓜，一边一口地开始啃。吃完后，他用手背使劲擦了擦嘴上的残留，然后往裤子上偷偷地抹了抹。

这顿饭还没吃，我和赵咚已经没有胃口了，提议要走。张玉刚一把拉住我的手，说："希望我们以后还会再聚！"

"好，来日方长，有的是机会。"

告别了这个傻小子，回家的路上。我抱怨了赵咚一路，你找的是什么人呀？智商和情商都他妈的不健全，简直太傻 B 了。

一周后。

陆小菲给我发了这样一条短信，内容是："我们分手吧。"

"为什么呢？"

"我遇到了一位更适合我的人。"

"可以告诉我，他是做什么的吗？"

"他姓张，也是做销售的。他说一周前和你一起喝过酒，具体是谁，你自己去猜吧。"

"你跟他合适吗？"

"我和你在一起的时候，你谈的东西，都是我不感兴趣的，感觉和你在一起很无聊。当我遇到他后，才真正体会到了恋爱的感觉。晓光，我们分手吧，我不希望你阻挡我的幸福，我也祝你早日找到适合的人。"

以上内容，都是用短信交谈的，因为这种尴尬的话题不方便用有声语言沟通。我的初恋，这场持续了三个多月的爱情，就这么被一个傻小子给"扼杀"了。

冷静下来后，我分析了一下，也许是物以类聚人以群分，一个人脑子里的学识多少都不重要，关键是看两个人是否合拍。

14 机遇

时间一天天的滑过，树叶落了，来年又发出新芽。弹指一挥间，我在西安工作快两年了。这一段时间里，我感觉自己渐渐地成熟了，包括为人处世的成熟和职业能力的成熟。

客户的基础打好了，工作会变得轻松一些，有时候打打电话，就把一些事情搞定了。

当年和陆小菲分手后，张玉刚和陆小菲的爱情进行得非常迅速。经过赵咚透露，人家认识一星期，就住在一起了。

我们分手不到半年的时间，去商业公司打流向，看到陆小菲腆着肚子在上班。她看到我的时候，还问我为什么这么久了还一直单身？

我对她笑了笑，说："因为一直没有遇到像你这么好的女孩。"

陆小菲听了以后，似乎有些感动了，说："晓光，你确实是很好的人，不过现在真的没戏了，我上个月已经结婚了。"

"恭喜你。"

"我父亲前阵子还提起你了，说你是个好孩子。还说让我老公向你学习，学着少喝点酒，少抽点烟，多看看书……"

我已经预感到她父母更欣赏我这样的，虽然我当初拜访二老的时候没有买礼物，没有递烟，也没有敬酒。最起码咱的形象和行为举止不差，比起那个张玉刚强了还不是几百倍。

这场"初恋"对我来说，也许只是一场闹剧，没有给我造成美好的回忆。当别人把初恋形容得非常甜蜜的时候，我总觉得这场恋爱对我来说却是一件苦差事。也许还不能称为恋爱，因为我还没有"恋"起来。

至于每天一个电话和短信的来往，这是一种心理学效应，满足了一下有女朋友的心理。另外就是"习惯"的问题，一旦人成了习惯，做一些事情会是下意识的。每天都在联系，忽然一天不联系的话，却感觉少了点什么，这些跟爱情本身并没有什么关系。

张玉刚，把我解放了出来。如果不是这本小说记录了这件事，陆小菲也许永远不会想到，她的老公是我让赵咚选出来的。

如果不是今天看到陆小菲一脸幸福的样子，我也许会愧疚一辈子。我觉得张玉刚傻，人家却喜欢，这就是命。

在西安工作期间，我除了工作就是写小说。这个兴趣爱好，从大学期间到现在一直伴随着我的生活。

我完成的长篇小说《新唐伯虎点秋香》已经在网上获得了很高的点击率。本书出版是我一直的梦想。

一家出版商来找我谈稿子，本以为能够赚一些稿费，对方告诉我，出版市场不是多景气，如果我肯放弃稿费的话，他们就跟我签出版合同。

我最大的梦想是实现自己的出书梦，稿费给不给都没多大关系。那时候单纯的要命，就一分钱没要，按照人家所有的要求，签了一个有效期十年的出版合同，授权给了北京某文化传播有限公司。

在找女朋友方面，我是河北人，在西安工作期间并没有建立多少朋友圈子。除了认识几个同事，剩下就是自己的客户。

医院里的小护士虽然多，多数都已经名花有主，即使单身的有那么两个，还得看上去有感觉才行。直到有一天，一位小护士闯进了我的世界。她的名字叫王晓惠，22岁，西安本地人。这位女孩笑容很灿烂，说话的声音也比较洒脱，长相中上。对这样一位活泼可爱的女孩，我渐渐有了喜爱之感。

单身的男女一旦有喜爱之感，大家都知道下一步会意味着什么。周末我们约出来玩了，逛街期间，我帮她买了一些她喜欢的小零碎儿，也没花几个钱，就把女孩子哄得开开心心的。

我们在钟楼广场逛得累了，提议到北大街书店转转，她显得很没有兴趣。经过我的好几次提议，终于跟我去逛了一次书店。

书店里贴着马克思、恩格斯、列宁、斯大林、毛泽东的伟人相片。王晓惠指着马克思的照片，说："这个人眼熟，是谁呢？"

我一下子傻眼了，居然连马克思都认不出来？当我告诉她这是马克思的时候，她惊讶地说："这就是马克思？"

经过这么一件事，提醒了我去考察一下她的文化常识。我指了指恩格斯的照片，问："你知道这个人是谁吗？"

"不知道。"

当我问到列宁的时候，她也说看着眼熟，至于斯大林她就完全没有感觉了。直到我问到毛泽东的时候，她才非常自信说："我认识，这是毛主席。"

这时候，陆小菲的形象开始在我脑海闪现了。王晓惠在这方面的知识含量居然和陆小菲有一拼。

我又问了一句："你知道希特勒是谁吗？"

"不知道。"

"真不知道？"

"听着……耳熟。"过了一会儿，王晓惠忽然说，"你说的那个人好像是一个国家的头儿，对吗？"

"这些常识你都不知道？"

王晓惠一下子不服了，说："夏晓光，我也考你一下。你知道人心脏的起搏点在哪里吗？"

"这些我怎么知道？你这是专业知识，我又不是学医的。"

王晓惠说："你刚才问的希特勒也是专业知识，我又不是研究历史的，我怎么会知道希特勒是谁？"

我也开始较真了，说："希特勒这样的人物是最基本的历史常识，你可以不知道甘地是谁，可以不知道巴顿是谁，可以不知道麦克阿瑟是谁，你居然不知道希特勒是谁？"

王晓惠也不甘示弱，说："心脏起搏点也是基本的常识，你长着心脏这么多年了，你怎么不知道呢？"

如果继续争执下去，结果只有一个，就是我们两个会闹翻。我急忙转移了话题，说："走吧，找几本你喜欢的书。"

选来选去，王晓惠喜欢的作者，除了明晓溪就是郭敬明。我只好笑了笑，帮她付钱后离开了书店。

经历这次逛书店，我打消了和王晓惠发展下去的念头。在以后的日子里，我选女朋友更加注重精神方面了。

医院的护士多数是大中专学生，很少有本科生。在中国目前的现状，中专几乎不用考试了，不管你学习多笨，只要报名就能上，几年前的"技校"也都变成了中专。大专生也在大量的扩招，几乎人人都能上个学校。

我把择偶标准定在本科以上，大中专及以下学历的，暂时不考虑了。这么一定标准，导致我更难以找到女朋友。

在西安那样的地方，找到一个未婚的，并且让人看了有感觉的女本科生，比找一只恐龙还难。

医生们具有高学历，多数都已婚，未婚的也年龄比较大，另外医生们不太看得起医药代表，总觉得我们的工作缺乏稳定。

……

不久，我的《新唐伯虎点秋香》出版了，我没有成为全国的名人，却一夜之间成了公司的名人。

公司的 HR 部门决定给我一个成为培训师的机会，工作地点在北京。在销售市场上，我是领导的得力干将，陈剑不愿意放我走。我已经把市场做得很纯熟，如果换别人做的话，销量会受到很大影响。

不管对方怎么挽留，我还是希望成为培训师。我早就向往北京了，听说在北京，一个广告牌被风吹倒了，砸到十个人的话，就有四个本科生，两个研究生，两个是博士生，剩下两个是即将报到的大一新生。

也许只有到了北京，才能找到我的真爱。为了找女朋友，为了找能够有精神共鸣的老婆，我决定奔赴祖国首都的怀抱。

公司的"调遣书"下发后，我毫不犹豫地签了字。此时此刻，我有一种如释重负的感觉。销售工作就是这样的，即使客户基础做得很好的销售员，也会在季度末体验难熬的压力。现在我没有任何压力了，我已经不再是销售员，而是一名培训师了。

签字后，我就在自己的 QQ 资料里，把地点由"西安"改成"北京"，职业由"销售员"改成"培训师"。

15　见习培训师

在一个温馨的夜晚，我登上了北去的列车。次日早晨，我到达了祖国的首都。工作地点为东四环的住邦 2000，从这一天起，我成为了一名白领，任职培训师。

由于我的工作经验尚少，很多东西需要学习，属于一名"见习培训师"。也就意味着公司对我属于培养阶段，不会给予多高的薪水。

现在企业的竞争，不是员工学历的竞争，也不是企业生产设备的竞争，而是员工能力的竞争。员工的能力往往是通过学习逐渐获得的，企业的竞争也就是员工学习能力的竞争，培训成了朝阳行业。

维尔达药业的老板明白了这一点，不惜花高薪从外企挖来了医药圈儿的著名培训师李怀谏先生。

那是一位近 40 岁的男士，看上去很阳光，外表比年龄看上去更年轻，性格也 OPEN。外企的人习惯于称国内的企业为国企，不管你是国营企业还是民营企业，在他们眼中都是国企。

自从认识了李怀谏，我便对外企充满了向往。李怀谏作为我的领导，也没把我当外人。让我偶尔也会接触到一些外企圈子的朋友。

我渐渐地发现，外企人的形象举止和国企人都不一样，外企人透射着一种干练和职业化。外企人多数看上去比国企的人更显得年轻，人家的生活理念比较潇洒，消费观念也接近西方，心态更有活力。

李怀谏组建的培训部，除了我之外，还从销售队伍里调来了一名医药代表何莉莉。人人都说男女搭配干活不累，我要申明一下的是，千万不要跟之前做过学生会干部的人进行搭配，一旦合作起来，那些人会让你很累。

何莉莉曾经是学生会干部，个子高高的，以前掌权习惯了，说话强势而富有心计。别看年龄不大，人家不仅把领导哄得很好，对我却是经常性地打压和挤兑。

在别人眼中，我是一名白领了，一名名副其实的职场白领，而我内心里却丝毫感觉不到白领的快乐。

我干着白领的工作，却拿着黑领的工资，月薪2500元。基本上也不够租房生存，还好公司给我们这些驻外人员提供了住宿。

维尔达药业是河北的企业，在北京的办公区属于营销总部。在这里工作的人很多，公司租了数套三居室的单元房。北京是寸土寸金的地方，我们又住进了上下架子床，九个人生活在一套三居室内，平均三个人生活在一间卧室内。

我和财务部的主管王振杰，以及市场部的产品经理张辉分配在一间房子里。王振杰28岁，河北人，女朋友在承德工作。张辉38岁，山西人，老婆在山西老家工作。

来北京之前，本以为到了北京生活条件会很好，没想到一下子还要睡上下架子床。

刚到北京的初期，感觉什么东西都贵得吓人。稍不留神就把一个月的薪水差不多花完了，工资令我失望，搭档令我失望，住的环境令我失望，一点也没有"家"的感觉，这哪里还是生活？

公司规定上午8：30上班，必须提前15分钟赶到，否则按照迟到论处。迟到一分钟的话，就会扣掉100块钱工资。如果未能在五分钟内到达，按照旷工论处，将处罚1000元，累计三次以上旷工，将会被辞退。

在西安跑市场的时候，客户的关系都理顺了，每天跑过去陪客户闲扯一会儿就行，尽管有指标压力，上班时间还是自由自在的。

张辉也经常说我，在西安呆着多好，又能挣到钱，出去租一套小房子，也花不了几个钱。在北京只有和大家一起群居，不然的话，那点工资还不够出去租地下室的。

在工作方面，我这位见习培训师，在李怀谏的培养下，学习了很多东西。有人说严师出高徒，其实这句话根本不对。老师的见解能力是影响徒弟的关键，如果老师没有见识，一味的严格只会把徒弟带坏，只有名师才会出高徒。

来到北京后，工资低了，时间被约束了，我的身份却上升成了白领。白领身份对我找女朋友也有了大大的促进作用。

以前，有些女孩一听我是做销售的，二话不说都敬而远之了。当时大家比较歧视销售员，认为我们就是没有基本工资，每天挎个包骗吃骗喝。

北京是人才云集的地方，在西安大专以上的女孩就属于稀有品种，在北京大专以下的女孩属于稀有品种。你想找一个没学历的，至少在北京各大写字楼里是找不到的，如果在马路边应另当别论。

我在北京落定后，寻找女朋友的行动开始了。到北京之前，我就在QQ里加了一位在北京的女孩，我们已经聊两个月，算是一名老朋友了。

这名女孩是吉林人，27岁，比我年长一岁，她的名字叫白雪莹。都说东北女孩漂亮，性格豪爽。能够认识一名东北女孩，真是三生有幸。有人说男人多数喜欢比自己年龄小的，其实这是不准确的说法。

男人喜欢的女人是分年龄段的，多数在22-28岁之间的。不管你是14岁的男人，还是80岁的男人，喜欢的女人年龄往往集中在22-28岁之间。

你知道这是为什么吗？男人对女人的感觉，多半是源自于原始动物的本能。任何一种动物都有一种本能的需求，那就是"繁衍后代"。

一位光鲜亮丽的女人，恰恰是身体健康的表现，也预示着这位女性有着良好的生育能力，男人会下意识地对这样的女人产生感觉。

我认识的白雪莹，虽然聊了很久，谁都不知道对方长什么样子，谁也没有索要对方的照片。我想到时候看看跟我想象中相符多少，留着神秘感。我深信对方是一名美女，毕竟人家是东北女孩，更何况又叫了如此冰清玉洁的名字。

从西安到北京两个月期间，每天我们都要煲一个多小时电话粥，像一对热恋中的情侣。当我在北京稳定下来，提出要见面的时候，白雪莹却说："为什么要见面？"

女孩的回答非常出乎我的预料，我忙问："我们不是聊得挺好的吗？都认识这么久了，都不能见一见吗？"

"我觉得我们这样挺好的，没事的时候，打打电话，聊聊天，没必要见面吧？"

我倒吸了一口凉气，说："你不觉得我们每天聊得这么开心，我们之间的友谊，难道不希望有下一步的进展吗？"

"我们这样挺好的呀，大家都是朋友，又没多大的压力，干吗非要见面呢？永远保留着这层神秘感不行吗？"

我思考了一下，又问："你是知道的，我们认识两个多月了，你跟我聊了这么多天，究竟目的是什么呢？"

"没有什么目的，如果干什么事情都要有目的性，活得也太累了吧？"

白雪莹说的话不温不火的，经过了两个多月的网聊，原来人家只希望找一名"聊友"。

经过了这次不愉快的沟通，我删除了白雪莹的号码。这件事让我郁闷了好几天，觉得两个多月的精力都花在了这个人身上，本以为邂逅了一位东北美女，结果抓在手里的只是一团空气。

16 虚拟美女

"晓光，你不要在 QQ 上随便抓一个女孩就聊，你要上专门的婚恋网站。"

张辉给我提出了很好的建议。由于我们住在一起，下班后成了无话不说的朋友。他比我年长，社会经验更多，平时可以帮我出出主意。

我在 QQ 上漫天撒网的时候，遇到的女孩未必是单身，甚至有人交友目的不明确，自己都不知道加你聊天为了什么。

白雪莹就是这样的女孩，到头来只会耽误了双方的时间。要找女朋友就得上婚恋网站，至少那里的人都是为了寻找爱情，省得浪费双方的时间。

我当时 26 岁的年龄，在北京算很年轻，事业上刚刚起步，也正是刚适合恋爱的年龄。

……

我开始寻找婚恋网站，当时的婚恋网并不太多。我选来选去，挑选了一家实力比较强的网站进行了注册，刚上婚恋网的时候，顿时有一种看花眼的感觉。

一个个的俊男靓女，都非常扎眼。我非常感谢婚恋网，让单身的俊男靓女们知道了彼此的存在。

以前，我都是依靠村里的老乡给介绍女朋友，想遇到一个相貌、学历相当的女士非常非常难。

在婚恋网不仅能筛选对方的学历、身高、体重、职业、户籍，甚至还可以筛选对方的兴趣爱好和吃饭的口味。

我上传了几张清晰的生活照，由于咱外表阳光，很快引起了不少异性会员的关注。一般情况下，大多数主动给男士发信息的女孩，往往长得不好看。她们知道机会是等不来的，需要主动出击。

让我想起了，为什么美女们都被那些丑八怪们追走了，因为丑男知道自己不主动出击就没戏。当帅哥们还等着机会的时候，丑男已经出击抢追美女了。女人又是那么的情绪化，只要觉得谁对她好，就跟人家走了。

对于婚恋网的女子，我从来不坐等机会，虽然咱形象尚属帅哥范畴，也要像丑男一样主动出击。

一般情况下，美女每天收到海量的信息顾不上看，不会主动给别人发信息。在二般情况下，或许也会有个别例外。

我刚注册没几天，有一位冰清玉洁的女孩主动给我发了一封信。从资料上看，这是一名在北京上班的成都女孩，身高163cm，瓜子脸，肌肤似雪，非常白皙。学历为本科，专业为英语，毕业院校为北京外国语大学。

常言道天下美女在四川，四川美女在成都。看到一份这么养眼的资料，让我眼睛一亮。我们很快聊上了，先从QQ沟通开始。

女孩名字叫李茜，自称是一名外企的翻译。我开始庆幸从西安来了北京，很容易就遇到了一位要学历有学历，要模样有模样的女孩，而且产地还是著名美女之乡——成都。

如果在西安工作，想找这么优质的女孩，基本上没戏。面对这样的女孩，我觉得很有压力。尽管我看上去像一名白领，提起我的收入，却让我无法自信起来。

女孩并没有问及我的收入，让我对其更有了几分好感。通了几天电话，我便提出了见面的请求。

李茜经过再三犹豫，似乎不太愿意见面。当我问什么时间可以见面的时候，对方也没有给我一个明确的答复。

真不知道女孩是怎么想的，既然加了对方，也聊了一段时间，就该进行下一步的了解，不然这么耗着干吗？

又过了一阵子，经过我的再三努力下，终于说服了李茜，她同意和我见面了。我历经辛苦终于获得了和美女见面的资格，为了表达我的慷慨，主动提出要请美女吃饭，我们约在了甘露园附近的一家餐厅。

以前相亲过几次，从未跟"美女"相亲过。这一次，我很激动，提前半小时就到了约定的地点。

时间一分一秒的滑过，已经到了约定的时间，李茜却没有出现。我又耐着性子等了几分钟，李茜还是没有到。我只好拨通了她的电话，她说让我再等一会儿，马上就来了。

这也许就是传说中的女人爱迟到，有人说过，越漂亮的女人，约会的时候越喜欢迟到，为的是考研男人的耐心。

我越这么想，越难以控制心情的激动。闭上眼睛，那张冰清玉洁的面孔又浮现在我的脑海里……

20 分钟过去了，出现在我面前的是两名女孩。如果不是其中一名女孩自称是李茜的话，我打死都不会相信跟我聊了那么久的成都美女，就是面前这位又矮又粗，方形大脸，浓妆艳抹的丑女。

李茜身边的女孩，长得也比较难看，一口龅牙长得让人看了很郁闷。两个人全都是浓妆艳抹，化妆的技术又夸张又笨拙，嘴唇摸得鲜红欲滴，像刚吃过死孩子，眼影画得极像恐怖片中的僵尸。

两个人都带着长长的假眼睫毛，这一套妆画下来，估计也废了不少时间，怪不得迟到了 20 分钟。

李茜在婚恋网资料里写着身高 163cm，见到本人后，我目测了一下她的身高，估计也就 136cm。

人的长相好与坏，本不应该受到歧视。比较过分的是，李茜在婚恋网的照片完全是采用别人的，资料都是假的。

至于是不是北京外国语大学毕业的，我虽然无从考证，却已经觉得这样一名女孩，不像是能考上大学的人。能考上大学的人，谁会化这么傻帽的"舞台妆"，浓妆艳抹的，大晚上吓唬鬼比较合适。

李茜见到我，她的目光似乎一点都不友善，带着一种对我不屑一顾的感觉，跟电话中聊天的感觉判若两人。

这女人不仅长得丑，还这么不诚实，更不友善。奇葩真是被我遇到了，我开始质疑是不是在网上推销自己的都是没人要的呢？

　　旁边的女孩问了一句："你是于先生吗？"

　　李茜用眼睛白了她一下，说："不是，上次我和娜娜一起见的那位先生姓于，这位先生姓夏。"

　　那位女孩用一种羡慕的目光望着李茜，似乎在想，她是怎么能让这么多的帅哥跑来约会她呢？

　　没等我脑子冷静下来，李茜已经招呼服务员拿来菜单，与另外一名女孩狂点了一通。她们点完自己想吃的东西后，就直接把菜单推给了服务员，似乎一点也没考虑到我的胃口。

　　李茜是我第一次上婚恋网约见的女孩，感觉被网络狠狠地扇了一巴掌。我早就听说过网友见面容易见光死，却没想到这次见面的见光死居然死得这么惨。

　　两个女孩一直自己在小声说话，时而不时地笑一笑，人家对我一直不搭理，我坐着很尴尬。只好等服务员上菜，吃完饭早点走人。

　　也许你觉得我当时就不该吃饭，找个借口闪了。你要知道，我当时才26岁，农村出来的孩子性格还是很单纯的，做事情还不够老练。约在了餐厅里面，见了面即使一万个不满意，也舍不下脸来走人。

　　过了很长的时间，李茜才说了一句话："你怎么一直不说话？"

　　我被这么一问，忙下意识地回了一句："你和照片不太像。"

　　这句话我是下意识地问出来的，并没有要质问对方的意思，都到了这个分上了，菜都点了，还质问有什么用？

　　李茜不屑一顾地白了我一眼，说："那不是我的照片。"

　　人家说话倒是具备四川美女的特点，心直口快的。不是你的照片，你放上去干吗？

　　我又忍不住说了一句："你干吗不放自己的照片呢？"

　　李茜又瞪了我一眼，说："你问这些有意义吗？"

　　我被李茜训斥的口吻搞得再次无语，我只好脸红地笑了笑，说："确实照片没意义，见面才是最真实的。"

一顿饭吃下来，我们几乎都没怎么谈话。对面坐着的两个女孩，人家两人之间有说有笑，谁也没有理会我。

……

饭后，李茜冲服务员喊了一嗓子："买单。"

服务员拿着账单走来，李茜用眼睛示意了我一下，我只好把钱包掏出来结了帐。

走出餐厅后，李茜连"再见"都懒得跟我招呼一声，两个浓妆艳抹的女孩，一起手拉手走了。

回到家。

张辉很关心地问："怎么样？收获如何？"

我非常气愤地讲述了这件事情，张辉知道了这件事情，使劲儿取笑我，还说那么远跑出去见了两名妓女。

"话不能这么说，谁说人家是妓女了？"

"根据你的描述，反正不是什么好东西。我不明白，这种女孩明知自己资料都是假的，出来相亲的话也不会有结果，她的目的是什么呢？"

……

熄灯后，我的脑海也一直在思考这个问题，妓女？我觉得倒是不可能的，谁会花钱找一名身高不足一米四的丑女呢？

我也一直想不明白，那个女孩的目的究竟是什么？难道放虚假资料就是为了吃一顿免费的晚餐？

应该不会，现在都 21 世纪了，早过了嘴馋一顿饭的时期。再说了，谁没吃过饭啊？按道理说，没有人会出来骗一顿饭。如果真的为了混一顿饭吃，也不会找那种小餐馆了。

我是一个研究欲极强的人，一旦对某件事产生了好奇，就希望弄明白。这件事情让我思考了整整一夜。

不知不觉中，窗外已经渐渐露出了水晶般的天明，天亮了。太阳升起来之前，我终于想明白了，我摇醒了正在熟睡的张辉。

"张哥，我知道那个女孩是什么目的了。"

张辉揉了揉朦胧的睡眼，说："还在想这件事吗？"

我睁着布满血丝的眼睛说："我就是一个遇到问题就会分析到底的人，现在我知道那个女孩目的是什么了。"

"你说说吧。"

"那个女孩正是因为长得丑，她便在网络的虚拟世界里扮演美女，为的是寻求让男人为她团团转的感觉。我们电话聊了一段时间，经过我的多次恳求，她才同意出来见面，就是为了享受男人追着她打电话的感觉。

她心里也很清楚，一旦出来见面，这场"关系"就会画上句号了。见面之前，她也刻意地打扮了自己，为了把自己装扮得更美一些，弥补外形的缺陷。她喜欢见面的时候带另外一名女孩出来，也是希望让别的女孩知道，她也是有帅哥追求的……"

张辉听了，伸出大拇指说："我真佩服你！"

"我的分析能力天下第一。"

"不是佩服你的分析能力，是佩服你为了分析这件无聊的事情，居然能一晚上不睡觉……"

17 网络炮手

自从邂逅那位"虚拟美女"以后，我对婚恋网敬而远之了几个月。关于相亲这件事，我准备先考虑地面上的机会，然后再去网上寻找。

事情偏偏不巧，这阵子一个媒人都没有出现。在维尔达药业工作比较忙，每月还有大量的时间在出差，回到北京的时间就更少了。

为了寻找机会，我只好又去婚恋网碰一碰运气。登陆后，看到我有大量的未读邮件。情况是一样的，主动给我发信的女孩，大都是不好看的。

我又开始了在婚恋网的大搜索，终于又找到了一位让我眼睛一亮的女孩。她的名字叫何小慧，尽管资料上只有一张头像照，那张朦朦胧胧的脸蛋已经让我为她的气质所迷倒。

何小慧拥有女人特有的风韵，肤色白皙，朦胧的目光中吐露着一种善意的美。看到这样的一张脸，使我内心里再一次燃起了希望。

我们聊了一个星期后，便约在了安贞桥附近的一家咖啡厅内。女孩很守时地赶到到了，一见面，让我又一次的大失所望。

印象中的何小慧是一位很有气质的美女，没想到人家却长着一脸麻子。脸上的坑密密匝匝，由于网上提供的是一张模糊的头像照，麻子根本看不到。

这次相亲又白跑了一趟，我只好象征性地叫了两杯咖啡。我们面对面坐着，简单的聊了几句话。

我们约见的时间是下午下班后，现在正好是 18：00，到了吃晚饭的时间。我正在想脱身之法的时候，何小慧已经招呼服务生点餐了……

哎，想撤都来不及了，何小慧倒是不客气，一下子点了三百多块钱的东西。

咖啡厅点东西是比较贵的，对我当时的收入来看，2500块钱的工资，跑去每月的日常消费，一个月都见不了几个女孩，就把钱花没了。

饭后，我们道别。我坐在公交车上，手机响了，是何小慧发来的。

"今天很高兴认识你。"

我看到这个女孩子对我似乎动了感觉，只好象征的回复一句："一样。"

"希望我们继续了解一下彼此。"

"好的。"

……

到家了，我刚躺在床上，短信又响了，内容为："到家了吗？"

"到了。"

……

次日，闹钟还没有响，短信先响了，又是何小慧发来的，内容问："起床了吗？"

我被吵醒后，有些不高兴。主要是不喜欢对方，又被对方骚扰，有点让人郁闷了，我将信息回复："我们还是做普通朋友吧。"

这条信息发过去后，十分钟后，何小慧的短信又回了过来："我们本身就是普通朋友，你以为你是谁？"

我没有再理会她，接下来，闹钟响了，起床，洗漱，吃早餐，上班。

到了公司，刚处理完了一些工作后。我登陆了QQ，有一个好友给我发了一条信息："看看你的QQ空间吧。"

我的心咯噔一下，我的QQ空间怎么了？进入后，发现有人给我发表了一篇长长的留言。

大家都知道，在别人QQ空间内留言，其他光临此空间的好友都能够看得到。这篇留言是一名昵称"智慧女生"的人发的。这名智慧女生，正是何小慧的QQ昵称。看到这篇长长的留言，让我非常吃惊，内容如下：

昨天，这位姓夏的先生约我出来吃饭，他号称是一名大企业的培训师，约我的目的是想追我做女朋友。本来我对培训师充满了崇拜，见到夏先生后，让我对培训师的认识打了折扣，这个培训师不仅衬衣的领子和袖口是脏的，而且吃饭的时候，一点礼貌都没有。我问他一句话，他才说一句话，每次都是我给他倒水，连句谢谢都不知道说。

饭后，我发信息问他到家了吗？他才回复了一声"到了"，连报一声平安的礼貌都没有。第二天，我很礼貌地跟他打招呼，他却说咱们还是做普通朋友吧。我呸！这种人连自知之明都没有，作为普通朋友，我给这位培训师先生提一个建议，下次再约会之前，先把衬衣的袖口和领子洗干净了再出门。

我看到这样的一条留言，顿时火冒三丈。立刻从 QQ 上找到了何小慧，正巧她在线。接下来，我们用 QQ 展开了口水战。

"你为什么到空间里骂我？"

"我只是说对你的看法。"

"放屁，你是在侮辱我。"

"你也知道什么是侮辱？"

"不就是因为我没要你吗？你也没必要到空间来损人吧？你这么做的话，只会让你的形象丑上加丑！"

"我去！不知道谁更丑呢？衬衣都没洗。"

这个女人简直是一无赖，跟她讲道理也是没用的，干脆骂吧，咱也出出气。我敲下去了下面一段文字："何麻子，你要是好好修养一下，说不定能找个人结婚。你不但长了一脸麻子，还不注重修养，这辈子注定没人要。"

对方看到这样的一段话，顿时不语了。过了一分钟后，对方的 QQ 头像变成了黑白。本以为她把我删除了就从此"拜拜"了。结果，人家却真没完没了了。人家把骂我的这篇文字在一些 BBS 站上乱发，只要百度一下"夏晓光"，便能够从各种网站搜到这篇内容。

18 有苦难言

从此以后，我再上婚恋网的时候，一定要看到对方的生活照。如果只有一张头像，不管多漂亮，都是不可信的。头像照片只有几 KB，模模糊糊的可以把一脸麻子的丑女，看成朦胧诱人的少女。

不少女会员头像很漂亮，资料里没放照片，还有的放艺术照或者像素低的生活照，或者是戴墨镜的照片。

遇到照片比较漂亮的"墨镜姐"，尽管不知道对方眼睛是不是好看，又让人不愿意错过机会。加了 QQ 以后，我便向对方索要免冠照片。

女孩往往会这样说："上面不是有照片吗？"

"你的照片是戴墨镜的，这样其实是看不清一个人的真实样子的。"

"我最讨厌一上来就向我索要照片的人，难道你是外貌协会的？"

我解释说："我只是希望清晰地了解一下对方，跟外貌协会没关系的，你也是知道的，照片有时候和本人反差很大……"

女孩又说："既然照片反差大，还要照片做什么？"

"想更清楚地了解你。"

"回头直接让你看实物，难道不比照片强吗？"

如果这样一来，我出来见面了，八成又会遇到"见光死"。双方的时间就是这么浪费出去的，我又忙说："见面之前，了解对方越清楚越好，这样才能够体现相亲的成功率，你觉得不是吗？"

"我不这么认为，我和你还不太了解，凭什么给你看清晰的照片？"

"我们怎样，才会给我发照片呢？"

"等我们见过面之后吧，大家都认识了，我才会把照片给你。"

……

我也是一个直性子，见对方太不理解男人，于是对她说："我看不到你的照片，压根不知道你长得究竟是什么样子，谁还有兴趣花时间去见你呢？"

"两个人能不能在一起，我觉得性格最重要。现在的男人都他妈的怎么了？难道除了外表，就没有别的东西更值得追求吗？"

"我不是那个意思，我也觉得性格最重要，而性格的了解需要一起交流六个月，看一下照片，要不要去花时间了解这个人的性格，只需要六秒钟。我认为世界上最傻的傻帽会花六个月了解性格，一见面发现见光死。这么做耽误的是双方的时间，对吧？"

"你要是想看外表，那就直接见面吧，照片能说明什么呢？真人和照片还是有区别的，直接见面比较合适。"

我解释的很累，不过还一直试图说服对方。我又说："见面了解一个人，是需要成本的，在北京这么大的城市，跑一趟也很不容易。发一张照片反而很简单，大家有一定的好感后，再见面的话，会大大提高相亲的命中率，这样难道不好吗？"

"你要是担心相亲的成本，咱们 AA 制好了，不让你一个人花钱。"

"我说的倒不是 AA 制的问题。"

"那是什么问题，不就是不舍得花钱请吃饭吗？"

"不……我是觉得大家在不知道对方外表的情况下就见面，成功率是很低的。因为大家对双方的形象一点都不了解。为什么很多人相亲会失败，就是见面之前和之后的感觉落差太大。两个人见面之前，了解得越多，相亲的命中率越高。照片恰恰是了解对方的一种很好的工具，不然的话，时间都浪费了，也把大家都搞得很累……"

女孩火了，说："你什么人呀？出来相亲钱舍不得花，时间也舍不得花，你有诚意吗？你是在找女朋友吗？删除了彼此吧。"

我终于也生气了，说："我解释了这么多，你还不懂吗？难道你的大脑被屏蔽了？"

"你骂谁？就你妈的你脑子好，你是什么人呀？钱舍不得花，时间也舍不得花，他妈的一点男子汉的风度都没有。"

"既然说到这个份上，那就拉到吧。"

"遇到你这样的极品男人，好比大晚上见鬼。"

……

这样的事情，我遇到过很多次。自从我有了要看照片的意识后，发现很多女孩都不怎么认同这件事情。

一般情况下，这种索要照片的行为，推行起来很困难。有相当一部分女孩不但不给照片，而且还对你的人品进行怀疑。女人认为只要沟通得好，感觉来了，其他都不是问题。

前文我也交代过，坏男人更容易追到美女，就是这个道理。好男人很多事情会端着，有道德和行为的底线，而坏男人不管这些，人家吃凉不管酸，只要把你哄好什么都做得出来。

起初我根本不明白这些，在一次次的沟通过程中，让我越来越觉得女人就是孩子思维。尤其是现在推行富养女，造就了广大的剩女。父母对她们宠惯了，离开了父母她们就希望得到新的依靠，让老公宠她。

这种思维恰恰是一个女孩思维，而不是女人的思维。就这样给坏男人钻了空子，好男人都有标准和底线，坏男人只要你开心，什么话都敢说，什么事都敢做，什么人都敢玩，什么老婆都敢甩。

女人的幼稚不仅让自己吃亏，也让很多好男人深受其害。不少男人和女人讲了道理，最后讲赢了的，都离婚了。为什么？因为文人的思维太感性了，听不进任何道理。

我最后也只好一次又一次的叹气，忍一下吧，谁让咱不是同性恋呢？既然生理上喜欢女人的身体，也就必须接受女人的思维方式。

在婚恋网上又看到了一名女孩，资料里放着 16 张生活照。敢于去放 16 张照片的人，一定是个非常自信的美女了。

我向这名女孩子发了一封信，说："很高兴看到你的信息，我们可以了解一下吗？"

第二天，收到了的对方回复，内容只有六个字："什么房？什么车？"

这一句话，让我感到眼前一片漆黑。对于这种女孩，我以前只是从书本上看到过，从故事中听到过，现实中一直没有遇到过。婚恋网会员资料里写着收入范围和购房情况，人家连我资料都懒得看，就先问车房。

如果不是自己亲历，我宁可相信这种女孩只会出现在讽刺拜金主义的小说中，看来这些现象在现实中是客观存在的。

在西安的时候，拜金女孩不多，谈恋爱的男女多数是年龄相仿的。在西安很多小伙子没什么正规的工作，一年到头干几天临时工，没保险，没福利，照样有人爱他。

在北京后发现，很多谈恋爱的男女，年龄都不太相仿。很多20多岁的女孩子，男朋友40多岁。也有更神圣的爱情，超越了几十年的岁月，杨振宁读大学的时候，他的岳母还没有出生呢。

车和房，我均没有。可是咱并不自卑，20多岁的年龄，即使有车有房，哪一个靠的不是拼爹呢？

拜金女这么一问，如果不回复的话，说明我是个穷光蛋。如果说实话回复对方，那个傻B说不定会怎么耻笑我。我思考了片刻，决定从气势上压倒她，回复说："我的房子在东三环，车是宝马。"

信息很快被回复了，内容为："几房？几车？"

我看到后，把"去他妈的"四个字敲了一半。思考了一下，这么骂一句也没什么意义，还不如把"忽悠"进行到底。于是，我又敲过去了几个字："三房，两车。"

对方再次回复的信息中，只有一个QQ号码。我明白了对方的意思，本来想不予理睬，现在却涌起了一丝欲望，希望去教训她一下。于是加了她的QQ，这次我准备以有钱人的身份，损她一顿。

我发了一条信息过去："高兴认识你。"

"Me Too。"

我又说："你找男朋友的标准是什么呢？"

拜金女打出了一行字："三房两车，是我对他的最低要求。房必须在朝阳区、崇文区、玄武区、东城区、西城区。如果在海淀区、丰台区、通州区、大兴区、昌平区的话，趁早不要联系我，本姑娘嫌浪费汽油。"

我顿时庆幸，幸亏说得正好是三房两车，如果少说一车，都会被PASS，现在终于可以逗逗她了。

"我的房子都在东三环，就在CBD北面的团结湖附近。但是，这些不是我努力来的，我没什么本事，全靠老爸养活我。"

"能让老爸养活，那才是本事呢。"

"我能否问一句，你是来找老公的吗？"

"当然了。"

我笑了笑，敲出了一行字："我觉得你是来找老公公的，你这样的傻瓜能找到老公吗？"

"我傻，呵呵，笑话？从没人这么说过我呢。"

"你第一句话就先问房和车，这样的话，只有两种结果等着你。第一种结果，如果对方没钱，会被你吓跑，并且会私下骂你。第二种结果，如果对方有钱，也不会把你当正经人，顶多玩玩你，你不是傻吗？"

"我问你，你到底是有钱人，还是没钱人呢？"

"我当然是有钱人了。"

"你把我当正经人吗？"

"没有。"

女孩的头像静止了，过了半分钟，又闪出了一行字："你不看好我也没关系，只要你肯出钱，我们也可以合作。我在家做兼职，600块钱全套服务，900块钱包夜，我的技术包你舒服。有意的话，请拨打我的电话，非诚勿扰……"

我的心咯噔一下，这难道是传说中的妓女？于是，我删除了这个女人的QQ，真不知道这种女人到婚恋网来干什么？

婚恋网这么神圣的地方，居然挂着这些目的不纯的人。经历了这件事情后，觉得自己又一次见了世面。

19 逆反心态

时间总是在不经意间悄悄滑过，随着天气的转凉，我迎来了 27 岁生日。这一段时期，媒人出现得频率少了。老家的乡亲们觉得，我这样的年龄没有结婚，早已属于过季产品，父母在老家一直顶着那帮土鳖们的嘲笑。

在北京这样的城市，这样的年龄，没房没车，拿着那么点薪水，女人觉得我还很嫩，认为我还没有到可以撑起结婚责任的年龄。

自从做了培训工作，跟李怀谏学到了很多东西。咱悟性不错，基础的课程很快就已经能够胜任。培训师的成长之路是漫长的，成为一名资深培训师，需要多年的沉淀，能够先把基础课讲下来，几个月便可以上手。

我除了讲课之外，还包括实地的随访市场，也就是跟着医药代表一起去拜访客户。根据医药代表和客户交谈中的表现，发现学术知识和销售技巧方面的不足，我们给予一对一的辅导。

山西大区出差的时候，随访了一名女医药代表，名字叫刘菁，看上去很漂亮，今年 29 岁，刚刚结婚。

别看她比我大两岁，在职位上还得称呼我老师，这就是名师出高徒的结果。当她得知我依然单身的时候，便和我探讨起了婚恋话题。她告诉我，女孩子的思维很细腻，她当初选择男朋友的时候，只要听到对方一句话说得不舒服，立刻把对方 "PASS"，看到对方一个动作不对劲儿，也立刻 "灭灯"。

有好几次，她看到对方衬衣上稍微脏了一点，觉得这位男士不重视与她约会这件事，立刻就甩脸子走了。

听了她的讲述后，我说："你这么注重细节的人，选到的老公一定很优秀吧？"

刘菁笑了，说："中午我老公过来，咱们一起吃个饭。你们也认识一下，让我老公给你传授一下经验。老公追我的时候，让我一点漏洞都找不出来，觉得他什么事情都做得非常完美。更重要的是有感觉，我是很注重感觉的人，那时候我觉得自己是天下最幸福的女人……"

我一听，来了精神，这么完美的男人将跟我共进午餐，真是倍感荣幸。我准备请这位完美男人吃一顿大餐，顺便向人家取取经。

中午。

我们随访结束，在医院门口找了一家大饭店，等待着那位"情圣"的到来。当刘菁的老公出现在我面前的时候，让我大跌眼镜。

本以为是一名阳光大帅哥，站在我面前的却是一位黑瘦的小伙子，脸上还带着一道刀疤。

这人一身匪气，叼着烟，看人的眼神都不正常。这个人出现之前，我本来有一肚子的话想问，看到这人的样子，我一下子无话可说。

坐定后，刘菁说："老公，夏老师目前还是单身，你传授他一下追女孩子的经验吧。"

那小子得意地笑了一下，说："女孩子，不用太拿她们当回事儿。太拿她们当回事儿的时候，她们就会犯贱。你越不拿她们当回事儿的时候，她们对你越感兴趣……"

刘菁瞪了老公一眼，说："你怎么能这么说呢？"

人家却冷若冰霜地看了刘菁一眼，说："我说的不对吗？"

刘菁看到老公一脸的冷相，似乎不敢再说什么话了。她对我虚弱地笑了笑，说："夏老师，你吃好，喝好……"

刚才的一些举动，我已经看得出来，刘菁非常惧怕她这位刀疤脸的老公。这种人在家里很可能有家庭暴力倾向，当着我的面，他都敢这么不给老婆面子，更别说两个人单独在一起的时候了。

天底下真是一物降一物，那么多靠谱的男人都被"灭灯"了，偏偏被这位痞子降服了，难道这是女人的逆反心态吗？

这种现象看上去似乎是逆反心态，其实是女人太情绪化导致的，感觉大于天，就导致女人选男人的时候，不是看对方是否适合自己，而是看当时有没有那种被宠的感觉，只要说得她开心了，被宠得幸福了，感觉就来了。这时候男人的任何缺点，都一概看不到了，男人的优点也会被无限的放大，即使父母反对她们交往，她们的耳朵也是塞上的了。

父母把女儿宠的太无法无天，这样的女孩最不成熟，永远都会是孩子思维，没有从女孩到女人进行蜕变，最容易成为坏男人盘子里的菜，只要婚前让她们无法无天几次，以后就老老实实的被人家宰割了。

古代不会这样，父母包办门当户对，优良的基因得到进化。而婚姻自由的时代，女人可以自己选老公，她们又是那么幼稚，在思想没有成熟的时候，必须选出自己的老公，红颜薄命就是这么来的。

很多情况下，不漂亮的女孩子反而更幸福，不是她们思维多成熟，是流氓不去忽悠她。漂亮的女孩子被一群色狼围着，好男人即使冲到跟前，她们也会不屑一顾。人家天天被流氓们使劲无数浪漫招数，哪会考虑好男人？

每当想起这些，我就郁闷至极，女人的幼稚使好男人没有得到应有的认可，坏男人却成了她们眼中的宝。美女的优良基因，都被坏男人玷污，何来优生优育？这个问题是关系人类未来的问题，我们必须教育女人变得成熟，才会扭转这种问题。

回到北京，公司的财务经理专门找到我，要给我介绍女朋友。这位同事也是经过人托人的关系联系到的女方，据说那位小姑娘长得很漂亮，在廊坊市一家服装厂工作。

廊坊到北京距离很近，在媒人的安排下，我们在北京见了面。女孩的名字叫胡艳艳，比我小四岁，大大的眼睛，略微丰满的身材，白皙的皮肤和挺秀的胸部，形象确实比较好。

她告诉我，大学读的是服装设计专业，目前是一名服装设计师。我非常佩服23岁的小姑娘，就是一名服装设计师了。

见到漂亮女孩，我也不惜花血本了，本请她吃一顿大餐，人家却只点了一碗炸酱面。她说想吃北京的特色，这一餐花了不到 50 块钱。

　　我们性格都比较随和，刚见面彼此便有了一定的好感。接下来的日子里，我每天都给胡艳艳打电话。

　　渐渐地发现，每次电话打过去的时候，对面都很嘈杂，总是没聊两句就挂了。起初我以为时间段不对，选择在晚上十点钟打电话，听筒里依然传来咔嚓咔嚓的响声。

　　"你在干什么？怎么这么乱啊？"

　　"我在加班。"

　　"你不是服装设计师吗？加班怎么会这么乱呢？"

　　"回头我再跟你说吧。"

　　……

　　我们相处了近一个月，如果我不加班的话，每逢周末，胡艳艳都会跑到北京来与我相会。她和我见了三次面，都是她跑来的北京，从没有要求我到廊坊去找她。

　　本来不相信逆反心态，事实摆在眼前，我似乎开始相信了。如果我一直追着她，她或许会要求我千里迢迢去找她，即使我跑到她楼下，人家可能还会迟到半小时下来。胡艳艳和我的交往，每次都是我大门不出二门不迈，人家跑过来见我。

　　……

　　忽然有一天，胡艳艳问了我一件事，她很认真地说："晓光，如果我从事的工作，与你想象中不相符，你会生气吗？"

　　我的心咯噔一下，问："莫非你不是服装设计师？"

　　胡艳艳的目光眨了几下，缓缓地说："其实，我不是服装设计师，只是一名服装厂的工人，之前你打电话的时候，我都在车间里干活……"

　　我摇了摇头，说："你当初为什么骗我呢？你要知道，婚姻可是一件严肃的事情。"

"我第一眼看到你的时候，就喜欢上了你。我知道你是培训师，害怕你会看不起我。于是我就说自己是一名服装设计师，希望能和你有进一步的了解。周末都是我来找你，我害怕你去了廊坊，到了我们单位发现我只是一名工人。"

"你不是大学毕业吗？"

"我初中毕业就做工人了，正在自修大专，还有一年，我就能修出来这个学历了。"

现在明白了，胡艳艳每次都到北京来找我，是害怕自己的真实情况露馅。

漂亮女孩子加上伪装的学历，刚见面的初期，热度没退的时候不会让人感到不合适，日后就很难说了。经过了简单的思想斗争，我终于开口说："艳艳，我们还是做好朋友吧。"

说完这句话，我的心脏抽搐得紧紧的。此时此刻，我转过脸去，因为我不想让胡艳艳看到我已经流出了眼泪。

胡艳艳走了，当天晚上，我翻来覆去地睡不着觉。胡艳艳的音容笑貌一幕幕的在我的脑海浮现，久久地不能散去。

我真的爱上她了吗？相处一段时间肯定会有感情的。我也确信她是一位非常善良的女孩子，至于她骗我的事情，我根本就没有怪她。

由于在西安工作期间遇到过陆小菲这样的女孩，两个人后来发现没有共同语言，让我至今无法忘怀，也许我这辈子都无法接受没有共同语言的老婆了。

不管是男人还是女人，都有感性的一面。女人只要被感动了，就爱了，不管爱的对与错。作为一名男人，我可以感性的思考，可以感性的流泪，但我不能够感性的去选择自己的终身伴侣。

20 老大男

公元 2007 年的春节就要到了，新年新景象。中国人的大迁徙时间到了，很多人已经返乡。北京大街上的人少了，出门的时候不堵车了，乘坐地铁的时候，空座越来越多了。

春运的车票紧张，我选择了大年初一回家。这样一来，不仅车票很好买，而且还可以避开一些乡亲们的目光。

每当一回家的时候，乡亲们看到我，便会私下低估，说这个孩子 29 岁了还没结婚。论周岁我刚过 27 岁，乡亲们认为我 29 岁，农村认为孩子一出生算 1 岁，刚出生就过了年又算 1 岁，让我连虚两岁。

回到家，连水还没顾上喝，母亲劈头便说，女朋友的事情要尽快，不能再往后拖了。如果我再不结婚，她们在村子里脸上已经挂不住了。

父母无法理解北京的生活状态，30 岁之前就是小男人，而村子里的男人，二十岁就已经是大男人。

中国的大城市像欧洲，农村像非洲，非洲人可能永远不会理解欧洲人的生活状态。村子里的人把我当另类，他们哪知道北京的生活状态？他们周围的孩子，成年后就呆在农村，一辈子种地或者放羊。30 岁的话，已经放了半辈子羊了。他们会认为快 30 岁的人已经年过半生，还未娶妻，真是无法无天。

在城市里，30 岁之前的孩子，工作能力和涉世经验，都是很不成熟的，对女人的吸引力都是不够的。

母亲又说："看看人家何涛，现在都两个孩子了。你呢？还没对象呢，丢不丢人？"

母亲一次次的拿这些人和我相比，激励我向人家学习，让我赶紧结婚生孩子。我总是这样回应："生孩子早算什么本事？就算养一只猪，成熟了也能配出一个猪仔来，婚结得早，不如结得好。"

这么一说，母亲被逗乐了，最后又使劲叮嘱了几句，一定要抓紧，年龄真不小了。跟村里的同龄人一比，都是老大难（男）了。

春节假期间，父母通过各种人脉，通过人托人了解到了一名单身女孩。本科毕业，在石家庄一家英语报社做编辑。

媒人说："这名女孩心很高，要求对方有正式的工作，并且有自己的住房。"

要求越高的女孩，往往自身条件越高。要求对方必须有正式工作，有独立住房，想必这名女孩的形象和气质一定不会差。

我表示想见一见对方，媒人却问："你有没有买房？"

"还没有……"

我说这句话的时候，脸红了。母亲看出了我的意思，只好跟媒人说好话："晓光很上进，在大公司做培训师，虽然现在还没有买房子，以后会有的。人如果不上进的话，就算有一套别墅蹲在那里，也都是死的。只要人有上进心，好好干工作，以后房子肯定会有的……"

媒人听了，觉得母亲说的话也有一定的道理。他表示会跟女方沟通一下，让我在家里等待回音。

第二天，媒人带来了好消息，经过他做的工作，女方终于同意跟我见面了。为了相亲这件事情，我沐浴更衣。

大年初三那天，我跟这位女孩约在了石家庄市一家茶馆内。

女孩的名字叫付欣，26岁，身高不足160cm的样子，方脸。从姿色来看，属于中等偏下，从言行举止来看，倒是具有大学生的水平。我决定先了解一下，毕竟找一名本科生不容易。

面前的这位女孩，最起码在沟通上属于一个层面。她见了我以后，似乎也很满意，主要原因是我的外表还算阳光。虽然在农村长大，一点也没有那种乡土气息。见面的时候，女孩根本没有提起房子的事情。

相亲后，付欣每天都给我通一次电话。我们很快成了无话不说的朋友。两天后，付欣告诉了我一个关于她姐姐的故事。

她的同胞姐姐，名字叫做付欢，28岁。本科毕业，长得很漂亮，当初很多男士都在追求她。父母一直认为，女儿会选一名优秀的男士做老公。事情往往不随人愿，付欢选中了一名比她小八岁的小厨师。

该小伙子出身于赵县的农村，初中都没毕业，在一家小餐馆做厨师。令大家不解的是，这位小伙子才华没有，经济条件也没有。人长得也很矮小，形象和气质都是很土鳖的样子，偏偏就把付欢勾引走了。

付欢的父母极力反对，她们家属于书香门第，就算砸锅卖铁也得供孩子读书。这样的家庭忍受不了大学毕业的女儿选一位没文化的"伙夫"。

我前文交代过，女人是靠感觉恋爱的，一旦感觉来了，一切都不是问题。父母不管说什么？她们的耳朵也是塞上的了。

父母的劝说一点作用都没有，只好把女儿锁在家里软禁起来。最后，付欢从家里逃了出来，跟人家跑了。

两个人在男方家里居住，很快就怀孕了。父母知道情况后，希望让女儿流掉孩子，然后再找一个好人嫁了。

怀孕后的付欢更加爱她的"小老公"，决定这辈子非他不嫁。面对一个不开窍的女儿，父母做什么都是徒劳无功。

随着付欢的肚子一天天大起来，父母投降了。到赵县跟男方的父母去谈判，要求尽快举行两个人的婚事。

男方家里很穷，父母又很不讲理，谈判中表现得很霸道。他们称自己没钱，儿子结婚表示一分钱也不准备出。赵县属于平原地带，即使最穷的农民，也不至于儿子结婚一分钱都拿不出来，这不是穷的问题，而是人品的问题。

付欢的父母只好出了全部的资金给女儿操办婚事，包括租赁婚纱的钱。付欢为了让自己老公得到更多的利益，还要求自己父母给她老公买了几身新衣服。

女儿就这么嫁出去了，父母的心也彻底碎了。

......

　　付欣讲完她姐姐的故事，我又感叹，鲜花难道偏偏就爱插在牛粪上吗？女人的感性思维，真是猛于虎也！

　　我强烈的建议国家修改法律，子女在选择的对象的时候，父母具有一票否决权。父母看人比较客观的，最起码不至于让鲜花插在牛粪上。

　　如果父母生活的环境和子女环境不一样，比如我这样的。我在北京工作，父母在农村，就无法为我选出合适的人。如果父母和子女生活的环境差不多，她们的见识也差不多，父母包办的反而更幸福。即使父母无法为子女包办，如果有一票否决权的话，至少会对女儿有最后一道保护伞。

21 姐妹花

春节假期的几天，付欣约我在石家庄吃顿饭。这次也邀请了她的姐姐和姐夫。付欢刚嫁出去，父母看到她就会伤心，一直不愿意去见这个女儿。付欣为了和姐姐欢聚一下，约了这个饭局。

她们姐妹团聚，叫我过去的目的是什么？我揣摩了一下，也许是因为对我比较满意，让她姐姐见识一下，也好让她明白父母反对她嫁给小厨师的良苦用心。如果真是这样，让我过去就是为了帮她们家竖立一个老公的形象，也好让她姐夫以后学得上进点儿。

这种事情我还是喜欢接受的，付欣一直称她姐姐很漂亮。她这个样子，她姐姐能漂亮到哪里？

这么一说，我倒是很好奇，也想见见这位傻姑娘了。于是我便准时赴约了，吃饭的地点是石家庄市中心的一家餐馆。

这天我穿得很正式，一身休闲式的白色西装，打折亚伯特王子式的领带。付欣很满意地点了点头，觉得自己未来的老公够帅。我们刚刚坐定，付欢和小厨师也到了，他们从赵县老家赶来的。

我一看到付欢，真是和付欣有天壤之别，身高约 165cm，皮肤白皙，眉目之间透露一种难以形容的秀气。

她不仅看上去漂亮，而且亲和力也很好。再看旁边的小厨师，身高约160cm，虽然仅 20 岁，就已经有了秃顶的迹象，再加上用廉价染发剂弄的头发有些黄，要多难看有多难看。

我打量了一下他，看到他手臂上纹着一只蛤蟆。这人给我的感觉有些

"痞"，估计也是个好打架的人。

父母极力反对的婚姻，都是突破了父母承受底线的。婚姻自由的时代，父母一般不会太反对女儿的决定，甚至很多父母还傻乎乎的提倡给女儿完全的选择自由。女人的感性思维，不会客观的分析对方是不是真的合适，完全凭借一股子冲动来决定自己的终身大事。看到付欢这样的老公，我才体会到她的选择太让父母心碎了。

我们这一代人，从小到大，很少接受过父母关于婚恋的教育。这么重要的一项内容，关系子女的终身大事，我们从小到大父母总是避开不谈，似乎不小心触及的时候还会觉得害羞。导致了中国女人的思维首先是先天不足，又是后天教育失败，坏男人才有一次次得逞的机会。

此时此刻，我的心情又一次感觉天道不公，好女人本身资源就很少，还被那些癞蛤蟆们吃掉了。

小厨师见到我这样斯文的人士，也许是由于不自信，脸上顿时装出一种不屑一顾的神色。起初我有些来气，我仔细一想也可以理解对方。他作为付欢的老公，虽说已经结婚，女方的父母却一直看不起他。

而我刚出现几天，就被付欣带出来和他们见面，说明付家对我的接受度远远比他高。他这么一比较，就把我当成了嫉妒的对象。

大家坐定后，小厨师从身上掏出两支烟，递给我一支，说："抽支烟。"

我摇了摇手，礼貌地回应："谢谢，我不会抽烟。"

小厨师自己点了一支烟，喷吐了一口烟雾，从烟雾中扫了我一眼，说："姐夫要说你，烟都不会抽，也算男人吗？"

那小子说我的语气似乎在教导一个小孩子，听到这句话，我本打算也损他几句，看了身边的付欣一眼，她忙打了圆场，"抽烟和算不算男人有啥关系？"

按道理说这小子称姐夫也算合理，毕竟人家是付欢的老公，年龄再小，付欣也得叫人家姐夫。

我是付欣的朋友，也只有随着她称呼人家为姐夫。他继续在饭桌上吐着烟圈儿，一点礼貌都没有。

付欣看出了我的心情不愉快，详细把我的工作单位以及培训师的身份介绍了一下，把我夸得能力很强，还说我是一名畅销书作家。小厨师对培训师根本不知道是什么，也没接任何话，只在一个劲儿的吐烟圈儿。

我看看这小子，又看看他老婆，觉得他媳妇真是傻，就算闭着眼睛撞一个，都不至于撞到如此极品的牛粪。

点了几个菜，两姐妹和我边吃边聊，一直在聊我的书和我的工作。此时的气氛并不像姐妹团聚，似乎我成了主角。

小厨师抽完一支烟，又接着抽一支。每抽一支烟的时候，从来没有考虑到影响别人。我当时嗓子不舒服，一个月前的感冒引起了咽炎还没有完全好，闻起烟尘的气息，就不住的咳嗽。

本来想忍着他抽完一支烟，以为忍过去了，没想到人家紧接着点燃第二支，让二手烟继续刺激我的呼吸道。

为了健康，我顾及不了那么多了，只好说："喂，别抽烟了，我正在闹咽炎，嗓子还没完全好，闻不了烟味儿。

小厨师白了我一眼，把烟掐了，对我说："小夏，不是姐夫说你，你酒不喝，烟不抽，活着有啥意义呢？"

这时候，我也想损他两句了。想了片刻，我说："请教一下，你觉得怎样才是人生的意义呢？"

小厨师痞痞的笑了，说："人活着就是，想吃啥吃啥，想喝啥喝啥，吃喝都有了，再找个漂亮媳妇，人生就完美了。"

"这么说，你确实比我成功，我这一点确实需要向你学习。我脸皮薄，遇到女孩不会那么软磨硬泡，也不会死缠滥打。这一点，咱确实应该拜你为师……"

小厨师听了以后，脸红了，说："你看不起我？"

我对他笑了一下，继续说："不不不，我对你只是仰慕，不敢看不起，如果不小心伤到你，我只能说抱歉。你修养那么高，不要跟我这种没文化没知识的人计较……"

小厨师本来就是一个好打架的人，听到我损他，挥起巴掌冲我扇了过来。没等他的巴掌挥过来，我一拳早落在了他的脸上。

根据《截拳道》的理论，出手速度是最关键的，我出手速度比痞子要快好几倍。那小子脸上中了一拳，顿时将脸一捂，蹲下了身子……

"亲爱的，你怎么了……"

付欢惊慌失措的叫着，蹲下来搂住自己的小老公，心疼的询问着。小厨师揉着自己的脸，晃晃悠悠的站了起来。

我站着，保持着戒备姿势，防止小厨师冷不防冲上来。付欣对我一个劲儿的数落着："你不能忍一下吗？都是自家人，有什么过不去的？大过年的在一起吃个饭，你们还要大打出手？你们真行……"

小厨师也许知道不是我的对手，立刻不敢说话了，捂着脸，用眼睛不服气的望着我。她老婆抚摸着他的脸，问："哪里疼？伤到没有？"

付欢也站了起来，将妹妹一指，说："快跟他分手！不要再跟这种人继续了，什么人呀！居然动手打人……"

见付欣没有反应，付欢还在一个劲儿地说。付欣才舍不得跟我分手，付欢也不想想，她找那样的老公别人劝说她分手尚且那么难，更别说劝说别人分手了。付欣以及她的家人，对小厨师也是比较憎恨的，我出手的那一拳，她看了内心里说不定也觉得解气。

付欢怒目圆睁，盯着她妹妹，说："你怎么不说话呀，快让他走！"

我开口说话了，对付欢点点头，缓缓地说："不等你妹妹给我提出来分手，我现在也会走的。临走之前，我要奉劝你一句话。关于和谁恋爱，你妹妹比你聪明的多，以后你妹妹选择谁，请你不要指手画脚了……"

付欢温柔的美女形象完全不见了，冲我大嚷起来："你凭什么说我傻？我幸福着呢！我老公是天底下最好的男人，他爱我，宠我，是世界上对我最好的人，我们在一起的幸福，你们怎么会懂？即使他个人条件不好，也是我上辈子欠他的。"

"停——"我打断她，说，"你没有欠他的，只是被他忽悠了而已。要说欠了谁的，你只欠了你父母的。你父母也没说要你嫁有钱人，最起码要嫁个正经人吧？"

"夏晓光！"付欢破口大骂起来，"轮到你来说他？妈 B 你懂个屁！你他妈的才不是正经人……"

看热闹的人早就围了一圈儿，他们似乎看不懂谁和谁在争吵，究竟是什么目的？付欣把我连推带搡的推了出去，留下那一对小夫妻在餐厅里。

我对付欣鞠了一躬，道了一声"保重"，说完，我头也不回地走了，这场还没有开始的恋爱，就这么结束了。

……

事后，我一直在分析，这么做是否对付欣不太公平？本来是她的傻姐姐找的那样的傻 B 姐夫，两个极品撞到一起，才导致了冲突，付欣一直没什么错的。

难道有些事情真的是命运的安排？

接下来的两天里，我对付欣一直没有忘记，我也绝不会主动联系她。我们之间还没有开始感情，也没有什么牵挂。

到了第三天，付欣的电话打过来了。我接听后，她先是很热情的叫我，然后问寒问暖的跟我寒暄。对那天发生的事情，她只字未提。似乎她希望把那件事忘掉，永远不再提了。她还是比较聪明的，知道提起那天的事情，我可能会发起火来，那样我们就永远没戏了。

聊了几分钟后，为了缓解无聊的情绪，付欣给我讲述了一个刚刚发生在她身边的故事，经过是这样的。

她有一位女同事，名字叫张小爽，姿色中上，26 岁。五年前谈了一个男朋友，是一名房地产中介销售员。两人先在一起生活了三年，后来这小子爱上了一名女音乐老师，跟张小爽提出了分手。当他与那位音乐老师在一起生活了一年多的时候，觉得双方性格不合适，接着又分手了，又回到了张小爽的身边。

破镜重圆的两个人又在一起生活了半年，这小子又爱上了一名超市的大堂经理。为了和这位大堂经理在一起，他又一次抛弃了张小爽。当他与大堂经理在一起生活了半年的时候，发现两个人性格也不合，又只好告吹。现在，他又要回到张小爽身边，并且发誓会爱张小爽一辈子。

我听到这里，问："两个人后来如何呢？"

"张小爽不接受他了，他一直不死心。"

"你给我讲这个故事，为了说明什么呢？"

付欣洋洋自得的说："关于他们俩，我还做了一件大善事呢。"

"哦？什么善事？"

付欣说："我说服了张小爽，让他们两个又在一起了。"

我顿时一怔，又问了一遍："你刚才说什么？他们又在一起了？这些都是你说服的？"

付欣笑着说："我告诉张小爽，每个人都不是完人，都有犯错的时候，每个人都有糊涂的时候。既然两个人曾经爱过，说明还是有感情的，为何不能原谅自己所爱的人呢？给别人一次机会，也是给在自己机会……"

我听到这里，狠狠的冲电话喊："放屁！放屁……"

付欣惊讶了，问："怎么了？你凭什么骂我？我招你惹你了？"

"我骂你，我还想揍你呢！"我冲电话里面嚷了起来，"你是猪脑子啊！那个流氓，一听就知道是一个不靠谱的混蛋，一点责任心都没有，见一个玩一个，狗改不了吃屎，以后还会做更出格的事情，你还替他说话，这不是把善良的女孩往火坑里推吗？"

付欣在电话的另一头沉默了，等了很长的时间，缓缓说："夏晓光！我可看透了你，你是一个无情无意的人，一点也不肯原谅别人的错误。你凭什么骂人家是流氓，我觉得他至少比你强，人家敢于承认自己的错误，现在对张小爽可好了，你却把人家想的那么坏。你生性多疑，用你这种阴暗的思维，永远不会相信世界是美好的，在你眼里还有好人吗？"

"好了好了，别说了，我承认我不够好，不够大度，行了吧？希望我们以后不要联系了，连普通朋友我都不会跟你做了……"

挂掉电话，我恨不得把电话摔了。这场没有开始的恋爱，就这么画上了一个句号。

22 酒托儿

年假结束，我又重新回到了北京。一直期待假期，一个匆忙的假期结束，没觉得怎么休息，就又回来上班了。

很多同事也都有同感，很多人赶春运千里迢迢回家，呆不了几天又奔了回来。人活着就是这么回事，上班、下班、休假，然后退休。

我合计了一下，发现人的一辈子都是在压力中度过的。刚出生就开始学习怎样与人交流，上学后又是十几年的寒窗。

毕业后，又面对找工作的压力，工作找到又要拼命挣钱，还要找对象。找对象的过程中，形象差不多的女人都被色狼们围着，又要跟他们PK。找到对象后，又要面临结婚，还要购置婚房……

人的一辈子，一刻都不会停止压力，匆匆的走过几十年岁月。好不容易压力没有了，也就只差等死了。

我又回到了婚恋网，希望认真地寻找一下机会。登陆后，发现大量的未读邮件。粗粗浏览了一遍，正准备批量删除，有一封邮件，却让我眼前豁然一亮。

这名女孩瓜子脸，大眼睛，皮肤白皙，资料写着84年的女孩，身高167cm。看上去妩媚性感，足足传了八张清晰的生活照。

发给我的邮件内容为：很高兴看到你的样子，期待与你相识，请加我的企鹅，后面备注了一个号码。

女孩真够大方的，第一次打招呼就把QQ号码发了过来。看到这样一位漂亮大方的女孩，我在茫茫无边的黑暗中看到了希望。

我们聊上了，女孩的名字叫高菲，河北省秦皇岛人，说是在一家广告公司做文案策划。我们聊了没几句，高菲便说，今天她很伤心。

"为什么呢？"

"今天是我的生日，没有人陪我来过个生日。"

我心想，这么漂亮的女孩，怎么还一个人过生日呢？没等我反应过来，对方又说："你介意过来跟我一起过个生日吗？"

"好呀，什么时候？"

"现在就来吧。"

我看了看表，现在是晚上 19：00，现在过去的话，两个人可以在一起聊聊。只要美女一高兴，牵手成功是顺理成章的事情。

"你在哪里？"

"我在农展馆附近。"

……

约定了地点后，我踏着朦胧的夜色，乘坐公交车来到了约定的地点。在约好的时间内，女孩没有到，我打了好几次电话，对方才磨磨蹭蹭的来了。

高菲来的时候，还带着另外一位年龄相对大几岁的女士。两位女士个子都挺高，长得都有着一定的姿色，打扮的也很自然。

旁边的女士，看到我后，顿时说："哇，一位帅哥。"

任何男人都希望被夸奖，我也不例外。听到这句夸奖，我心里很舒服，对这场恋情的成功更多了几分把握。

高菲指着身旁的女士说："本来今天没人跟我过生日，刘姐刚巧也来了，大家赶在了一起，咱们找个地方坐坐吧。"

另一名被称为"刘姐"的女士，也很客气地向我介绍自己。我们象征的聊了几句话，大致都是一些，住哪里，怎么来的等等。

两个女孩带我来到一条僻静的小街里，这里有一家小酒吧。走进去，我吓了一跳，酒吧里面居然没别的客人。整个酒吧只有我们三个人，我在想，这样的酒吧能赚到钱吗？北京的地皮这么贵，正当夜生活开始的时间都没有客人，一定是老板不太善于经营了。

高菲连餐单都没看，就点了三杯咖啡，点了一壶茶，又要了一块小型蛋糕。为了给高菲过生日，我亲自给大家分了蛋糕，这块蛋糕比较小，刚够三个人吃。

蜡烛也没有点，由于这家酒吧没有出售蜡烛。几个人边喝边聊，这时候，我发现高菲说话的口音不像河北人，更像是南方人。我们用 QQ 沟通的时候，高菲一直自称秦皇岛人。

"你说话一点都不像秦皇岛人。"

高菲解释说："我祖籍在秦皇岛，从小在南方长大。我知道你是石家庄的，咱们是河北老乡。"

我的印象中，大多数河北人是比较老实的。人家跟我认了老乡，我也很高兴和老乡交往，显得更随心。

高菲看了看表，我也下意识地看了一下时间，正好是 20：35。这时候，高菲说："今天就到此为止吧，很感谢你陪我来过生日。"

我从家里一个小时赶到这里，刚分了蛋糕，几乎还没有聊什么呢，就被对方"结束"了。身边那位号称"刘姐"的女士也打着嘎嘎说："高菲真幸福，遇到这么帅的小伙子。"

没等我反应过来，服务生已经把账单送了上来，我一看，晕了，一杯咖啡的价钱是 400 块，一壶茶的价钱是 700 块，一块那么不起眼的小蛋糕 900 块。合计下来，一共花了 2800 块。

天哪！这不是骗人的黑店吗？怪不得店里没有别的客人呢，这种黑店谁会来呀？这不是明摆着打劫吗？

我的手，颤抖地握着餐单，急冲冲地说："你们的价钱怎么这么高？没见过这样的……"

话音刚落，一个中年光头胖子，脖子上带着一串金链子的人来了。他的目光冲我瞪视了一下，说："怎么了？该吃的吃了，该喝的喝了，现在想赖账？"

我指着单子上的内容说："你们这不是明显着打劫吗？外面一杯咖啡才十几块钱，你们这里就 400 块钱，这也太离谱了……"

老板一脸蛮横的样子，说："东西不一样，你他妈的要之前怎么不看价钱？

快把钱拿出来，结了账走人，别废话！"

我看了高菲和刘姐一眼，高菲一脸怒色的瞪着我，说："你还不快点结账，是不是男人？"

刘姐也在一旁骂骂咧咧的说："还他妈装绅士呢，连个账单都舍不得结……"

两位美女翻脸太快了，这时候，我才醒过神儿来。原来，俩美女和店老板是一伙的，生日约会就是一个坑，怪不得刚分了蛋糕，人家就"结束"呢。什么他妈的老乡，婚恋网上还写着秦皇岛人，全是他妈的浮云。

面前人的意图已经表露无遗，我知道这次栽了，只好冷静的对待这件事情。能少拿钱，就少拿钱，总不能把自己辛苦挣来的工资给了这帮骗子吧。

我对那个老板说："我就算结账也不能全部都结呀，我只喝了一杯咖啡。剩下两杯，是这两位美女喝的，你让她们去结账。"

老板挠着光亮的脑袋，说："你们不是一起来的吗？"

"是一起来的啊，不代表我和她们就有关系。再说了，你看她们现在都开始骂人了，我干吗还要替她们结账呢？再换个角度来看，我是来给她过生日，她今天才是东家，你应该找她结账才对。"

经过我这么一说，那老板似乎不知道怎么回答了。要是这两名美女起初没有骂我，他或许还有话来刁难我。

老板沉默了片刻，说："别废话，快结账，不然的话，你今天走不出去！"

我掏出来了 400 块钱，甩给酒吧老板，说："给你！就这些。"

"才 400 元，你打发叫花子。"

"行啦，你们连叫花子都不如啊！"

"你他妈的说什么话？"老板上前揪住我的衣领，我紧紧握住了拳头，冷不防冲老板的腹部就是一拳。

胖子本来没防备，一拳头下去，那胖子捂住肚子躺在了地上，服务生也冲了过来，忙问："老大，你怎么了？"

刘姐和高菲也分别去照看那位老板，大喊大叫，我像《精武门》的陈真一样，踢馆以后大摇大摆地往外走。

服务生一下子拦截住了我，说："你不能走！你打了人，还想走出去？"

由于心存怒火，看到这名傻B服务生，我的手又一次发痒了，这次连想都没想，冲服务生的脸上"啪——"就是一拳！

那小子立刻跌倒了，躺在地上使劲呻吟。我飞身跑出了酒吧，遥远的听到身后有几名男子追出来的叫喊声。

我脚下的步子加快了，以冲刺的速度跑出了这条僻静的小街。出去后，正好一辆出租车开过来，身后的男人还没有追到，我钻进车里跑掉了。

这件事后，我想起来有些后怕，起初觉得自己能跑出去属于侥幸，后来分析了一下，觉得我跑出去并不难。

追出来的几个男人，也许是老板雇佣的打手。看似他们在追我，其实边跑边喊，故意吓人的。如果他们真的想追上我，我拦住出租车，钻进车里直到车启动，都需要一定的时间。老板不诚信，估计对"员工"也不会太好。几名打手追我的态度就看出来了，人家也不是多卖力。

23 E好友的表白

自从经历了酒托事件，凡是主动联系我的女孩，如果具有一定的姿色，我开始高度警惕。对方留下 QQ 或者电话后，我还要分别百度一下这两个号码，看看网上有没有揭露骗子行为的帖子。

这样的方法让我过滤掉了好多个骗子，使我惊讶的是，婚恋网上骗子居然占一定的比例。真是太可怕了，我无法想象一个没有信仰的社会，人们还会做出什么缺德的事情。

骗子们沟通很好识别，贪婪的内心让她们沉不住气。好几个骗子刚加了我的 QQ 后，连暖场都懒得暖，就开始说今天是她的生日，没有人陪她一起过生日。然后，就问我能否出来陪她过个生日。

自从上了婚恋网，我识别骗子的能力与日俱增，也发明了很多玩骗子的方法，有好几次女骗子被我玩的团团转。

有一次，和一个女骗子说好了出来见面，告诉她我已经出发。估摸着时间差不多了，电话告诉她我到了。那女骗子，真的傻呵呵的出来了，打了我的电话，我又说在哪里哪里逛逛，让她来找我。每次这么玩下去，折腾得对方来回跑，而我却呆在家里高兴的手舞足蹈。

你或许说，会不会误玩了好人？我是一个很谨慎的人，被我判定为骗子，一定是有充分证据的。百度对方的手机号，网上骂声一片的，这个人一定好不到哪里。再加上对方跟我的沟通，就基本上可以下结论了。

……

经过了大浪淘沙，筛去了各种骗子后，联系上了一位条件不错的女孩。她的名字叫王朵，25 岁，身高 164cm。人家空间里有好几张清晰的生活照片，看了以后很有好感。她拥有一双空灵的大眼睛，瓜子脸，双眼皮，鼻子头稍圆，看上去十分可爱。

清晰的生活照片，多数比较接近本人。见面后，我发现这名女孩和照片的相符程度近 90%，也是我从婚恋网相亲唯一没有失望的一次。

王朵的老家在西安，来北京已经 3 年，在一家房地产公司做行政专员。王朵住的地方与我相距两小时车程，尽管路程很远，我们经常小聚。

在同事们的眼中，我似乎恋爱了，经常下班后就跑出去和王朵"约会"。每天睡觉前，都要煲电话粥。早晨起床的时候，都要给王朵发一条短信，告诉她今天的一天，将是美好的一天等等，然后再说一些"废话"。

王朵有写博客的习惯，她的博客名字叫朵朵之国，为了了解王朵的个人情况，我每天都点击她的博客。

她在博客中，习惯把好友们用 A、B、C、D、E 来代替。在一篇博文中，她写道：

> A 好友今天从美国回来，给我带来了一个包包。B 好友明天要去巴厘岛出差，祝他一路平安。C 好友公司发了两张欢乐谷的通票，周末请我一起去玩。D 好友帮我交了电话费，回头请他吃饭。E 好友做了我的闹钟，每天早晨会准时的叫我起床。
>
> ……

我分析了一下，王朵博客里写的那位 E 好友估计是指我了。完了，前面还有四个大老爷们排着队呢。

为了在竞争中取胜，我联系王朵更加频繁了。三天两头一起吃饭，周末，我们不是一起逛街，就是一起看电影，或者逛公园。

我性格还是很腼腆的，向女孩表白很有压力，尤其是自己很有感觉的女孩，说出喜欢对方这件事，让我觉得很害羞。我们一直平淡而频繁的"约会"着，你也许觉得我很笨。我不是笨，就是性格太腼腆。性格是天生的，和从事的工作并没有多大的关系，尽管我在讲台上的演讲很精彩，骨子里却是很害羞的。

时间在不经意间流逝的很快，转眼间，我们已经认识半年了。张辉撺掇我赶紧表白，拉上手以后，两个人就可以住在一起了，享受一下幸福的二人世界。

每次见王朵之前，我都把表白的内容想很多遍，见到王朵后，又一时说不出口。每天，我都在观察王朵的博客，这次发现她写道：

> A 好友太不像话了，他今天居然骂我了，向我表白不成功也不至于走向末路吧？真是的，人都怎么了？难道交友都是有目的的？男女双方做不成恋人就不能做朋友了吗？
>
> ……

我看到这样的一篇博文，高兴的差点拍起手来。看来王朵心目中排在第一位的好友，在追求她的爱情征途上挂掉了。博文的下面，有几条留言，都是一些大老爷们在替王朵骂那位 A 好友。

这几个大老爷们或许就是排在后面的 B 好友、C 好友、D 好友。虽然 A 好友倒下了，少了一个竞争对手，还有后面的 B 好友、C 好友、D 好友。

他们都给王朵留言了，我再去留言的话，已经不会被王朵太关注了。我给王朵打了一个电话，对她进行了一下心理上的安慰。

王朵把一肚子的苦衷倒了出来，说："那个人目的性太强了，当初送我包包，见表白不成让我还他包包，什么人呀？"

"朵朵，不要理他了，世界上的好男人都排着队等你呢，你往后看，就知道谁最适合你了。"

……

接下来的日子，我更加关注王朵的博客。发现每隔几天，王朵就要写一篇类似的博文：

今天我把 B 好友看透了，那人就是一个流氓，跟我一起逛街的时候，忽然拉住了我的手。我惊讶坏了，他还色迷迷的说喜欢我已经很久。真是晕菜，难道以前在我面前装作一个绅士，就是为了今天向我表白这件事情吗？
……

我看到这篇博文后，心里很明白，排在第二位的 B 好友也沉下去了。博文的后面，几个大老爷们也在起哄，一起骂 B 好友的伪君子行为。这一次，我依然用电话对王朵进行了心理上的安慰，说："不要紧，下次交友再慎重一些就行了，谁一辈子不遇到几个坏人呀，遇到了坏人，说明好人也不远了。"

又过了没两天，王朵的博客又把 C 好友骂了一顿：

C 好友上次给我欢乐谷的门票，这次又送我电影院的兑换券，看电影的时候，他悄悄的拉住了我的手，我忙把他推开。他说早就希望跟我确定男女关系，我却只把他当做了朋友。他说很珍惜我们之间的友谊，才轻易不敢表白，今天是时候了。我说，我根本没有那个意思。看完电影后，我们分开了，再也没有联系彼此。男女之间，除了恋人，真的就不存在别的关系吗？
……

看到这里的时候，我把大腿一拍，以前咱排在第五，现在已经排在第二位了。接下来就轮到 D 好友隆重登场了。
次日，D 好友"沉船"的消息便出来了，博文的内容写道：

本以为 D 好友是个体贴的男人，每月都主动帮我交 200 块钱电话费，还说我长得很像他的妹妹，看到我就希望对我好。今天，我和他一起吃饭的时候，他却要我答应做他的老婆。我顿时诧异的快爆炸了，居然把主意打到妹妹身上。我拒绝了他，你猜他跟我说了什么？他居然把以前给我交话费的充值卡让我看了看，还说希望我还他钱。这样的男人太可怕了，做事怀揣着一颗猥琐的目的，还是远离一些吧。

……

我看到这里的时候，深深的松了一口气，现在轮到我这个所谓的 E 好友了。其实，我早就想上前表白了，只是我认为，排在前面的好友，在王朵心目中的地位似乎比排在后面的更重要。

现在我什么都不怕了，前面的几位大老爷们都挂了，说明王朵对他们根本没有意思，都是那些人在自作多情。

轮到"老五"出来了，我思考了一个晚上，究竟用什么方式对王朵进行表白呢？见面表白的话，会需要很大的勇气。而且，前面的几位大老爷们都失败了，王朵可能并不喜欢这种赤裸裸的表白方式。我应该表白的低调一些，使用 QQ 聊天的形式比较好，这样让男女双方都没有太大的压力。

为了增加 QQ 表白的成功性，我决定先送花到她的单位，女孩子都是喜欢花的，等她收到花的时候，心情会很激动和兴奋，这时候表白最容易成功。女人又是情绪化动物，只要一激动，感觉就来了。

次日。

我到花店挑选了 99 朵玫瑰花，花去了半个月工资。花店的职员可以提供送花服务，我将王朵的名片交给了花店老板。

在花店老板的承诺下，王朵收到花的时间必须在下午的 14：00。那时候是最枯燥的工作时间，忽然来一束鲜花的时候，会让她顿时兴奋起来。公司其他同事看到后，会夸她有女人魅力。女孩子被当众这么一夸，心情就会大爽，会非常感谢这位送花人。激动加感动，会使我的表白增加成功率。

……

我在工作的时候，时而不时的看一眼 QQ 上的好友，王朵一直在线。这次送花的事情进行得很顺利，下午 14：00 刚过，王朵的 QQ 个性签名变成了这样一句话：收到一大束玫瑰花，好开心啊！

我的心情顿时也非常激动，看来这 99 朵玫瑰花没有白买，真的起到了预想的作用。我立刻点击了王朵的头像，打开对话框发了信息："听说你收到花了？"

"是呀，嘻嘻。"

"看把你高兴的，知道是哪位帅哥送的吗？"

"不知道。"

"你想知道吗？"

"莫非是你送的？"

"你猜对了，那些花就是我送的。"

"怎么能证明是你送的呢？这些花很贵的，不像你以往的作风啊。"

我也许不如 A、B、C、D 四位好友那么大方，经常从国外给她带礼物，或者帮她交电话费。我平时和王朵的交往也就是一起吃吃饭，聊聊天，看看电影，逛逛公园等，基本上没有高消费的项目。

为了让王朵相信这些花是我送的，我说："我知道花的数量，一共 99 朵，分成了 9 束扎在一起的。"

"啊！真的是你啊！"

"你没想到吧，其实，我是很喜欢你的。我希望你接受我对你的爱，希望我们能够走到一起……"

我鼓足了勇气，敲出了这些话，然后死死地盯着对话框，观察王朵的反应。半响，王朵的信息才回复了过来："晓光，你误会了，我只是希望和你成为普通朋友。"

"你不喜欢我，对吗？"

"我现在还不想找男朋友，我不知道你们都怎么了，为什么跟女孩子交往都是抱着谈恋爱的目的来交往的。"

"你难道不想谈恋爱吗？"

"我希望有一天自己能够重返学校，希望一个人快快乐乐的过好生活中的每一天，我根本就不想谈恋爱，只想多认识几个好朋友。"

"你上婚恋网的目的是什么呢？"

王朵的信息回复了过来，说："我上婚恋网只是为了结交一些好朋友，大家在一起，把开心的事情一起分享，不开心的事情一起安慰。并没有想要和谁谈恋爱，更没想要和谁结婚。你们和女孩子交往就是为了恋爱，或者为了结婚，你们也太有目的性了……"

"你为了找普通朋友，到哪里不能去找，你要知道你上的那可是婚恋网呀！"

"婚恋网怎么了？谁规定的婚恋网就一定要找男朋友呢？难道找好朋友就不行吗？人都怎么了？难道男女之间，除了做恋人之外，就没有纯洁的友谊了？"

我和王朵一直"交往"了半年，没想到人家只是为了找普通朋友，现在还没准备去谈恋爱，就是为了找一个"聊友"。

"找普通朋友，就不该上婚恋网去浪费别人的时间。"

"你居然觉得我在浪费你的时间？每次都是你主动约我的，到底是谁浪费了谁的时间呢？"

我顿时忍不住了，觉得这个人情商有问题，愤怒的敲过去了以下内容："你知不知道自己是卖什么吃的？你上婚恋网，不是为了谈恋爱，那不是吃饱了撑的吗？你耽误我半年的时间，你能赔偿我这些损失吗？"

王朵顿时沉默了，过了足足有五分钟，说："晓光，我真不知道你是这种人，你太会伪装自己了，平时正人君子，却怀揣着一颗图谋不轨的心。现在，你的面目终于露出来了，我恨我曾经把你当做了朋友，我们互相删除彼此吧。"

次日。

我下意识的点开了王朵的博客，长期以来，每天都必看王朵的博客。这一次却是下意识的打开，看到了一篇新的博文：

  E好友平时跟我关系走的很近，与这个人的交往过程中，让我终于相信了中国的那句老话，日久见人心。

  昨天E好友提出了和以前那些人同样的要求，想要与我谈恋爱。被我拒绝后，那小子顿时开始骂人，说话不干不净的。简直是一个伪君子，看他长得仪表堂堂，真想不到是这样一个东西。我恨我自己当初看错了人，更恨我把他当做了朋友。

　　……

　　博客的下面，已经有几个大老爷们在留言了，大部分都在骂这位 E 好友。那些大老爷们几乎都在说，朵朵，我支持你，交友要慎重啊，你太善良了等这类话。

　　下班前，我又观察了一下王朵的博客，上面又更新了一篇文章：

　　　　F 好友今天请我吃饭了，带来了一件很贵重的礼物，那是一颗缅甸玉制作的属相，希望能够给我带来好运。G 好友在公司升职了，我祝福他在职场跑的越来越远，他说下个月涨了工资请我吃饭。L 好友今天送了我两张看音乐剧的门票，位置很好，这种票一张 500 块钱，我很感谢他。I 好友明天去德国出差，希望他一路平安，我等着他回来给我带的礼物。

　　　　……

　　我看到这里，觉得有些好笑，F、G、L、I 这四位大老爷们，一定还会重蹈 A、B、C、D、E 好友的覆辙。

　　王朵那里就像企业招工一般，人家又换了一批新鲜的血液。比起这四个大老爷们，我觉得自己至少已经解脱了。

24 辞职之后

我的上司李怀谏离开了维尔达药业，他是一名典型的外企人，习惯了外企的工作方式，被维尔达药业的老板高薪聘来后，这样的职业经理人也会水土不服。

外企人更喜欢外企的工作氛围，究竟外企的氛围怎样，当初我也体会不到。李怀谏走后，何莉成了部门主管，由于我们长期不和，我的日子就越来越难过了。

我的自尊心很强，一心一意的把工作干好，免得小人找茬子。每天都小心翼翼，还经常被打压，被穿小鞋，有一次我实在忍不住了，终于拍了桌子，说了句："老子不干了！"

这时候，何莉莉已经把辞职申请表递给了我，说："填了吧，祝你前程似锦，男子汉刚才说话可要算数呀！"

递交辞职后，听同事们私下议论，当时人力资源总监还想出面来挽留我，被何莉莉给阻止了。

离职后，我准备先回家休息一阵子再出来工作。刚毕业的时候，就一直马不停蹄的工作了四年，一直没有机会休息一下身心。

这次也是一个难得的机会，给自己心灵放个假。我也抱着在石家庄找工作的想法，如果有合适的岗位，干吗还来北京呢。北京那么高的房价和物价，对于我目前的收入状况，扎根下去太困难了。

以往回家休假两天，乡亲们常常跑来给介绍对象。唯独这次从维尔达药业辞职了回来，没有一个媒人登门。

在家休息了一个多月，一直没有相亲的机会，我觉得生活中似乎少了些东西。我在村子里的十字路口跟乡亲们闲侃的时候，一位老大爷问了一句，"你在单位干什么了？为什么被开除了？"

听到这句话，我一脸懵懂，问："谁说我被公司开除了？"

老大爷说："大半个村子都在说你，说你大学毕业找了一家大公司，现在被公司开除了，回家待业。本来还打算给你说个媳妇呢，听说你丢了工作，都不敢给你介绍了……"

"不是那样的！"我脸红脖子粗的说，"我是主动辞职的，不是被开除的。"

老大爷笑了，说："这不是一回事吗？"

"谁说是一回事了？主动辞职是为了跳槽到更好的职位，为了更大限度的实现自己的价值，为了换一个更适合自己的工作环境，我是主动签了离职申请的。你们说的被辞退是工作没干好，犯了错，被人开掉的，这些截然不同了……"

我说完，老大爷打着嘎嘎说："你现在到底有没有工作？"

"没有。"

"这不就是丢了工作吗？"

老大爷说完，几个村民一齐笑了起来。也有一位年轻小伙子，拍着我的肩膀说："光哥，别狡辩了，咱丢了工作就得承认，干吗说那么多没用的？"

"我辞职是为了寻找更合适的单位，不是被……"

我还没说完，村民们又笑了，根本不听我的解释，都在笑话我这个丢了工作还要为自己辩解的人。

乡亲们正在闲侃的时候，走来了一个陌生的中年猥琐男，背着一个小小的红包袱。来到乡亲们跟前，眼睛翻了翻，说："各位老乡，我老家是贵州的，到北方来打工。带来的钱被人抢了，已经一天没吃东西了。希望各位行行好，给点钱，让我买点吃的……"

这些人一听有人被抢了钱，居然一天都没吃东西了。纷纷掏钱救助，有人一下子把身上的几十块钱全部拿了出来，塞给了那个猥琐男。还有人提议，说："让大队里的喇叭给喊一喊。"

"大队"的叫法源自于70年代的农业合作社，我记事起，见村子里一直称村委会为"大队"，称乡亲为"社员"。他们所说的大队里的喇叭，也就是指村子里的广播站，很多名字的叫法都是一代代的传承下来的。

我忙叫停，说："大家冷静一下，我在北京的时候，这样的人遍地都是，都说自己被抢了，一天没吃东西了。难道每天都有那么多人同时被抢了吗？你们不要中了骗子的圈套……"

那位老大爷听不惯了，指着我的脸，说："人家一天没吃东西了，你不帮忙也就算了，干吗阻止别人干好事呀？你还大学生呢，一点爱心都没有，你上学都白上了，怪不得用人单位都不要你……"

我觉得跟他们沟通说不清道理，经历和阅历不一样，见到的世面不一样。这种骗术在城市里已经司空见惯，骗子们在城市里越来越难生存，开始辗转农村阵地。

农民们平时省吃俭用的，有些人买盐都舍不得买袋装的，为了省几毛钱去买散装盐，现在却心甘情愿的把钱拿出来救济了这位骗钱的猥琐男。

乡亲们一边捐钱，一边鄙视我，很多人用一种奇怪的眼神望着我。一怒之下，我只好回家去，不跟他们扯淡了。

刚走了几步，听到村委会里的大喇叭广播了起来。广播员是本村一位70多岁的老头儿，一个字都不认识，也不会说普通话，甚至还听不懂普通话。平时也不看电视，看了也只是看看画面，听不懂电视里的语言。

每次邮递员来送信，都是邮递员告诉他这些人的名字，一个个的读给他，他听到一个名字，广播出去一个名字，最后告诉这些人来到村委会来取信。

那个老头儿为村里的大喇叭服务了多年，从我记事起，村里的广播员只换过一届。前任广播员逝世后，才把这份工作交给他的。

这种干到死才让贤的思想，深深的扎在乡亲们的心里，难怪他们不懂什么是职业生涯规划。更不明白为什么有人会辞职？只知道一旦这个人没有在本岗位上干到死，就是犯了错误，被单位给开除了。

此时此刻，这位70多岁的老人正在对着喇叭，播报着"公益广告"："社员们注意了，大街上，有一个外地人被人抢了钱，已经一天没吃东西了。哪位社员有爱心，赶紧到十字街口去救济一下对方，献出点爱心，帮帮对方……"

我越想越来气，这些没见过世面的人们，真是太可怕了。如此笨拙的一个骗术，在城市里已经人人喊打，在农村里居然能够受到如此"重视"。回到家门口的时候，母亲从家里正巧走出来，我问："去哪里？"

母亲说："我听到大队的喇叭喊了，大街上有人被抢了，一天没吃东西了，我去送点钱给他。"

"回去！回去！"

我一下子拉住母亲的手，硬是往回拽。母亲一边走，一边数落我，"我知道你现在没工作，咱也不差这点钱吧，能帮别人一下，就帮别人一下，算是积点德……"

给母亲讲述了一下我在北京的所见所闻，以及全国出差期间，看到这样的骗子几乎每个城市都有。

母亲听了后，相信了我的话，她是了解儿子的，知道我也是一个有爱心的孩子，不会说瞎话。

过了没几天，整个村子都在笑话我，大致说的都是老大不小了，工作都没有。母亲对我说："这几天你别出门了，别让乡亲们看到你，他们要是问我，我就说你已经找到工作，上班去了。"

我向来不在乎别人对我的看法，在老家的父老乡亲们眼中，我这次不仅丢了工作，还丢了人品。

25 三月磨一恋

在家呆了一段时间，我体会到了经济来源被切断的感觉，虽然有父母养着不需要多少花销。毕竟父母都是农民，挣钱比较困难。在农村种一亩地，收获一季庄稼的经济来源400块钱。那点钱几乎什么都不敢买，动不动就花完了。再说了，我也老大不小了，需要尽快找一份工作来填补经济来源。

父母为了方便我网上投简历，花钱在家里安装了宽带网。在找工作的时候，我先看石家庄的机会，如果有合适的，就准备在石家庄落地发展了。

一直以来，我做的比较顺手的工作就是培训师，在石家庄找这样的职位，却发现几乎没有像样的。

企业内部设置培训部门的大都是外企或上市公司，这些公司多在重点城市设置营销管理总部。维尔达药业就是很明显的例子，企业生产总部在石家庄，营销总部 BASE 在北京。培训部往往属于营销系统的范畴，这样的职位大都在大城市。

石家庄的培训岗位非常少，即使有也都是一些小型的网络公司、房地产公司、商场超市等。小公司的反应很慢，简历投递后，犹如石沉大海，一点消息都没有。我在家一直等面试的机会，却一直没有收到任何消息。

我早就有写一部悬疑小说的想法了，故事情节早已有所酝酿。在维尔达药业工作期间，不仅工作忙，而且还整天跟那娘们儿过招，一直没时间执笔。现在我在家闲着，就开始了这本新书的创作。

写作期间，每天晚上我都要干到一两点钟，半夜里，我还要补充一顿宵夜吃。写作是一件非常消耗精力的工作，我以每天八千字的速度前进着，不到两个月的时候，这本叫做《迷宫城池》的书就成型了。

我终于看透石家庄没有"好"单位了，在石家庄的三个月之内，仅有两家公司邀请我去面试。一家是房地产中介公司，另一家还是房地产中介公司。其中的一家公司，我面试了一次就成功了，并且很快给了我 Offer，月薪给到1800 元。

还声称他们公司每年都会涨薪，当我问及每年涨薪的幅度的时候，人事经理告诉我，每年会涨薪 30 元。也就是说现在 1800 元，明年月薪 1830 元，远远赶不上通货膨胀。

回到家，我的父母却高兴了一场，证明儿子有人要了，并且晚上出去买了几个小菜儿庆贺了一下。

2007 年，在石家庄月薪 1800 元也算白领阶层了。我也不犹豫了，至于未来的待遇问题，先走了一步说一步，公司总不会让员工饿死。父母让我尽快入职，工作稳定下来后，尽快找女朋友。

乡亲们听说我已经找到工作，立刻有媒人前来报喜了，要给我介绍一位脸蛋和身材都不错的女朋友。

媒人告诉我，女孩子叫王思远，是一名大学生，毕业后在石家庄最强的单位工作。我们很快约见了，见面后彼此都有好感。

所谓的一见钟情，双方的外表都不会差，一见钟情钟的往往是脸，而不是情。男人是以视觉为先导的动物，在见面的前六秒钟，就会判断对这个人有没有感觉。至于性格的问题，是日后的交往中接触才了解的。

女孩子 26 岁，身高大约 170cm，长相酷似姚晨，大大的眼睛，大大的嘴巴，讲话伶牙俐齿的感觉。

王思远告诉我，她们单位是制作航天器材的，工作需要三班倒。怪不得媒人说是石家庄最好的单位，原来是国家编制的企业。我通过直觉判断，这又是一名操作工，不然怎么会需要三班倒呢？

经过了前阵子求职的困难，我似乎对女孩子的工作看的不那么重了，再加上王思远很漂亮，我决定接受她。

公司让我半个月后去上班，这段时间我和王思远每天都通很长的电话。挂掉电话后，也是一条条的短信进行聊天。

我们恋爱了……

两个人经常抽时间去长安公园划船、逛街、看电影。这个女孩子也不太花钱，毕竟都是农村出来的孩子们，消费观念还是比较"实惠"的。

……

到公司报到的第一天，我就对该公司彻底失望了。当我提交体检发票的时候，对方的行政专员看了我一眼说："这些东西给我干吗？"

"这是我体检的花费，来报销的。"

对方哼了一声，说："公司从没给任何人报销过体检费，给了你这么高的工资，还想给你报销体检费？你也太有意思了！"

我回到自己座位上，打听了一下周围人的基本工资，才知道多数人的收入才1000块钱，怪不得那个行政专员对我那么不友善。这时候，我也觉得自己很傻B，跑来石家庄，拿了1800元的工资，还被那么多人羡慕嫉妒恨，真是太不值了。

接下来，我的直接上司人力资源经理来了，要给我做一场入职培训。把我带到一间小会议室里，这间会议室是一个储物间，里面堆放着一大堆广告单页，连窗户都没有，让人觉得很憋闷。

领导打开电脑，对着一则入职须知，对我一条条的念了起来。前面的内容是，每天穿职业装，必须打领带，如果忘记打领带，一次扣30块钱。上下班打卡，每天9：00钟上班，21：00下班，要适应加班。

"我做培训师工作，怎么还需要那么晚下班呢？"

领导笑了笑，说："公司的培训任务其实是不多的，我们这里的培训师，必须承担一些其他的工作任务，比如帮着招待一下客户……"

听到这里，我才知道这家公司就是巴不得让我每时每刻都在干活。根本就没有明确的职责分工，越这样的企业做起来越累，什么活都可能找到你。

其中还有这样一条，更让我无法接受。公司还规定员工的发型必须留毛寸，领导讲到这里，指着我的头发说："中午，你去把头发剪成毛寸。"

我提出了挑战，说："我这种头发是标准的男士分头，而且又不长，又没有染色，非常传统的样子，干吗非要剪成毛寸呢？"

领导把脸一沉，说："这是董事长的命令，他最喜欢的是毛寸，所以要求公司所有的男员工都必须理成毛寸。你没有发现吗？公司上上下下，哪个人像你这样的头发？"

这时候我才意识到，几乎所有的人都是毛寸。

领导对我又说："不管好看不好看，公司的规定是没法改变的，如果你这样的发型，哪天被董事长撞见，我们都得受处分。"

……

没等入职培训结束，我就把该公司炒了鱿鱼。在该公司，上午9点钟我来报到的，中午时分，我就离职了。

出门后，我给王思远打了电话，邀她出来吃午饭。我们约在了一家肯德基，当我把辞职的事情告诉她的时候，她顿时瞪着眼睛大声数落起我来。

"你疯了，你说辞职就辞职，人家给你1800块钱，你都这么干脆就辞职了，你脑子进水了？你不为你自己想，也得为别人想想呀，父母把你养大了，稍微一点事情不顺心，说不干就不干了，你还能干什么呀……"

王思远这么铺天盖地的一顿狂卷，我顿时觉得她像一名农村的泼妇。先前的那种漂亮的形象，一点点都没有了。

关于辞职这几件事，我解释说："不就是辞职吗？有什么呀？那个公司，我没有一点觉得顺眼的地方……"

"你说得轻巧，你知道工作有多难找吗？大把大把的人都找不到工作，你说辞职就辞职！你过脑子了吗？"

我的火气也被调了起来，说："你看到的那些找不到工作的人，一个个都是蠢材，不要拿那些人跟我比！"

王思远又把眼睛瞪得老大，说："我进我们公司，找了很多门子，父母都跑断了腿，才安排了进去，现在一个月才挣900块钱。你好不容易有了1800

块钱的工作，居然敢辞职？父母养你这么大，他们挣钱容易吗？你理解父母的挣钱不易吗？……"

"啪——"一声，我狠狠地拍在了桌子上，对她说，"你就是一个没文化的村姑！"

王思远站了起来，叉着腰，冲我开骂了："你他妈的算老几？你他妈的连个工作都没有，还敢教训老娘村姑，老娘有稳定的工作，你这种人，谁会跟你啊？跟你将来去喝西北风呀！老大不小了没工作，有什么破脸活在世上……"

王思远骂起人来那种"炮火"让我根本无法招架，很多人围观了过来，我脸红脖子粗地站起身，像逃兵一般灰溜溜地跑了。

走在大街上的时候，我心里很清楚，短短的一小时内，我不仅失去了所谓的"工作"，也失去了所谓的"老婆"。

26　重返大都市

回到家后，媒人正在我家里跟父母聊天。见到我回来，狠狠的数落了我，说我不该那么草率的辞职，现在女方的父母已经知道了，非常坚决的让王思远跟我断绝来往。

媒人到我家跟我父母说一声，也是走一个农村式退亲的"程序"。父母在媒人面前，也狠狠的数落了我的不懂事，太莽撞等。

我终于明白了，石家庄已经再也不适合我的发展了。如果要找到合适的工作，必须再回到北京。

三个多月在石家庄消耗了下去，除了写作有进展外，其他方面一无所获。不能再等了，我必须立刻返回北京。

如果不尽快找到工作，接下来的日子就进入年关，年前不把工作搞定的话，年后再求职工作间隙就会太长，用人方就会有种种猜测。

父母给我凑了 2000 块钱，让我孤身一人再次去北京打拼。这一次重返北京，不像当初从西安调往北京那么轻松。当初属于公司内部调动，直接报到就可以上班，有公司给安排的住房。

现在的我，到了北京首先面临的就是住宿问题。北京的房租很贵，当时一间小两居都得 2000 多块钱。与人合租的话，差不多每月也得平摊 1000 块钱，加上日常的开销，身上的钱顶多支撑一个月。

我有一位大学同学，名叫马晖，在北京一家律师事务所工作。读大学期间，我们是最好的朋友。

毕业后，我们一直保持着联系，这次重返北京，我准备先去投奔他。马晖毕业后先找了一份销售工作，一边做着销售，一边报考司法考试。去年司法考试通过了，开始在律师事务所实习。

实习律师无法独立办案子，马晖只能拿到事务所给的生活费，每月1000块钱，扣除伙食费后剩下800块钱。

这种经济来源无法抵御北京的生活压力，马晖和两位同样的实习律师在东五环的驹子房租住着一间小民房。

这些房子都是城中村的破旧平房，房租每月300块钱。价钱便宜的房子，条件也非常差。没有暖气，更没有空调，一张破旧的双人床上，晚上挤着三个大老爷们睡觉。

与马晖合住的一个叫李广东，一个叫刘伟。他们在同一家律师事务所实习，年轻律师的起始阶段都很艰难。

驹子房是北京最大的民工聚集区，厕所是大街上公用的，常年无人打扫，里面的粪便都堆积成了山。

进去一次厕所，会被熏得流泪，恨不得买一面防毒面具。我投奔马晖以后，四个人挤在了那间小平房里。

三个人睡双人床，我在墙角打了一个地铺。那一段时期，我一边找工作，一边寻找新小说《迷宫城池》的出版机会。

我的一切相亲活动都停了下来，没有了经济来源，就算是出来见一次面，请女孩子吃饭都请不起。现在的我，彻底体会到了漂泊在北京的艰辛。住这样的地方，还能找什么女朋友？

同住的舍友李广东却不这么认为，他说生活越困难的时候，越应该去寻找改变自己命运的一切机会。你或许以为李广东是广东人，其实他是河北邯郸人。不知道是不是名字的缘故，他长得却很像广东人。

他每天都从婚恋网上寻找相亲的机会，搜索的姑娘都是北京本地人，还把地段锁定在"东城区"。

"为什么只找东城区的？"

李广东说："东城区的房子比较贵，如果女方有房子的话，我们这些外地人一辈子省得奋斗了。"

……

有一天，李广东告诉我，他聊上了一位北京土著女孩，让我看了照片。这个姑娘长得很胖，水桶腰，大象臀。

"我晕，你喜欢这种身材吗？"

李广东坏笑了一下，说，"你懂什么？这种身材的女人，不是官二代就是富二代。"

相亲回来后，李广东脸色苍白，原来那个女孩一顿饭吃了他400多块钱。这一下就干掉了他月收入的一半。第二天那个姑娘主动约他，他却吓得不敢去赴约了。

……

本以为李广东和这位胖姑娘的事情已经终止了，不知道什么时候，那个姑娘真的被李广东搞定了。

每次周末，胖姑娘都会来找他。李广东总是把舍友赶出去，他和胖姑娘在这间小房子里大战一次。

我们三个人实在看不惯李广东，于是花血本出去租了一套小两居。李广东的行为，加上他那具有"保护色"的名字，没有给河北人丢脸，却无意中给广东人抹了黑。

27 姐弟恋

艰苦的的日子又持续了一段时间，一个工作机会来了，这是一家化妆品公司，两年前刚刚成立。从网上看到这家公司在招聘培训经理，我就投递了简历。最近，我投递简历的方式属于海投，只要看到培训的岗位就把简历投过去。

面试的时候，我发现这家公司不大，一共才 20 多人。面试官是一位 35 岁左右的女士，经过介绍，她是人力资源总监。胡乱的问了我几个问题，基本上都是一些，你住哪里？上班方便吗？今年多大了？

这种面试官很简单，她问的问题没有什么深度，也不会设置什么陷阱。面试进行得很顺利，问题问完，对方便给出了薪资。

她告诉我，公司给培训经理定的薪资是 2000 元。我听后觉得几乎不能接受，北京生活成本那么高，在没有提供住宿和生活补助的情况下，这点钱根本不够花。

经过我们的讨价还价，对方出到了 2500 元，还告诉我，公司尚且在初级阶段，以后发展起来的话，肯定有钱挣。

我想了想，尽管工资很低，我也必须先去上班了。有了这点微薄的收入，心里就没那么慌了。

尽管工资低，我的职位却成了经理，也感觉酷酷的。第一天上班，我就发现该公司大部分同事都是经理，大多是 20 岁刚出头。如果公司的员工全部都是经理，等于都不是经理。当我看到一个个生龙活虎的少男少女，觉得自己有些老了。

下班的时候，老总说要开会。大家都集中在了一起，老总是一位 60 多岁的老太太，会议的内容很无聊。

老太太第一句话就说："公司从成立到现在，一直还没有盈过利。现在，我们不能这么耗下去了，必须同心协力，全力以赴达成我们产品的宣传工作。明天早晨开始，大家都要到地铁口去发传单，发完单子再回到公司上班……"

各位同事都苦苦的咧了咧嘴，我更是郁闷了，上班的第一天就听说这样的事情，这哪里是培训经理的工作呀？简直就是一个发传单的。

回家后，我向着舍友们抱怨了半天。

马晖说："这是个什么鬼企业呀？还有这么笨的老总，这种宣传的方式，都是人们大众最讨厌的。"

我抱怨归抱怨，还是咬牙忍了，谁让生活这么残酷呢？每个人都是要吃饭的，骂归骂，活还是照样做。

第二天，为了赶上班高峰期，我很早便来到国贸 CBD 中心的地铁口，白领们陆续来上班了，我见人就递上去一份宣传单子。以前，我没有觉得发传单是一件丢人的事情。直到这一天，自己做了这样的工作，才知道需要承受很大的压力。

上班族们一看到宣传单，就开始抵触。仿佛纸上有毒药一般，大家缩着手，躲得远远的。偶尔有几位会顺手接过来，然后扔进垃圾桶。

我很害怕过来一个熟人，把我认了出来。我作为培训师，也是桃李满天下，在维尔达公司也算是公众人物了，现在沦落到在地铁口发传单了。

上班高峰期过后，我们开始扫楼。领导让我负责建外 SOHO 和中环世贸的传单派发，干了一周后，我觉得自己似乎成了 CBD 中心的负责人。

每天我的工作从地铁口辗转到办公楼，面对一家家公司的前台小姐，我总是笑脸相迎。偶尔遇到几个脾气坏的，没等我把话说完就被人嚷了出去。好多次我被顶了出来，有些公司门口写着：谢绝推销。

每当看到"谢绝推销"四个字后，似乎在对我说，如果不识相，你就挨骂吧。对我来说，敲开任何一家公司的门，都是需要勇气的。在敲门之前，你不会知道面对你的将是一张笑脸，还是一张驴脸。

当敲开门走到前台小姐跟前的时候，我总是先解释说："其实我是一名培训师，不是发单子的……"

每天发完单子，再回到公司上班。下班之前，老太太都要开会，她一次次的强调，就算被骂出来也得上。以前她就是这么干起来的，才混到了老总的位置。我自知没有老总那么大的魄力，也许咱天生没有当老总的素质。我只知道自己由一个风光的培训师，沦落为一个发小广告的，心里深深闷了一口气。

接下来的日子，我一边工作，一边为新小说《迷宫城池》寻求出版机会，顺便也浏览一下婚恋网的信息。

有一位比我大四岁的姐姐跟我联系上了，还是她主动联系的我。她的名字叫曾娜，在首都经贸大学读博士，目前正在写毕业论文的时期。

为什么我会考虑比我大四岁的姐姐？首先，对方也不算老，32 岁正处于成熟且有魅力的年龄。

那时候，工作的失利，投稿的挫折，让我从潜意识里希望找到一个成熟的人给予安慰。这种心态，我自己也没有意识到，很多东西都是下意识的。不知不觉中，就觉得对那位姐姐更有感觉了。

我们 QQ 上交流了很长时间一直没有见面，没有见面的原因是我缺少自信。我的工资低，每天还跑出来去发传单，就连自己都不相信自己是一名培训师了，每次遇到前台小姐，我才强调一下自己是培训师。

这恰恰是不自信的表现，我和曾娜每天使用廉价的沟通方式——QQ。那一段时期，我电话都很少打，电话费公司也不给报销。

直到曾娜提出要见面了，我才把对方约在了肯德基，这种地方相亲比较廉价，也不用担心遇到"托儿"。

我们一边喝着可乐，一边聊天。曾娜很认真的聆听我讲述自己的过去，从大学毕业到后来的生活，她一直很耐心的听。当我讲起辞职回到老家，乡亲们说我是被辞退的时候，曾娜被我逗得大笑不止。

我的爱情经历没有什么好讲的，基本上都是一些辛酸泪。曾娜谈了自己的爱情经历，一共经历了三段恋情。

第一个男朋友，比曾娜小 6 岁，湘西人士，大专学历，无业，经常三天两头的干点小杂工，毕业不到 5 年，平均每年换 3 家公司以上，在外面租房子。

第二个男朋友，比曾娜小 4 岁，四川人，在东三环租房，自营一家小餐馆，一直赔钱，跟曾娜恋爱的几年里，一直靠家里拿钱供着自己的花销。

第三个男朋友，比曾娜小 7 岁，北京人，本科毕业后一直没有找到工作，一直在家里啃老。

曾娜讲完了三位男朋友的情况，引起了我的好奇。不知道为什么，她这么倾向姐弟恋，并且，她谈的男朋友都是事业上比较失败的。当我问及曾娜为什么会爱上这些人的时候，她说是对方的悲惨经历让她产生了怜悯。

我又问："女人还会爱上一个人的悲惨经历？"

曾娜白了我一眼，说："你不懂爱情。"

"那你说说，爱情是什么呢？"

"爱情都是不理智的，理智的就不叫爱情……"

曾娜所说的爱情，其实就是激情和冲动，也就是所谓的感觉。也许这是女人深藏的母爱在起作用，当看到一个小男人无助的时候，就萌发了想呵护对方的意识。女人又是情绪化的思维，只要感觉来了，就什么都不是事儿了。

我们聊了很久，曾娜提议去看一场电影。她知道我收入低，自己抢先买了电影票，我们在看电影的时候，曾娜的头斜靠在了我的肩膀上。此时此刻，我激动坏了，缓缓地伸出胳膊搂住了她的身体。

……

我们牵手成功了，一个比我大四岁的姐姐，成了我的女朋友。接下来的日子里，每逢周末，我们都约在一起。

吃饭、逛街、看电影的花销，曾娜提供大半。她除了学校的补助外，还能到外面兼职挣到一些钱，算起来比我挣钱多。

春节快到了，公司什么年货都没发，只给了我们每人一盒公司所销售的面膜。老太太说这是价值 300 多块钱的东西，由于公司成立以来一直没有盈利，就以面膜当做年货福利了。

我把面膜送给了曾娜，她很喜欢。我们的关系在慢慢的升温，那一刻，我这颗飘荡的心似乎找到了归宿。

28 每日一骂

春节假期过后，我又回到了北京。开始了我的发单员生活，我对扫楼的工作已经很习惯了，公司的领导也很器重我，同事们一个个的辞职，我却老老实实的干着活。

工作之外，我有了爱情的滋润，心情好了很多，有些不愉快的事情跟曾娜倾诉一下，对方每次都像姐姐一样给我关怀。

有一天，我发完小广告，回到公司办公。前公司的同事陈建在 MSN 上和我聊了起来。他问及了我目前工作的状况，我一下子将这两个月来的苦水都倒了出去。比如，公司老总是一个老太太，一点点职业化都不懂，每天让人出去发个破传单，她带领的公司，一直没有盈过利……

这家公司被我说的一无是处，陈建告诉我，慢慢来吧，有好的机会就跳槽，谁也不会在哪里呆一辈子。

几分钟后，人力资源总监走了过来，我见到她走过来，急忙关掉了 MSN。对方递过来一个辞职申请表，说："你签字吧。"

"啊？我没说要辞职呀？"

"公司的网络是监控的，你在电脑前刚聊了 MSN，老总都看到了。你刚才究竟说了一些什么话？"

我顿时明白了，原来配备给员工的电脑里装了监控软件。那个老太太也真有一套，就怕员工不干活，不懂得在绩效上面进行激励和管理，却懂得在电脑上面进行监控。

接过辞职申请表，我义无反顾的写上了自己的大名，辞职原因上写了"个人发展"的原因。这样的企业,不干就不干吧,自从来了这家公司,没有一件事情是让我觉得满意的。

辞职后,我第一时间把事情告诉了曾娜。她听后安慰了我,并且告诉我,她有钱可以养活我,让我不要给自己太大的压力。

那一刻,我似乎觉得曾娜就是我老婆了,已经和我站在同一个战壕了。尽管我们还没有过夫妻生活,两个人的心已经成了一家人。

在图书出版方面,我的《迷宫城池》一直没有找到合适的出版社。

我也给台湾投稿过,台湾大田出版社回复的是,由于近期的出版方向是其他类书籍,所以目前不能够合作,还说期待我日后不吝赐教,希望得到更多我的作品。

人家这么一说,即使被拒绝,我都觉得非常舒服。作者用心写的东西,都不希望被人狠批一通。大陆的编辑很多却没那么礼貌,浮躁到对稿子看都不看就大肆批评,说的都是具有杀伤力的话。

马晖也经常关注我的出版进度,我告诉他说,现在每天骂一个,这叫做"每日一骂"。甚至还有一位编辑,看到我的作品是第一人称写的,立刻说:"对不起,我们不出版个人的自传。"

"这是个人自传吗?这是一部悬疑小说。"

"我就觉得是你的自传。"

……

我知道争论没有用,于是便不说话了。其实,《迷宫城池》是一本很悬疑的小说,故事梗概是这样的:

书中的主人公"我"在偶然间得到了一部古老的乐章。传说,当这部乐章奏响之际,地狱之门会开启,黑色的幽灵跑出地狱,带走不听话的孩子。从此,我便卷入了探索幽灵事件的历险经历中。

翻阅了大量的资料后,在《马可波罗游记》中发现了线索。谜底指向了一座战国时期的城池,名字叫做迷宫城池。这座神秘的城池曾是齐国军师孙膑修建的边关要塞,城中街道的设计源自于一种古老的军事阵法,入侵者攻入城内,会方向难辨,困死城中。

战国末期，迷宫城池阻挡过秦始皇的大军。2300多年过去了，战国时期的迷宫城池究竟位于何方？千百年来，一直是个不解之谜。通过层层调查，在山东省一座度假村的后花园内，发现了通向迷宫城池的暗门。在城池的遗址中发现了黑色幽灵的标本，它们是一种战国末期灭绝的神秘动物。

这座神秘的城池向我们隐藏了什么？每一个丁字路口的背后，又有什么玄机？迷宫的深处，一切都在继续……

这样一则故事，被人说成了是我的自传？我真的对这帮"能人"无语了。

那一段时期，我和曾娜每个周末都约在一起，在我人生失落的时候，她总会给我力量。我内心里相信，总有那么一天，我会成为周围人的骄傲。

不管出版的路子多么艰辛，我相信我有着高人一等的想象力。不管我的求职有多么的坎坷，我相信我有着丰富的工作经验。

目前所面临的一系列的挫折，只不过是没遇到真正的伯乐而已。我已经渐渐的明白，世界上多数人是没有眼光的，我也不会要求每个人都欣赏我，只要少数人欣赏就够了，真理永远掌握在少数人手里。

在这个世界上，永远都是20%的人掌握了真理，而80%的人以为自己掌握了真理。在这个世界上多数人都很俗，遗憾的是没有多少人真正的意识到自己很俗。

又来了一位编辑，称他们准备做我的书，问我放弃稿酬是否同意。我想起了《新唐伯虎点秋香》的遭遇，立刻就否决了。第二天，那位编辑又来谈合作，说希望买断我的稿子，买断后印多少本和作者均没有关系了。当我问到买断的价钱是多少的时候，对方说他们买断一本书最多出5000块钱。

我呸！这种流氓的条款简直是在打发叫花子。这样的合作方式，以后还会有多少人认真的写作？

29 拼命三郎

自从上一家企业离职后，我一直是一手抓求职，一手抓投稿。不久，绿云药业的面试电话打到了我的手机上。

绿云药业是一家西北的大型制药集团，总部在东北。董事长是一位西北的农民企业家，90年代初期，他承包了宝鸡市的一家小药厂，经过短短十几年的发展，创下了年销售70亿的神话，董事长随即成了公众人物。

我来面试的时候，由于很仰慕这家公司的规模，兴奋的前来面试。面试地点在北京市的大兴区，这是绿云药业的一个分公司，也是北京总部的办公基地。

面试官是号称人力资源副总监的崔玉山，35岁，看上去像一个53岁的男人。脸上带着土里土气的沧桑，一小撮鼻毛探头探脑的，一看就是一个不修边幅的人。

崔玉山之所以看上去岁数大，是因为缺乏年轻人的活力，再加上名字叫得比较老气，在公司被人叫做老崔。

为了应付面试，查阅了很多资料，本以为绿云药业集团这么大的公司应该很职业化，提出的问题应该是步步陷阱。

结果，老崔问的第一个问题却是："你住哪里？"

"我住朝阳东坝。"

"以后你来上班的话，应该怎么走？"老崔说着说着，拿出了一张北京市地图，帮着我一起研究起了路线图。

我感觉很纳闷，这个人太不职业了，作为一个职业面试官的话，最起码不能让应聘者知道你是不是真的想录用他？往往是几天后告知面试的结果，就算中途想变化，也有缓和的余地。这家伙居然开始帮我研究起上班的路线来，面前这位老崔，是一位不按照套路出牌的主儿。

老崔研究了半天我以后上班怎么走的问题，又提出了第二个问题："你以前挣多少钱？"

我在上一家公司月薪2500元，这个数一直是让我自卑的工资。为了要高一点的薪水，我忙说："我之前月薪3000块钱。"

老崔思考了片刻，说："可以，我们也能给你这个数。"

啊？这么快就确定要我了吗？

老崔几乎没有问什么问题，就直接谈了待遇，我头一次遇到这样简单的面试，也许是看得比较顺眼吧。

我松了一口气，老崔的话语中，觉得有戏了。信用卡已经透支了很多了，再不找到一家公司的话，就该去要饭了。

"我还需要对课程的试讲吗？"

"你讲吧，我听听。"

老崔招呼助理拿来了投影仪，在办公室内，将投影打到了墙壁上，我开始了试讲。我将李怀谏交给我的专业化的课程拿了出来，这些都是世界500强企业在用的课程。

"你们这套东西都过时了。"

我听了，顿时吓了一跳，看来老崔对我的试讲很不满意，说不定这次面试没有希望了。李怀谏的课程都是世界500强企业的专业课，面前的老崔究竟是什么来头呢？居然说这些课程过时了？

经过初步的谈话，我参照老崔的行为举止分析了一下，初步判断老崔是一个土鳖。但是，当决策者是个土鳖的时候，你就必须先把这个土鳖搞定。面对老崔的不满，我正准备解释的时候，老崔又说了一句："等你以后来上班，需要多学习。"

原来是虚惊一场，老崔出牌的方式真是违背了HR的专业套路。终于又找到工作了，我非常兴奋。

老崔又说："回头你看看我讲课，你多学习学习，对你很有帮助……"

"崔总，如果我有幸加入绿云药业的话，向您学习的机会多着呢。"

老崔笑着点了点头，说："明天来上班吧。"

"需要我提供原单位的离职证明吗？"

"那些东西都是虚的，不需要。"

由于居住的东坝家园到公司很远，于是，我住在了绿云药业的集体宿舍里。上下架子床，这种环境仿佛又拉回到了大学时期，一个宿舍住6个人。

住在一起的同事，私下告诉我，老崔原来是一个车间的工人，有一股冲劲，不怕苦，不怕累，酷爱加班。代号：拼命三郎，工作狂。

有一天半夜，董事长发现老崔在研究生产的流程图，提升他做了生产部总监。有句很有哲理的话，当一个奴才去使唤奴才的时候，会把奴才累死。老崔其实就是董事长的一个奴才，他为了表现拼命，对自己的手下极其苛刻，几乎不让员工休息。有一天，他手下的整个部门，同时提出了辞职。

董事长觉得老崔不适合当领导，就把它安排在了人力资源副总监的位置。其实，这个位置就是一个虚名。人力资源的正总监是董事长情人，副总监的位置就是虚设的，只负责公司的培训工作。

你或许觉得这么没能力的人怎么能负责培训呢？这就是老板的眼光问题了，很多民企的大老板培训的意识很差，认为培训是可有可无的事情，才安排了老崔这样的人去负责。

……

我到职没几天，就领教了拼命三郎的风格。周末下班前，老崔忽然告诉我说："你不要回家了，周日我们出差。"

这个突然的行动使我感到很惊诧，好不容易盼来了一个周末，说没就没了。员工干一星期不容易，况且，周末准备和曾娜约会，就这么说变就变的把很多事情搞黄了。

老崔的脑子里面没有周末的概念，每次安排出差，从来不考虑周末的因素。经常周五下班之前才忽然说去某地出差，具体出差多久？什么时候回来？去之前一点计划都没有，甚至去了以后还不知道什么时候能回来。

经常在外地出差了一段时间，我问什么时候回北京的时候，老崔总是说："还没干完活就想回去呀？"

老崔的脑子里面也没有作息时间的概念，经常半夜 11 点钟，脑子一热就给我打来电话，谈那些既不重要，也不紧急的事情。

有一次，晚上 12 点打来了电话，要我赶紧到办公室一趟。我以为有多么重要的事情，匆忙的穿上衣服从宿舍跑到了办公室。见到老崔后，老崔交代了一下关于制定宣传海报的事情。

我顿时火了，制定宣传海报的事情，5 天后定稿也不迟，为什么不能明天早上谈呢？偏偏在半夜把员工召唤到办公室。

5 月初期，我和老崔一起到四川出差，十分倒霉的遇到了汶川大地震，在成都讲课，大楼晃动的时候，拼命的冲了出去，目睹了吓人的一幕。

接下来成都的交通就被中断了，火车票很难买到。自从来了四川一共呆了半个月，吃不好也睡不好。每天都在外面的帐篷里睡觉，睡觉的时候，外面还下着大雨，地面很潮湿，身上发痒也没有洗澡的地方。

交通恢复后，好不容易买到了车票，逃回了北京。刚到北京的时候，正好是周五晚上 2 点钟，我回到工厂宿舍倒头就睡。

当周六早晨醒来的时候，老崔拿起电话给黑龙江分公司打电话，商量什么时候过去给黑龙江地区培训。

黑龙江省的区域经理说了一句："尽快吧。"

"好！我们今天晚上就过去。"

老崔说完，接下来通知我立刻去买火车票，晚上动身。我正享受难得的周末的时候，被老崔的话弄得眼前一片漆黑。刚从四川回来，已经两个周末没有休息了，还约了朋友见面，准备为我经历这场灾难压惊。

老崔连一句沟通都没有，就定下了马上出差。黑龙江分公司对老崔这种突如其来的培训也显得措手不及，人家只是说尽快吧，却没有想到老崔当天晚上就要冲过来。

……

我和曾娜的恋爱，也都是每天晚上打个电话，或者发几条短信。这种随时机动的工作安排，让我几乎无法恋爱。

每次向曾娜发牢骚，她都能够安慰我，为了生活，忍一忍吧。马晖告诉我，不要把心里的委屈都告诉女朋友，会让女孩子觉得你心态不好。

这些道理我是知道的，但是，你要知道当一个人内心极度不开心的时候，需要倾诉给朋友，否则会憋出病来。

在出版方面，我的《迷宫城池》被大陆一名代理人推荐到了台湾菁品文化有限公司，很快就在台湾出版了。

我从代理人那里只得到了 400 美金的稿费，当时心情很激动，关键不是稿费的问题，而是这么一部经典的悬疑小说终于能够面世了。

出书给我带来的兴奋，远远是 400 美金不能够买到的。书出版后，从谷歌搜索"迷宫城池"，便看到了一些台湾人写的博客，对《迷宫城池》大肆赞扬。台湾的读者加我 MSN 以后，字里行间充满对一个作家的敬重。

我的一些同学们知道我在台湾出书了，张口便问出版这本书挣到了多少钱。当我说挣了 400 美金的时候，他们立刻说，干这个有个屁用？

30 折腾大王

同事们又告诉我，老崔在公司职位是副总监，一个月工资才 3000 块钱。听到这样的事情，令我非常诧异。

在绿云药业的其他的总监，一个月都在万元以上，只有老崔的收入和我是一样的，大概是董事长对他这位"总监"的能力有看法吧。

大家私下又讲了老崔的一些故事，两年前，公司招聘一个销售代表，需要对方提供经济担保人。结果，对方说他找不到经济担保人。老崔对他说，我当你经济担保人吧，对方欣然同意。于是，老崔就为这个素不相识的人当了担保人。

几个月后，这小子欠了公司 2 万元的货款，逃之夭夭了。员工欠钱逃跑了，公司寻找他的经济担保人，一下子找到了老崔。强令老崔赔偿了公司 2 万块钱的损失……

老崔就是罐子里打坯，土蛋一个。他连银行卡都没有办过，每次发工资的时候，让财务部给他现金。如果他在外地，不方便领工资，就找人帮忙把工资带过来。有一次，老崔在长春出差，让一个准备到长春出差的同事帮他代领了工资，结果在去长春的路上被小偷扒了。到了长春，老崔向那人要钱，那人觉得为了老崔这个土鳖把钱丢了，一怒之下就没有把钱给老崔，两个人干了一架……

还有人说，老崔见一个同事移动硬盘里有黄色电影，想存到自己的电脑里面。结果发现硬盘空间不够，装不进去这些文件。老崔拍了拍脑门急中生智，说："你先把我电脑里面的其他文件放到回收站，这样电脑的空间就有了，把黄色电影存进去，等我看完了，再把那些文件从回收站还原……"

我听了觉得老崔有时候也蛮可爱的，老崔就是一个"农民总监"，这种人只能在这种大包公司做领导。

有一次，我和老崔在甘肃省的张掖市讲课，原计划把课程讲完，乘坐次日的火车去酒泉市，后天在酒泉市培训。结果，张掖的课程刚讲完，老崔脑子一热，说："我们今天晚上就动身，明天在酒泉市培训。"

天哪！我几乎大叫了起来，酒泉事先通知的是后天培训。忽然变成明天的话，会议室的场地是否现成？学员是否能够到位？很多事情都需要大幅度调整，很多员工都会措手不及。

我跟老崔提意见的时候，老崔振振有词地说："工作就是多变万化的，这点困难都克服不了吗？"

我只好不说话了，跑回宾馆退房。宾馆说了，过了中午12点退房必须加收半天的房费。我只好多掏了半天的房费，把房退掉。

我们赶到火车站的时候，晚上10点之前的车票都卖完了，只买到了半夜1点钟的车票，到了酒泉市是凌晨3点半。

折腾的一晚上没有睡觉，到了酒泉市，8点钟开始培训，我只好以一双发红的眼睛和颓废的面容，站在了讲堂上……

老崔很自私，他只要没和员工一起出差，就不把员工当人使，安排一连串的出差。

有一次，我在陕西出差培训结束后，已经出来20多天了，老崔打来电话便说："不要回北京，直接去湖南。"

在湖南又干了20多天，正要回北京的时候，老崔又打来电话说："直接去浙江。"

我实在忍不住了，说："员工也是人，都有自己的事情要做，不能总漂泊在外。"

老崔说："没给你发工资吗？"

我气的眼睛都快红了，对于这种土鳖领导，没有办法使用现代的劳动法和他进行沟通，只好对他不语。

终于，国庆长假来了，我可以回家休息了。10月7日返程回北京，由于车票紧张，早晨7点就起床，跑到石家庄汽车长途客运站买到北京的汽车票。

火车票更买不上，想也不用想了，就连汽车票也是很紧张的。历尽千辛万苦，下午 14 点的时候才买到了一张去北京的汽车票。

正当准备上车的时候，忽然接到了老崔的电话，劈头就说："小夏，你不要回北京了，直接去保定。"

我眼前一黑，问："让我去保定，为什么提前不说呢？"

"现在说也不晚，你从保定下车就是了。"

"我买的是汽车票，汽车在保定根本不停……"

我正想抱怨老崔没有事先沟通的时候，忽然停了下来，我心里很清楚跟老崔沟通的结果。冷静片刻，我只好对着电话笑了一笑，说："好的，没问题，我把票退了就是了。"

放下电话，我只好把历尽千辛万苦买到的汽车票，又一次在人山人海的队伍中排队去退票，再去买石家庄开往保定的车票……

到达保定的时候，天色已经大黑。

老崔又打电话来了新的命令："明天你在保定讲课结束以后，马上乘车去青岛，第二天在青岛培训。"

我一肚子火气，保定和青岛，两地属于两个省，根本没有直达车，这种情况下，本应该留出一天"在途"的时间。

这时候，我想起了反抗，不能总是沉默。他妈的，大不了就辞职，这种日子不能再忍了。一个如此土鳖的人，怎能留住有能力的员工呢？

次日，下午 18 点的时候，保定区域的培训结束了。我没有动身去青岛，再没有直达车的情况下，除非一晚上不睡觉，夜里从石家庄转车青岛。那样的话，一晚上都不能睡觉的，第二天怎么能够支撑起疲惫的身躯在青岛讲课呢？

他妈的这次反了，大不了不干了，我从心理上已经做好了辞职的准备。此时此刻，我的脑子里想的不是怎样应付老崔，而是辞职后的打算。

几分钟后，老崔的电话来了，开口便问："你在保定的培训结束了没有？今天不用去青岛了，直接回北京，青岛的培训我已经推迟到月底了……"

我的意识又一次模糊了，幸亏没有听他的话，不然的话，可能正在去往石家庄转车去青岛的路上。

回到北京，我和曾娜进行了短暂的相聚，第二天，又被老崔叫走出差了。日子一天天过着，紧张而郁闷。

我除了被老崔呼来唤去之外，还有一些其他的问题。比如：绿云药业是家族型企业，董事长的妹妹负责公司的财务管理，如果她不签字，员工所有的费用项目都不能报销。

公司是大包企业，上上下下的管理层没有什么专业的流程和制度。董事长的妹妹身为公司的财务总监，居然6个月没有来公司上班。她不来，就没有办法签字，我出差的费用没有及时报销，公司的费用也借支不出来。

这种情况下，老崔还是安排了一连串的出差，每次出差都让我垫自己的工资。每个月发了工资，出一次差就没了。

我手里经常不足50元的现金，连跟女朋友出去吃个饭都不敢。在这种情况下，老崔又安排我去广东出差。

"崔总，我没钱了，您是知道的，我的差旅费一直没有报销，也不能借支公司的费用。"

"先借别的朋友点钱，等发了工资再还。"

我实在无法忍了，说："工资是让我生活的，不是让我出差垫钱的。"

这句话说出口，本来以为身为领导的老崔能够给予一个合理的解释，能够帮着员工解决一下实际问题。没想到，老崔振振有辞地说："我比你垫的钱更多，我从半年前就开始垫钱了，你才垫了多少钱？"

接下来，老崔又说了一连串批评的语言，大概都是工作态度不够积极，克服困难能力不够的问题。这些话，我都当做没有听见，就算听见也是一个耳朵在进，一个耳朵在跑了。

31 给我一个支点

日子依旧这么痛苦的过着，在不知不觉中，又到了冬天，大地上的万物都披上了洁白的盛装。

绿云药业每月的 10 日发放上个月的工资，发工资当天的上午 10 点多钟，我刚收到工资打卡的短信息。心想，这一回可不能再垫钱了，工资要省着花，虽然只有 3000 块钱，也可以和女朋友一起出去吃几顿饭了。

老崔对我说："你现在去长春出差，晚上在长春办事处讲课。"

我又是一晕，望了望窗外。寒冷的冬天，北京的天空在飘雪，长春的天气至少比北京还冷吧，老崔安排员工出差的时候，能够想到给予员工一个准备的时间吗？

冷静了片刻，我很严肃地对老崔说："崔总，现在是上午十点钟，你要求我今天晚上在长春办事处讲课。到长春的火车只有中午 12 点这一班，就算我马上去车站买票，也不一定能够买得到。更何况，出差垫的很多钱还没有报销，我现在没钱再出差了。"

老崔拍了桌子，说："没钱，你扯淡，刚发了工资你说你没钱。"

我理石气壮的说："好，我们先抛开费用不说，冬天让一个员工去零下二十多度的长春出差，中午 12 点的火车，上午 10 点才通知我，足以证明你太不职业了。"

老崔脸红脖子粗的嚷了起来："你……你是不是不想干了？"

我也拍了桌子，说："我就是不想干了。"

"那你辞职吧。"

我说："辞职没问题，你能不能给出一个让我辞职的理由？"

老崔哆嗦着手指头，指着我的额头说："让你出差，你不出差，你说你没钱，简直是一派胡言。刚发了工资，你怎么可能没钱呢？就算没有钱，都不能想想其他办法吗？周围都没有朋友吗？这点困难都克服不了，以后工作怎么能行？……"

我实在听不下去了，打断了老崔的话。他的话我也不准备再听了，老崔和我划的不是一套拳。我只好说："OK，我辞职。"

老崔的理由让我"佩服"得五体投地，我不是态度的问题，也不是克服不了困难，只是无法忍受这么一个土鳖领导。

辞职后，我又搬回了马晖的住处，几个穷哥们又可以快乐的生活在一起了。大家的日子过得都很紧张，不仅收入低，还得应付房租。

日常的消费方面，冬天的蔬菜都快吃不起了。我们每星期买一次菜，每次买菜的时候，都是用集资的形式，每人出十块钱。

马晖很会精打细算，尽量把菜买成大白菜和葱头，这两种蔬菜容易存放，其他蔬菜在冬天都是比较贵的。

这一阵子，我没有工作，和曾娜的约会却并不多。为什么？因为囊中羞涩，请女朋友吃饭的钱都需要算计，还有什么资格约会？我们尽量用QQ视频联系，周末的时候才在一起吃一顿经济餐。

三个月前，《迷宫城池》和北京一家出版商签了简体文字图书出版合同。本以为辞职后可以用稿费养我一阵子，书出版了，看到样书却让我大失所望。印刷的质量极差，从封面设计到内文的校对，每一点都体现了粗枝大叶。就连版权页的"字数"上面，都少印了一个"零"。

纯字数14万字的稿子，结果印成了14千字。很厚重的一本书，这样被他们一搞，似乎成了一万四千字。

付稿费的日子到了，我一次次的打电话催促，人家嚣张的要命。前几次都冲我咆哮说他们现在不方便，接下来就不接电话了。

春节又快到了，年底了，面试机会却变热了起来，很多单位到了人员流动的旺季。

很多用人单位在招聘员工的时候，从未提薪资待遇，就通知对方来面试。经过几轮过五关斩六将的面试。对方决定录取我了，提出的薪资却只有2000元，让人根本没法接受。

我也渐渐的"浮躁"起来，再有公司邀请我去面试的时候，只要是不出名的小公司，我就问一下对方能出多少钱。

劳动者在面试之前不能问待遇，却成了这个社会普遍接受的现象。当你问了待遇，还会说你心态有问题。我觉得从来不问待遇的人，才是心态不好。至少不够诚实，心里想的什么不肯说。

谁会大老远的跑过去面试，不关心自己以后挣多少钱呢？任何买卖的双方，洽谈的时候都应当是透明的。如果一方故意不透明，就是这边出了问题。我询问待遇只是不希望大家都把时间浪费了，你可以不说具体的薪资数额，最起码告诉我一个范围。

让人家白跑了好几次，录取的时候才发现，自己苦苦应聘的工作却是没法接受的。用人方也别总是假惺惺的说，我们公司会根据你的能力，酌情考虑给你定待遇，这些都是中国式面试官常说的屁话。

终于有一天，我接到了一家猎头公司打来的电话。

猎头顾问的名字叫做Tony，他细心的询问了我目前的基本情况。现在回想起来，这个电话彻底改变了我的命运。

Tony说："我推荐的这家企业是一家德资的制药企业，名字叫PD，你之前了解过吗？"

在制药企业里面，几个知名的大外企都是家喻户晓的，我忙说："我知道的，这家公司很有名。"

"PD公司正在招聘一个培训顾问的职位，您有兴趣吗？"

"好呀。"

"我想请问你对薪资的要求是多少呢？"

"对方能给多少呢？"

"月薪应该在 10K 到 15K 之间，你对这样的薪资有意见吗？"

"10K 和 15K 代表什么？"我在民企工作的时候，从没有用 K 来计算过薪资，都是说标准的汉语文字，一点英文的成分都不掺和。

Tony 解释说："1K 代表一千，10K 是 1 万元，15K 就是一万五千。"

我瞪大了眼睛，自从来到北京这些年，一直没有超过 3000 元的薪资大关，如果一下子涨到 10000 元以上，对我来说简直是一种划时代的飞跃。

正想说这种待遇很好，我求之不得呢。忽然，我打住了，不希望然对方看出我的老底子，这样的话会让人看不起我的。我镇静了片刻，说："我可以接受这种待遇，主要还是看重外企的工作平台。"

Tony 笑了笑，说："好的，我把你的简历推荐过去，尽量为你争取一个面试机会。"

结束通话的时候，我的心情波涛澎湃，这么好的一个机会，能抓得住吗？此时此刻，我忽然有一种预感。

外企，在一步步朝我招手了……

回到家，我和马晖讲起了这件事，公司肯花钱请猎头帮自己寻觅人才，工资都比较高。

Tony 将我的简历推荐给 PD 公司后，面试通知很快发了下来。我在一周内，经过了 PD 公司的初试和复试。

复试的时候，我试讲了课程，那时候我的课程讲得已经比较专业，这两次面试彻底改变了我贫穷的命运，外企向我伸出了橄榄枝。

PD 公司给我定的薪资是 13K，任职培训顾问。每年有七天的带薪年假，年中还有一次出国旅游的机会。

32 职场和情场

　　PD公司的培训部经理是徐Sir，属于我的上级老板。同职位的培训顾问有三名，其中一名叫George，中文名字叫乔华，是一名35岁的男士，北京人，成熟稳重，风度翩翩。另一名叫Hank，中文名字叫刘勇帆，33岁，来自遥远的新疆乌鲁木齐，这个人看样子有些高傲，不太容易接近。

　　我是年龄最小的，到了外企必须采用英文名字了，外企流行叫名字。我给自己取了一个英文名字叫Bruce。

　　大多数民企和国企的员工都向往外企，认为外企就是挣钱的地方。来到外企后，经过了新员工的培训，我对"外企是挣钱的地方"这句论断有了改变。我现在认为，外企是一个让人成长的地方。

　　很多外资企业都有了上百年的发展历程，拥有一套专业化的SOP流程。当你来到外企后，企业会根据你的能力现状，帮你设定能力发展计划。

　　外企的员工，出去后都能叫板一个高的薪水。因为他经历了专业化的成长模式，这一点民营企业很少具备。

　　自从我进了外企后，曾娜的关系似乎和我却疏远了。之前我们约会的时候，她知道我没钱，总是抢着买单。现在我收入高起来，她却不像以前对我那么好了。有好几次，我的电话打给她，发现她总是不冷不热的。我提出周末约会的时候，她总是冷冷的回一句："再说吧。"

　　马晖帮我分析了一下情况，说："曾娜一定是有了新的男朋友，你想想是不是哪件事上惹她不高兴了？"

　　这件事我一直想了好几天，还是没有一点眉目。每当我打电话给曾娜的时候，对方总是给我按掉，即使偶尔接了电话也说自己在忙，反正会找一个借口挂掉电话。

事情到了这种地步，我也只好翻出她的底牌了。我发短信给她，问："是不是我哪里做得不好，我希望我们还能够走在一起，我很珍惜我们这一段感情……"

曾娜的短信回的很快："你很好，只是我们不合适。"

"可以告诉我原因吗？这些天一直在折磨着我的神经，我一直在想，实在想不到是为什么？"

"没有别的，只是对你没有感觉了。"

……

两天后，马晖私下去见了一次曾娜。我和曾娜处朋友的时候，也总是拉上马晖一起吃饭，大家也都以朋友相称。他看我这些天一直被失恋的事情困扰，希望出面帮我进行一下最后的交涉。

马晖和曾娜见面后，确定了我们当初的猜测，人家果然又恋爱了。马晖跟曾娜吃了一顿饭，从她嘴里探寻出了她的新男友的基本状况。本以为对方是一位高人，事实的结果却是恰恰相反，对方是一名来自河南的无业游民。曾经在一家小超市当部门主管，一个月两千多块钱，嫌挣钱少就辞职了，自己摆地摊卖过盗版书，又卖过钢笔，又一次次的因为挣不到钱不干了，一直租住着一间地下室生活着。

曾娜还是没有遮掩，把这些全都告诉了马晖。当我听到这种情况的时候，诧异得快爆炸了？怎么会是这样？

我的心开始抽搐，此时的心情就像当年战争失败了的拿破仑一样，一直想着再"打"回来。面对这么一个情敌，我真的不知道为什么曾娜移情别恋而爱上了他。

失恋的痛苦在我心里一直没有复原，这些天吃饭都没有胃口。曾娜和我分手的原因，一直困扰着我。

有一天，和部门同事 George 聊天的时候，谈到了这件事。George 专攻过心理学，询问了曾娜之前的恋爱经历后，发现她总是爱上失败的男人。George便问："她的父母是做什么工作的？"

"母亲是农民，父亲一直试图做生意，由于一些问题，开了好几次公司都没有做起来。"

"呵呵，问题已经找到了。"

我直勾勾地盯着 George 的脸，问："我到底是哪里出了问题呢？"

"不是你哪里出了问题，是因为你太好了，导致的她离开你。"

"我太好了？……对方还会劈腿？"

George 解释说："你要知道曾娜小时候，她们家的经济来源，基本上都是来自于父亲。"

"这些跟她甩我有什么关系？"

"她父亲是一个事业上失败的男人，在曾娜的成长过程中，她总是看到父亲的失败和无助，甚至觉得父亲很可怜，需要一个人去呵护。这样的孩子长大后，就会下意识地对一些无助、可怜、甚至事业失败的男人产生感觉……"

我的大脑立刻掠过一道闪电，自从我进入外企后，收入翻了好几倍。曾娜从我身上再也找不到那种"无助"了，也渐渐的对我失去了感觉。

George 又说："这样的女孩子属于一种病态心理，自己也不知道，病因是深藏在她记忆深处的，如果不解决，她以后还会一次次的循环那个过程，一次次的爱上失败的男人……"

下班后，我给曾娜打了一个电话，想告诉她这种心理问题，希望能够帮到她。曾娜看到我的电话，就直接按掉了。我收到她发来的短信："我已经有一个很爱的人，请你不要再来打扰我！"

电话不接，我只好发短信告诉她，"你这种选择男朋友的心态属于一种病态心理，主要因为你父亲的一次次失败，让你渐渐的对没本事的男人产生了感觉。建议你去看一下心理医生，早点挽救自己……"

短信发出去后，本以为我对她做了一件好事，也算是为了我们的恋爱，给她的一件分手礼物。

不到有一分钟，曾娜把电话打给了我，劈头就骂："夏晓光，你他妈的怎么那么损呀！我爱上了别人是我的自由，犯得着骂人家有病吗？你对我不满，你说我也就罢了，你他妈的凭什么骂我父亲？我父亲轮的上你评价吗？你没有父母吗？我要是骂你父母你会怎么想呢？"

我有一肚子话想说，根本没有解释的机会。曾娜骂完，便挂了电话，我再打过去的时候，发现对方已经把我设置了黑名单。

33　开裆裤事件

回家后，还没有来得及让我分享今天的郁闷，马晖便告诉我一个"好消息"，大学寝室的老大张晨准备搬过来住。

我猛吃了一惊，问："他不是在石家庄吗？怎么来北京了？"

马晖说："毕业后，张晨在石家庄呆了两年多，觉得挣不到钱。跟几个愤青一起去了广州，在那里又呆了两年多，一直也没混好。便觉得广州的生活不适合北方人，想到北京谋一份职业。毕竟北京离家近一些，年龄大了，也不适合在太远的地方飘荡了。"

我半晌不语，觉得我和张晨之间还因为吕娟的事存在一些"过节"。

张晨这次来投奔马晖，我们势必会生活在一起，真不知道我们将如何面对。

刘伟一个人住次卧，得知要新搬进来一位室友和他同房，心里很不情愿。马晖还是很够意思，对朋友都比较大度，对刘伟说："如果你觉得拥挤，你们可以搬到主卧，我和晓光住次卧。"

刘伟假惺惺的说："算了，都是自己人，以后多一个哥们也不是坏事儿，还好多一个人一起分摊房租了……"

三天后。

张晨搬了进来，他只带着一个大行李包，里面装着他的全部家当。见到我的时候，他立刻表现出一副老朋友多年不见的样子，忙拉住我的手，亲切的询问我的近况。

我也只好应付着聊了一番，大家一起出去喝酒，算是对老大的欢迎。餐桌上，我们仿佛又回到了大学时代。以前六个人的寝室，现在凑齐了三个人。刘伟融入我们以后，四个人表示要同甘共苦。

张晨讲述了一下从石家庄到广州的发展经历，从他讲述的故事中，我听到了十来家公司的名字。短短的几年，他换了多少家公司呀？

张晨对大家说，他毕业后到现在，一直是单身。对于吕娟的那份感情，这小子只字未提。

张晨喝了几杯酒后，又摆出了一副老大的姿态，表示以后大家住在一起，图的就是一个热闹，以后都是兄弟，要紧紧的凝聚在以他为核心的团队里。

自从张晨搬进来三天，刘伟就提出要跟我换一下房间。当我问及原因，他哼哼唧唧的说："我和马晖都是做律师的，又在同一家单位，住在一起会方便讨论工作……"

我也没有多想，便答应了下来。当我搬进另一间房的时候，立刻明白了真正的原因。张晨在房间里呆着的时候，基本上总是一丝不挂。他说过，诗人的性格是奔放，应该摆脱一切束缚自己的东西，包括内裤。

在房间里，除了每天欣赏张晨的裸体外，还得享受他的男人味儿。张晨一脱鞋，狭小的次卧就被臭脚丫子气味填满了。

刘伟和张晨没有同学关系，人家也不好意思给张晨提出来。我就不一样了，立刻要求"老大"晚上洗脚，不然的话，我可要发飙了。

张晨去洗了脚和袜子，把空气污染源彻底治理了。我们躺在床上，聊起了很多过去。当我提起吕娟的时候，张晨用很忏悔的语气说了一句："我伤害了她。"

"她最近在哪里呢？"

"结婚了，嫁给了一个小学老师。"

"你们为什么不在一起了呢？"

张晨沉默了片刻，说："可能是不合适吧。"

我冷笑了一下，说："合不合适你自己不清楚吗？"

张晨哼哼唧唧的说："我觉得……是有些不合适。"

"老大，你根本就不喜欢人家，就想占人家便宜，对吗？"

"晓光，你说话怎么那么难听？你到底跟我关系近？还是跟吕娟关系近？"

我沉默了，过了很久，本来是大学四年的兄弟，被这件事搞得都不愉快也不合适。转念一想，都过去的事情了，就算是我让张晨承认了错误，也无法挽回对吕娟的伤害了。我只好说了一句话："从明天开始，我保证不提起吕娟了，我们还是好哥们，你还是我们的老大。"

张晨的情绪放松了，说："好好，有你这句话我就放心了。"

……

接下来的日子，张晨每天躲在被窝里投简历，由于是法学毕业生，司法考试一直没通过。不管是律师还是企业的法务，都需要律师资格证书，张晨没有那个证书，也就没法去从事法律对口的专业。

一星期后，张晨收到了面试通知，他精心准备了一番去面试。晚上回来后，他对大家说，今天遇到的面试官是公司的销售总监，看上去能力非常强。

我问："那是一家什么公司？"

"是一家服装厂，规模不大，几个合伙人刚投资的，在招聘销售代表。"

"你怎么判断他能力强的呢？"

张晨冲我把眼睛一瞪，说："那个人看上去特别阴险！"

听到这句话，我差点笑喷了，问："看上去特别阴险的人，难道就是能力强？"

张晨自以为是的说："当然是看上去阴险的人能力强了，老实巴交的人能在社会上吃得开吗？"

关于职场里面的事情，我也不准备和张晨探讨了。经历不同，对职场的了解也不同，再沟通下去的话，说不定还会争执起来。

次日上午，张晨接到那位"阴险"的销售总监的电话，通知他当天下午就可以上班了。底薪800元，靠业绩拿提成，职位是北京大区销售经理。

张晨求职成功了，给几个哥们都发了一条短信，说他的工作已经搞定，晚上请大家吃饭庆贺一下。

我正在公司上班，看到张晨的短信，回复说："可要小心你那个阴险的领导，别让人家算计了你。"

张晨又回复，说："兄弟放心，我一定要把他的能力学到，别看我现在工资不高，我相信跟着这样的领导能学到真本事，我很快就会超过你！"

我笑了笑，没有再理会他。刚放下手机，又收到一条信息，以为是张晨发的，定睛一看才知道是95588，原来是工资到账了。

由于我在试用期，还未缴纳公积金，只扣除了税收和保险。这是我入职PD公司后，收到的第一笔工资。

周末，张晨和我一起到动物园服装市场买衣服，看到一条印着"鳄鱼"的西裤。张晨把价钱砍到了50块钱。服装店老板说这可是品牌货，由于是搞批发甩货，所以价钱便宜。

我们每人买了两条这样的裤子，逛了一天下来，我一直跟在张晨的后面，让他先砍价，等价钱砍下去后，我也顺便买一件。

购物完毕后，我们往家走。张晨说："今天花钱花吐血了，买了500块钱的衣服。"

……

上班的时候，我正在给新入职的医药代表讲课，不小心激光笔掉在了地上，蹲下去捡激光笔的时候，听到撕拉一声。

——新买的裤子被撕开了。

我屁股后面，露出了内裤，学员们大笑了起来，我急忙捂着屁股逃离了会议室。接下来的课程，由George代替我讲了下来，我捂着屁股跑出去买了一条新裤子。

回到公司的时候，部门老板徐Sir把我叫到自己的办公室，很严肃的批评我，"你是外企的高级白领了，在北京也算是高收入了，不要总穿山寨版的衣服，好吗？"

一件非常丢人的事情，又被老板这么一说，我的脸通红，说："都怪我同学，是他带我去买的。"

徐Sir又说："不要总把责任推给别人。"

不久，在公司要求下，我搬到公司附近。天下没有不散的宴席，几个穷哥们住一起的日子尽管快乐，早晚也是要画上句号的。

34 冷面女郎

新住址在劲松四区，当时是 2009 年初，房租还没有现在这么贵。房子是简装的，距离地铁比较近，虽然只有 40 平米，我却有了自己独立的"小家"。接下来，我又买了一辆电动车，过上了有房有车的生活。

解决温饱和住房问题后，我又想找女朋友了。我又回到婚恋网寻找目标，这次把婚恋网的资料进行了更新。工作单位改成了外资企业，收入范围从 2000-5000 元这一档，改成了 10000-15000 元。这么一改，被关注的几率提高了很多，每天都能收到女会员的来信。

我很快便聊上了一位女会员，她的名字叫郑莉，27 岁。在一家公司从事美术设计工作，唐山人。

又是一个河北人，由于老乡的关系，我顿时感觉拉近了不少距离。从资料来看，这个女孩的长相还是比较可爱的，皮肤白皙细腻，可爱的娃娃脸，大大的眼睛，带着一种灵气。

郑莉在团结湖附近住，下班后，我们约在了团结湖地铁口见面。我到了以后，足足等了半小时，人家才姗姗来到。

如果不是郑莉主动和我打招呼，根本就不会认出她。照片中看到的是一张娃娃脸，面前的女人却是一张瘦长脸。脸拉的老长，一副冷冰冰的样子。照片中那双大大的眼睛，也变成了一双小眼睛。

"照片中，是你自己吗？"

郑莉冷冷地看了我一眼，说："我 PS 过的。"

我真佩服她 PS 的技术，居然能把一张冷冰冰的瘦长脸，PS 成为一张可爱的娃娃脸。还能把一双小眼睛，PS 成了一双大眼睛。

怪不得有人说，世界上最好的化妆品不是雅诗兰黛，而是美图秀一秀。再加上人家是做美术设计的，先把自己的五官全部换一遍，弄得一点都不像自己后，再挂出来相亲。

见到这样的女孩，我觉得很失望，最让人失望的不是对方的长相，而是她那种对人冷冰冰的目光，让人觉得我们不像是朋友，甚至更像"冤家"。

"咱们去吃西餐吧。"

郑莉提出了对用餐的要求，我也不好意思拒绝。见面之前，我看了人家的照片，承诺了要请人家吃饭。看到本人后，就算一万个不愿意，也不好意思改主意了，男人还是要面子的。

我们从地铁口往西餐厅走去，在路上，郑莉一句话都没说，我只好没话找话的来缓解尴尬的气氛。

"你什么时候来到北京的呢？"

"这个月刚来的。"

"刚来北京就开始上婚恋网了？"

郑莉又冷冷的瞄了我一眼，反问："这些重要吗？"

我又尴尬的笑了笑，说："我不是那个意思，只是觉得好奇，随便问一问。"

她带我来到一座商场，商场的顶楼是一家西餐厅。到了餐厅，刚坐下来郑莉便拿起菜单狂点起来。

郑莉吃饭的时候，也几乎一声不吭。一边吃，一边玩手机，完全视我不存在。此时此刻，我后悔在地铁口没有找借口走人，后悔自己心太软，本来没任何感觉，干吗还硬着头皮来吃一顿饭呢？

460 块钱泡汤不说，更让人气愤的事情是，连几句客气的谈话都换不回来。

用餐结束，我买了单，两个人走出餐厅。我正准备去坐直行电梯，郑莉居然开口对我说话了。

"我们坐平行电梯下去吧，顺便逛一下商场。"

我点头表示同意，希望好聚好散，逛完就结束了，逛下去也不损失什么。郑莉来到了服装专柜，看到一件皮衣，试穿在身上，转过身问："好看吗？"

出于礼貌，我伸出大拇指说："非常好。"

郑莉收起皮衣，小小的眼睛冲我挤出来一个媚眼，说："你送给我吧。"

我看了一眼标价，人民币：2700元，忙说："我身上的钱不够。"

"刷卡也行。"

"卡也没带。"

"你到底带着多少钱？不够的话，我帮你添点儿。"

我打开钱包，让她看了看，说："看到了吗？还剩500块钱。"

郑莉一脸失望的脱下了皮衣，又从衣架上取下一套胸衣和内裤，说："这套内衣正好500块钱，你送我吧。"

就算我是一个白痴，此时也彻底看透了郑莉的嘴脸。我心里已经做好决定，不给她再花一分钱了。

我伸手抹了一下衣服的质地，忙说："料子不好，颜色也难看，不适合你。"

郑莉又对我抛了一个媚眼，说："你又没见我穿这套内衣的样子，怎么知道不适合我呢？"

"反正我觉得不好看。"

郑莉拉住我的手，用撒娇的语气说："我就是很喜欢这套内衣……"

售货员看到了，说："太太喜欢，你就买下来吧，又不贵！"

我忙说："她不是我太太。"

售货员顿时偷偷的一笑，又说："那你更应该给她买了，你太太又不在身边，赶紧掏钱吧！"

天哪，售货员把我们当成了什么关系？

我和郑莉的关系，售货员不知道，这种事情解释也没用了，也没必要解释。郑莉本想缠着我给他买东西，一会儿撒娇，一会儿抛媚眼儿，跟刚才一起吃饭时的态度天壤之别。

为了避免自己再次破费，只有想办法尽快脱身，我灵机一动，看了一下手表，说："糟了，今天忘了一件很重要的事，我同学今天晚上过生日，现在必须赶过去了。"

郑莉的脸一下子又拉了下来，又变得像刚才那么冰冷，哼了我一声，说："你走吧，我自己逛！"

　　我脱身后，乘坐直行电梯下了楼。上了出租车后，手机收到一条短信息，是郑莉发来的，内容为："抠 B，没钱别你妈的出来找女人！"

　　我觉得跟这种人交往是在掉身价，回复说："我有钱，只是不该给你花。"

　　郑莉又回复："谁稀罕你的钱？老娘有的是钱，换成钢镚也能砸死你！"

　　……

35 女人的思维

最近，有位同事给我介绍了一位护士小姐，对方名字叫姜文琪。见面后，觉得这个姑娘皮肤很白，长得也比较秀气。

我们约在了一家餐厅吃晚饭，寒暄过后，女孩问："你是培训师，我想问一下，你觉得什么对一个人的成长最重要。"

我沉思了片刻，说："父母的影响是最重要的，这种影响决定孩子的性格，而性格恰恰是决定命运的……"

"你觉得，我们小时候接受的教育好吗？"

我笑了笑，说："中国的父母根本不会教育子女，他们只知道对女子无原则的宠爱，没有培养孩子的担当和责任感。石头把孩子绊倒了，就会把石头踹两脚，替宝宝出气。桌子把孩子碰到了，就会当着孩子打桌子一顿。久而久之，孩子长大后，遇到任何挫折，习惯抱怨是别人不对，不去思考自己身上的问题，久而久之就会出现满腹的抱怨而不思进取。"

姜文琪听着，喝了一口水，问："这就是你对父母的认识？"

我又继续说："中国的父母，不仅用无原则的溺爱伤害了孩子，更加没有培养孩子的独立能力。孩子上小学的时候，替孩子报了奥数。上大学的时候，替孩子填写了志愿。毕业后，又千方百计的替孩子寻找铁饭碗。他们希望看到孩子将来不再学任何东西，也有饭吃。他们的思想太陈腐了，殊不知这个世界最可靠的是你的能力。如果不让孩子强大自己的能力，仅凭所谓的铁饭碗，那就是大错特错了。社会上的竞争，看你自我成长的快慢，当外部变化大于内部变化的时候，这个人就被淘汰了。从中国父母的思想来看，要教育一个国家，必须先让一个国家的父母学会教育孩子……"

姜文琪听到这里停下了碗筷，说："夏晓光，你确实很有能力，口才也很强。我希望找一个孝敬父母的，觉得我们不合适。"

听到这里，我仿佛挨了当头一棒，问："你凭什么觉得我不孝敬父母呢？"

姜文琪说："你给我的感觉是这样的。"

我问："你看到我打骂父母了吗？你看到我把父母赶出家门了吗？你究竟看到了我什么行为？为什么给我下这样的论断？"

姜文琪振振有词地说："不凭什么，就凭你给我这样的感觉。"

我一下子拍了桌子，说："判断一个人好坏，应该看的是行为，而不是用自己的感觉给对方扣帽子。我刚才只不过是分析中国父母的教育，这是客观的评价，跟不孝敬父母怎么能扯到一起？这是哪跟哪呀？不孝敬父母这种论断，加到任何人头上都是给他的奇耻大辱，我希望你说这种话之前要三思……"

"看来，我真的没有看错你！"

姜文琪说完，站起来，头也不回地走了。对方走后，我气得又一巴掌拍在了桌子上。我也知道理智的女人不多，如果跟女人讲道理，吃亏的还是自己。即使你把道理讲赢了，女人也会不高兴，这门"亲事"也注定没戏。

三个月后，姜文琪给我发了一条短信，"忙什么呢？"

姜文琪给我的印象是个没脑子的人，并不是坏人，现在还能收到对方的短信，还真没想到。

我把电话打了过去，问："你怎么样呢？"

"失恋了，心情很不好。"

"怎么情况呢？"

姜文琪打开了话匣子，讲述了她当初认识我的时候，也有一个男士在追她。和我翻脸后，她便决定和那小子谈起了恋爱。对方是个房产中介公司的销售员，前女友在外地工作，两个人早就分手了。他们在一次租房交易中认识，当那个中介知道姜文琪是单身，并且先前也未谈过恋爱，就开始对她狂追。

人家每天都能带给她惊喜，每次带她出去玩都会带给她新鲜的刺激。当时，一起租房的室友劝说姜文琪不能这么草率的谈恋爱，大家对那个中介评价并不高，一双小小的斗鸡眼，看上去比较滑溜。综合条件看，根本配不上姜文琪，室友劝她不要接受那小子。

姜文琪每次都是照搬书上的语言，爱一个人是没有理由的。其实，这句话是纯粹的放屁，完全是把"爱"理解错了。把冲动当做了爱情，就不会客观的去分析这个人是不是合适。

很多女人眼中的爱情，就是一种冲动。很可能这个人根本不值得爱，女人却认为自己找的了传说中的爱情。

姜文琪就是这么恋爱的，那小子肯花 5000 块钱给自己买手表，却不肯花 300 块钱给她买一双鞋子。很多人不提倡把爱情和金钱结合起来，觉得谈钱伤感情。如果恋爱中一直不涉及钱的话，很可能也是没感情的。

舍不得为你花钱的男人，说明根本不在乎你，至少不愿意为你付出。不管周围多少朋友反对，姜文琪还是把自己的处女贞操给了那小子。后来才发现，那小子的前女友工作调动到了北京，人家破镜重圆了。

姜文琪一边讲述，一边哭泣。她一直认为他们之间是最纯洁的爱情，不为了钱，不为了事业，她什么都不要，就想要一份纯真的爱情。

她没有意识到自己傻，我第一次见她的时候，之所以会起那么大的争执，就是因为她的思维是很"屏蔽"的。能把好男人看成坏男人，也会把坏男人看成好男人。

姜文琪被我安慰后，我们两个都表示希望给对方一次机会。对于我来说，虽然对方不是处女了，我也早看开了。这样的社会环境，姑娘们早就不在乎把第一次给谁了，想找处女老婆，恐怕都得从小学生那里预订了。

周末，我们约在了金钱豹吃自助。这个地点是姜文琪选的，似乎上一次恋爱吃亏了，现在学聪明了，开始选择高端价位的餐厅，来试探我对她的爱情是否具有诚意。

饭后，我们先看话剧，然后逛商场。这一切都是我来买单，一场话剧下来，

400 块钱出去了。本来以为一个小护士收入没多少钱，消费的价位应该不高。姜文琪似乎对很多东西都感兴趣，看中了一对耳环，就在柜台试戴。

售货员夸她戴耳环看上去很显气质，姜文琪也表现得爱不释手的样子，两个人同时用眼睛瞄着我。

我看了一眼价位，2999 元。虽然不是什么奢侈品，也是有一定价位的，况且我们两个才刚刚牵手，关系还在很脆弱的阶段。

见我没有动静，售货员便再三数落我，"小伙子，自己戴浪琴手表，都不肯给太太买这对耳环，赶紧掏钱吧……"

姜文琪脸上带着期待，我转念一想，她也挺可怜的。尤其是上次吃亏后，这次改变了之前的痴傻，人家来试探我，我也只好接招了。

想到这里，我掏出信用卡，买下了那对耳环。我每月一万多的收入，这些钱还是花得起的，为了爱情，投资一下也是值得的。

接下来的日子里，我们每个周末都约出来，我发现每次我都得消费 2000 元以上。我们的恋爱持续了三个多月，每月花在她身上的钱，少说也得一万块钱。

姜文琪选择的吃饭地点，不是金钱豹，就是央视电视塔的顶楼，基本上都是一些高消费的场所。

饭后，每次都会逛商场，不是买衣服，就是买护肤品。对于护肤品，人家只选雅诗兰黛，连兰蔻都不带理会的。香水只选巴黎的，像美国货都看不上眼。这样的花钱速度，似乎是为了我量身定做的。

我每月的收入跑去税收和保险，剩下的钱刚好给她花个精光。并不是我不重视爱情，如果爱情是用这些东西来交换，也换不来真正的爱情。咱也不是傻子，渐渐的发现了姜文琪的"诡异"。

终于有一天，我憋不住了，说："文琪，你之前不是这样的消费习惯吧。"

"怎么了？"

她的回答，语气里带着一种"不满"。我已经从她的眼中看到了她的情绪，忙说："我只是说一说这件事，希望你不要误会。我们在一起，沟通感情更重要。每次吃饭，以后不要选择这些高档的地方了。另外，也不要让我总买那么贵的东西了，我们现在还没成家，如果成家了，以后再有了孩子，花钱的地方更多，这样的消费以后怎么生活……"

接下来，姜文琪的回答，彻底令我崩溃了。如果我不是当事人，几乎不敢相信这句话是出于这样一个曾经清纯的女孩之口。她咬着牙，狠狠地骂了一句："你们男人没他妈的一个好货！"

我当时惊愕的张大了嘴巴，望着她。她的眼睛里，依稀出现了蒙蒙的泪雾，她的嘴也不停的说着话。

"我早就把你们男人看透了，如果不让你们花钱，你们根本不懂得尊重女人。如果不让你们破费，你们占了便宜就想开溜。我就是想让你花钱，让你们记住这个教训，女孩子也不是没脑子的，也不是随便被你们欺负的……"

……

这一段恋爱，就这么结束了。事后我分析，这其实算不上一段恋爱。对方根本没有爱我，也没有真心实意的跟我相处，只是想着消耗我的资源来报复男人，我只好当自己又傻 B 了一回。

36 内讧

自从入职 PD 公司以来，在工作中我遇到了一个非常"各色"的人。公司有三名培训顾问，其中一名叫 Hank，真名刘勇帆。这个人曾经就职于安露尔公司，这家公司打着大外企的名头，其实还具有传销的嫌疑。这种公司培育出来的人，基本上都是表面风光，内心沧桑。

当你和一个思维扭曲的人在一起工作的时候，就会出现很多问题。

外企的规定是这样的，不允许内部谈恋爱，如果发生了恋爱，其中的一个人必须离开公司。

刘勇帆在培训中安排了一个小亲信，成为通风报信的耳目。那小子对女同事朱敏有好感，看到我和朱敏常通电话，便怀恨在心，于是在刘勇帆面前捏造了很多谣言，说我追过公司三名女孩。刘勇帆来质问我，是否在追朱敏、张萌和孙雯雯。

我也就是和朱敏通过几次电话，至于张萌和孙雯雯，我连人和名字都对不上号呢。我确实是一名想谈恋爱的单身汉，也承认对朱敏有好感。但是，你不要忘了。

公司的规定对我来说，简直就是"天条"，我敢去违反吗？公司给出了比以往高几倍的薪水，这份工作对我太重要了。我宁可从婚恋网寻找机会，也不敢去打同事的主意。

当我想解释的时候，刘勇帆便大喊："小子，谁也不比谁傻一分钟，你惹了一屁股事儿，我还得他妈的给你平事儿……"

我不解，问："这哪跟哪呀？"

刘勇帆又说："这一次，我先帮你在老板面前兜着，如果你逼急了我，让老板知道了，你就别在医药企业混了。"

我真不知道他脑子是怎么想的？就打了几个电话，便涉及到不在医药圈混了。如此严重的问题，他却对别人的想法一点也听进不去。我明白，和这种脑子扭曲的人解释是没有效果的，只有不理他。

刘勇帆又说："你以后，不能再和朱敏联系，如果再联系你试试，我马上让老板把你炒了，年底你就滚蛋。"

我火了，说："勇帆，请你说话注意点，我并没有追朱敏，就算我追了，和你有什么关系？你也不是我的老板。"

刘勇帆开始大骂："你他妈的还不承认，你到底有没有追朱敏？"

"没有。"

"有没有追张萌？"

"更没有。"

"有没有追孙雯雯？"

"我还不认识呢。"

刘勇帆带着哭嗓子，开始咆哮："小子，你把朱敏的电话给我，我给她打，我问问你到底有没有追她。"

我将朱敏的电话号码提供给刘勇帆，他将号码拨了一半，停了下来，将手机一摔，说："我他妈的丢不起那个人……"

……

这件事情，就这么过去了，我和刘勇帆从朋友，变成了对立。接下来，刘勇帆的小亲信又捏造谎言，告诉刘勇帆，说夏老师在博客上写了在 PD 公司工作郁闷的事情。

我当时工作非常忙，一旦有了时间，恨不得用来写几本书，平时很少去写博客。正经文章还没有时间写的，更别说发牢骚了。

刘勇帆听了小亲信的话，又是不加判断，为了向老板表现自己的忠心，便打电话质问我，说："你把你的博客删了，不能发那些影响公司的文章。"

我诧异的快爆炸了，说："我什么时候发过影响公司的文章呀？我的博客平时都没有时间维护，没几篇文章，你可以去看，我给你地址。"

刘勇帆大声咆哮说："那就是你已经删了，小子，谁也不比谁傻一分钟，我要是再看到你发了博客，我会让老板立刻炒了你，不服你试试。"

我当时意识到，刘勇帆和老板徐 Sir 关系不一般，一旦得罪了刘勇帆，徐 Sir 就会不悦，自己小心点吧，又把一肚子火气咽了下去。

回到北京，我第一件事情就是想把那个说自己坏话的"卧底"找出来。于是，我拿着那个给我课程写负面评语的反馈表，对照着这些学员们平时的产品知识试卷，参照常见字的笔体，对了一番。

终于，对出了一个人的笔体：田志伟，我想信他就是针对我的那个卧底，不然不会对我如此多的攻击性语言，明显在针对我。

人际关系太复杂了，刚刚毕业的学生，也到了知人知面不知心的地步。田志伟所负责的是北京的市场区域，隶属于 PD 公司的北京办事处，和我们营销总部在同一层办公区。

我在办公室的时候，这小子经常跑过来向我问候。看到那张虚伪而丑陋的嘴脸，我便忍不住问："志伟，你觉得我的课程讲得怎么样？"

田志伟伸出了大拇指称赞说："很好啊。"

我对他笑了笑，说："你如果有意见的话，我们之间可以沟通，不要嘴里不说出来，却要写出来给别人看。"

田志伟脸色顿时慌张了起来，问："你都知道了？"

我点点头，田志伟额头流出了汗珠，忙说："夏老师，对……对不起，我回头请你吃个饭吧……"

"吃饭不重要，以后，做人需要正直，尤其是说别人的时候，你没有看到的事情，不要去捏造。"

田志伟脸上流了汗，由于没有带手帕，他用手背擦了擦额头的汗珠，然后将手在屁股上擦了擦，像捣蒜一般的点头，说："夏老师，真是对不起，我知道了……知道了……"

我再没有理会他，坐下来继续工作，田志伟灰溜溜的走了。

几分钟后，手机响了，是刘勇帆发来的信息："刚才做了什么不该做的事情吗？"

面对这样的短信内容，我又是一愣，知道田志伟又把刚才发生的事情告诉了刘勇帆。更可怕的事情是，刘勇帆这样的低智商动物，听了田志伟描述的事情就理解得变味了，说不定他会怎么想。

我把信息回了过去："什么事情，你说得明白一些吧。"

刘勇帆又了回过来："你这是在欺负人家，人家是个实习生，如果转不了正怎么办？"

我再也没有理会刘勇帆，我不会对田志伟做什么，因为我是正人君子。

有一次，在 PD 公司的总部无锡工厂内搞员工培训。请了颇有经验的老员工分享经验，这位老员工在杭州市场上从事销售工作，讲完课还要奔赴杭州。这时候，刘勇帆告诉我："等他讲完了，你找个车把他送走。"

我答应了。结果，当这位老员工讲完课的时候，我说："辛苦了，我给你派辆车把你送到火车站。"

他说："夏老师，我现在不急着走，想听听后面其他人的经验分享，您看可以吗？"

"好呀，你坐下来听吧。"

刘勇帆看见了以后，大发雷霆，说："外企的标准就是这样的，不需要你自己发挥什么，这就是公司的 SOP。你答应了找个车把他送走，就必须把他送走。即使错了，也是 SOP 的错，不是你的错。你没有把他送走，擅自决定让他坐下来听，就是一种错。"

我想试着和他讲道理，却一点也讲不通，被刘勇帆拉到不执行公司 SOP 上面，回到公司还在徐 Sir 面前告了我一状。

徐 Sir 只听他的一面之词，肯定感受不到真实的情况，回去还数落了我一番。说我从原来的民营公司跳到外企，一定要去适应外企的工作方式。

又有一次公司举行招聘会，这次又是我和刘勇帆合作。我负责宣布招聘会场的秩序，为了避免那小子找茬，我先征求了他的意见。

他说："你把会场秩序照着念一遍就可以。"

我看了一下，只有四小条内容，于是，就脱稿讲了一遍。事后，刘勇帆问："你当时答应我念一遍，为什么没有念？"

我顿时晕了，说："我念了呀？"

刘勇帆说："你那是背的，不是念的。我们当时明确的标准是念一遍，你却背了下来，为什么你擅自改？"

我简直无语了，说："我讲错了吗？"

刘勇帆说："我质问的事情，不是你讲的内容对和错，我质问的事情，是你为什么没有念？为什么要背？外企的工作就是这样的，不需要你自己发挥，别人说了照着做就行了，这就是标准，这就是公司的 SOP。"

我明白，这件事换作别人，根本就不会提。念了还是背了，在没有任何影响的前提下，作为一个大活人，这点自由还是有的，怎么就扯到不执行公司的 SOP 上面了？

我和刘勇帆的一系列合作中，不管我怎样配合，怎样努力，都会被他说得一无是处。我在外面很辛苦的工作，一连出差半个月，经常回来后发现，坏话早已经在老板面前给我编好了。

他还经常打听我出差的区域，问问我做了哪些事情，以便更好的去编造坏话，很多事情，我觉得不管走到哪里，都有刘勇帆的眼睛在盯着我。

为了维护一个舒适的工作环境，我每次都是努力地去配合刘勇帆的工作，不管怎么配合，他都会找到挑战我的理由。

我们的关系一直僵持着，在此期间，我的生活，我的恋爱，以及我上婚恋网的情况，一切的一切，似乎都在刘勇帆的监视中了。

37 八分钟交友

　　婚恋网的情感顾问给我推荐了一种相亲方式，参加单身俱乐部的活动。这是直接见面的群体相亲，避免了对方长相和照片不符的弊端。不仅可以看到对方的长相，还能够看到对方的言行举止。

　　更重要的是，一次可以相亲一大堆人，比一个一个的去见，节省了很多时间和金钱的成本。参加一场单身聚会，只需缴纳几十块钱的参会费用，比单独请一个女孩子吃顿饭还要便宜，这才是性价比高的相亲形式。

　　一次性相亲那么多人，总会有一个能够瞧得上的，不可能全部都看不过眼。美女的出现是有一定的几率的，记得上学的时候，一个班内总会有一两名美女。

　　谁能与美女牵手，就看能力了。这种情况下，竞争对手也会很多，要牵手心仪的美女，必须战胜那些虎视眈眈的对手。

　　这个建议不错，第一次参加这种聚会，还是需要很大勇气的。转念一想，为了寻找幸福，如果连勇气都拿不出来，怎么能找到老婆呢？

　　我关注婚恋网的主页，如果有相亲活动，都会在主页进行推荐，终于找了一个号称"周末快乐营"的单身聚会。

　　从婚恋网报名后，便开始精心的准备了。当天，我穿了一件米白色的休闲西装，黑色的西裤，脚下的皮鞋擦得锃亮。出发之前对着镜子照了又照，对自己的外表满意后才出门。

　　会场设在一家大型的咖啡厅，入场的时候，工作人员给我身上贴了一个号码：男3号。此时此刻，我回忆起了小时候看过的相亲小品，那时候都是一些中年人在小品中恶搞，扮演那些中途离异的人。

那种场景，我一直觉得距离自己很遥远，当我成为"男3号"的时候，似乎感觉自己有些"老"了。

活动还没有开始，已经有几位异性朋友到了，我看了一眼，感到略微有些失望，一个好看的都没有。

如果来一次，连目标都找不到，也就白跑了。她们一个个单独的坐在一起，互相都不说话，也许是比较害羞的缘故吧。

男女嘉宾陆陆续续都到齐了，我发现什么年龄的人都有，而好的资源却非常少。主持人开始讲话，让男女按照比例分开坐，一张桌上坐两男两女。

八分钟后，女同志不动，男士跟其他桌的男士换一下位置。大家正在聊的时候，有一位女孩姗姗来迟。定睛一看，她真是一位大美女，身高170cm左右，高鼻梁，瓜子脸，皮肤白皙，眉目很清秀。

她进来的时候，几乎吸引了所有男士的目光，只见她随便找了一张桌子缓缓坐下。我瞄了一眼她身上贴的号码，女28号。

此时此刻，我的目标很明确了，如果能把这个美女搞定了，今天就不白来了。目标确定了以后，我也不太关注其他女孩了。

我跟本桌的女士聊天的过程中，已经心不在焉，心里一直惦记着女28号。这时候，我灵机一动，想起了在学校里那种最原始的求爱方式：写纸条。

姓名、电话、QQ、邮箱、MSN全写在了一张纸上，我招呼了一下工作人员，将这张纸条，悄悄的递给了女28号。

女28号那张桌子周围已经被大老爷们围得死死的，坐在美女对面的男士只有八分钟的时间，急忙要了姑娘的联系方式，如获至宝的收了起来。

我等得很焦急，美女被一群色狼们围着，哪里轮的上我。相亲的场面渐渐失控了，很多人已经不是按照主持人的号令和同桌的异性聊天，而是越来越多的男士凑了过来。

女28号成了最抢手的女人，同桌的男士该换走的时候，似乎不愿意走了，不离开自己的座位。

下一批男士到来的时候，生气地说："这个座位轮到我们了。"

两帮人开始了争执。

主持人看到，急忙过来维持秩序，将前两位男士遣走了，换了后来的两位新男士。旁边的几个爷们一直等着机会，不知道什么时候才能够说上话。

……

时间过得很快，这两个座位，换了一次又一次，很快就到了散会的时间。主持人宣布，如果大家谈的好的话，可以留下来吃个饭，其他人可以回去了，希望各位能够收获爱情和友谊。

人员陆续离去了，女28号还被几位男士围着聊个不停，坐在对面的男士，说："咱们一起留下吃个饭吧。"

"我……"

女孩似乎想说什么，没有说出口。可以看出，她是在犹豫。对面的男士一直望着她，说："我马上叫餐，咱们随便吃点吧，能够认识就是一种缘分。"

女28号脸红了，心里似乎在矛盾。

正在这时，我挤了进来，拍了拍那位男士的肩膀，说："不好意思，这位女士已经跟我约好了一起吃饭。你如果想约她，等以后再找机会吧。"

女28号很惊讶的望着我这位不速之客，似乎没想到居然有人出这么"损"的招数。她对我瞪了一眼，并没有露出反感的样子，看来对我没有坏印象。

我对她笑了笑，说："咱们走吧。"

女孩没反应过来，也似乎不知道说什么才好，面对这两位男士，到底谁更靠谱？她现在不能做出明确的判断，至少觉得我看起来比较阳光，从面相来看，至少不会是坏人。

旁边的几位男士十分嫉妒的盯着我，都以为我独占花魁了。女28号一脸羞红的沉默着，似乎不知道该说什么，也不知道该做什么。到了这个份上了，我只有把"大胆"进行到底，一把拉住了她的手，说："走呀。"

女孩站了起来，被我拉出了这家咖啡厅。走出去后，她一把甩开了我的手，说："谁说你跟我提前约好了，我连你都不认识呢。"

我笑了笑，递上了一张名片，说："对不起，请原谅我的冒失。"

女孩接过名片看了一下，说："哇！你是PD公司的培训顾问呀，我在医院做护理工作，经常使用你们公司的产品……"

　　……

　　女孩的名字叫郭芙，老家来自东北的齐齐哈尔。都说东北女孩子皮肤好，脸蛋漂亮，身材好，这些优点全都在郭芙的身上体现了。

　　我暗自庆幸，这一次真是没白来，群体相亲的机会性价比确实最高，可以从里面挑选一位优质女孩。

　　我们就这么相识了……

　　找了一家餐厅，一起吃了晚饭。我看出来，这个女孩对我有着一定的好感。饭后，我送她回家，两个人漫步在大街上的时候，我轻轻的握住了她的手，她抽搐了一下，没有反抗。

　　——牵手成功！

　　今天发生的一切，几乎是闪电战的速度，也许是传说中的一见钟情吧。一个好的开始，使我在黑暗中摸索看到了光明，让我的生活似乎充满了色彩，活着越来越有劲儿了。这就是爱情的力量，觉得自己一下子成了世界上最幸福的人，这么快就牵手了一位大美女。

38 随便女

跟大美女郭芙牵手后，我不管下班多晚，晚上都要和她在一起吃饭。当然，买单的事情，每次都是我来掏腰包。

周末，两个人都要在一起度过。

刚牵手的时候，关系未必稳定，抓紧一切机会在一起培养感情是上策。公司的同事们也发现了，我每天都打扮的光鲜起来，头发每天都洗一次，梳理的整整齐齐，脚下的皮鞋每天都是锃亮的。

……

"今天晚上吃什么？"

"随便。"

"到湘菜馆吃吧。"

"不行，我不太喜欢吃辣。"

"那你想吃什么呢？"

"随便。"

"我们去东北菜馆吧。"

"不行，我吃了二十多年的东北菜，都吃腻了。"

"到底我们吃什么好呢？"

"随便。"

……

我和郭芙每次吃饭都是这样对一番话，我每次都很经过很吃力的沟通，才能选择一家郭芙没有提出"挑战"的吃饭计划。

两个人来到星巴克咖啡厅，分别要了一个套餐后。

我问："明天周末，我们去哪里玩呢？"

"随便。"

"去蜡像馆吧。"

"不行，我不太喜欢看蜡像。"

"你有想去的地方吗？建议一下我吧。"

"随便吧。"

"我们去爬长城吧。"

"不行，爬长城太累了，我上次爬完长城，回来后腿疼了好几天。"

"我们去欢乐谷吧。"

"不行，欢乐谷人太多，一天光排队了，排一个项目几个小时，一天也玩不上几个项目。"

"你喜欢哪一类的场所呢？"

"随便吧，我没有特别喜欢的。"

……

周末的安排，每次也都是这么吃力。经过一次次的提议，一次次的被否定，终于把本周末的活动地点定在了潘家园文化市场。

两人逛了一下整个园子，这是中国最大的文化市场了，无数的字画，无数的仿古器物。逛完后，正好到了中午，两个人来到外面的咖啡厅要了两杯饮料，两份套餐。

我们边吃东西的时候，边聊着一些话题。郭芙总是默不作声，默默的聆听着，有时候一声不吭。

"吃完饭，我们去干点什么？"

"随便。"

"去看电影吧。"

"现在的电影特没意思，不好看。"

"去唱歌吧。"

"不行，我嗓子不好。"

"你想去玩什么呢？"

"随便吧。"

……

郭芙对任何问题都是不表态，每次的回答都是"随便"二字。我提出建议的时候，一次次的被郭芙否定。

我是个聪明人，也是外企的培训顾问。面对郭芙这样的"随便女"，我有一种"狗咬刺猬，无法下嘴"的感觉。不管我问什么，也不管用什么样的问句进行探寻，从郭芙那里总是获得不了答案。

为了找到共同的兴趣点，我只好问："你有什么兴趣爱好吗？"

"没有特别喜欢的。"

"你分享一下，你大学毕业后来到北京的经历吧。"

这是一个开放式问句，这种问题会让对方说的多一些，能够很好的捕捉到对方的信息，只要对方开口说话，开口分享，就能够让人慢慢的了解她。

郭芙回答："我的经历也没什么特别的。"

"往常的话，你周末都做什么呢？"

我企图从她以往的周末生活中，探寻到她的兴趣点。结果，郭芙回答："周末我一般就在家里睡觉了。"

……

我和郭芙的爱情，就这么艰难的持续着。我每次都为了约会的地点和项目绞尽脑汁，为此我翻了不少书，也看了不少介绍女孩心思的知识。

两个月后的一天，我正在上班，伏在电脑前做课件。郭芙的一条短信发到了我的手机上。

"我们不合适，分手吧，祝你找到属于自己的幸福。"

"可以告诉我原因吗？"

我此时很伤心，自己用心良苦，每天那么累的跟她沟通，结果还是换来了一句"不合适"。对方沉默了好久，回复了过来："你每次都只谈你自己的想法，不站在我的立场上想问题。吃饭的时候，每次都是你建议，那些都是我不想吃的；玩的时候，也每次都是你提议，选的内容都是我不喜欢玩的。你根本就不了解我心里的想法，我们不合适，还是分手吧。"

看到这样的内容，我郁闷到了极点。走出办公区，在楼道里将电话打了过去，接通后，我说："我每次做决定前，都在问你，而你却总是说随便，你想要什么你不说，每次都让我猜呀？你要知道沟通是两个人的互动，不是女人看着男人单蹦，你懂吗？"

……

此时此刻，电话被对方挂断了。

与郭芙相处的两个月，我每次都是费尽心思地沟通，绞尽脑汁地想每次吃饭的地点，也艰难的安排着每次周末的约会。这种良苦的用心，不仅没有得到肯定，还是被郭大美女全盘否定了。

三个月后，我居然又收到了一条来自郭芙的短信。

"我要结婚了。"

我顿时觉得很吃惊，这么快就要闪婚了？看到这样的信息，我心里有些不舒服，有一种自卑和失败的感觉。

郭芙遇到的到底是一个什么样的男人，能够把她这样的女孩搞定。出于好奇，想知道那个男人到底是何许人也，我把电话打给了她。

"你选好老公了？他一定很优秀了。"

"一点也不优秀，个子只有163cm，身材很胖，长相也很一般，一个月收入只有3000块钱。"

我听了觉得不可思议，郭芙净高169cm，找的男朋友居然比她矮那么多。如果郭芙穿个高跟鞋，会比男朋友高出一头。

"他是用什么打动了你呢？"

郭芙笑了笑，说："我当初也在给你机会，但是，我心里想的事情，你一次都没有猜中。另外，我说我们不合适的时候，你还有些生气。这一点，我男朋友就比你强多了，不仅能够猜中我每天想吃什么，想做什么，还能够每天带给我惊喜。另外，我故意找机会对他发火，他都能够非常心平气和的跟我交流，并且责备自己做得不够好，这些让我很感动。我选择他，是因为只有他这样的男人才会容忍我……"

我有些听不下去了，心情难以名状，说不出来是气愤还是伤心。本以为从此以后，郭芙就这么从我的生活中消失了。又过了一个月，郭芙的信息再次光临了我的手机。

"晓光，最近好吗？终身大事定下来了吗？"

"还没有呢，你结婚了吗？"

"我不结婚了。"

我没想到郭芙又不结婚了，觉得一定是出现了某种情况，我把电话打了过去，问："你们之间发生了什么吗？"

郭芙沉默了片刻，淡淡地说："他在跟我约会的同时，还在跟别的女孩约着会，我都准备和他结婚了，他还在脚踩两只船……"

我想了想说："现在我可明白了，为什么你当时试探我们的时候，我发怒了，而他却一直心平气和。因为我在乎你，把心思都用在你身上了，被你那么否定，心里肯定不服气。而他心里根本没有你，就是想玩你，你说他什么，他都不会恼火……"

郭芙的声音哽咽了，说："为什么？为什么他要欺骗我……"

我心里顿时涌起一股莫大的伤心，不知道是为郭芙伤心，还是为她被人家骗了还为人家的感情放不下而感到吃醋。

电话里，郭芙一直在对我说着话，一直在讲她对那个男人的感情，觉得那个男人不该欺骗她。

我越听越觉得难受，女人一直是那么分不清好赖，对把她们甩了的男人更有感情，我到底算什么呢？

通话一个多小时后，我实在听不下去了。我的情绪渐渐的被激了起来，好比我和那个流氓同时去应聘一家公司，郭芙是面试官。我堂堂的男子汉，堂堂的外企白领，堂堂的帅哥，堂堂的作家，在人家眼中我还不如那个流氓屌丝。

自从我和郭芙认识到现在，头一次见她说了这么多的话。在一起的两个月，她说的话全部加起来，都不如这一次多。

　　我实在听不下去了，只好打断了她，说："郭芙，别谈那个人了行吗？你觉得我有兴趣听你对那个人的感情吗？你当初选男人的方法是有问题的，不要总把自己当做大小姐，要知道沟通是两个人相互的，而不是自己憋着想法让对方去猜。"

　　郭芙不服了，说："你怎么不说是你太笨，你不懂爱情，更不懂女人的想法，你不从你身上找原因，还有脸说别人一通。你这种如此自我的人，以后也难以找到女朋友……"

　　我生气了，说："我不懂爱情，那个流氓懂爱情吗？你总是不说出自己的想法，让别人猜，这难道就不自我？什么事都一句'随便'，然后又这也不行那也不行，你觉得你这么做正常吗？"

　　"只是你猜不出而已。"

　　"流氓才能猜出，那些人玩女人有经验。"

　　郭芙冲电话嚷起来，"你说谁流氓了？"

　　我说那个人流氓，没想到郭芙反应还这么激烈，真是让人不可思议。我忙说："好了，好了，我收回我的话。对不起，我刚才不是在骂他，我只是希望告诉你，如果自己的沟通方式不改变，还会遇到相似的经历。"

　　"夏晓光，我祝你永远都是处男！"

　　……

　　电话被挂掉了，我感叹现在的社会，真是一个笑贫不笑娼，笑处男不笑流氓的时代。

39 谍影重重

我的生活紧张而有节奏，工作上外企给了不错的薪水，也需要顶较大的压力。

在无锡一家酒店做新员工培训的时候，我负责公司每天的支出账目审核，每次签字之前，我都仔细看一下。

负责报销此账目的是我的上司徐 Sir，刘勇帆告诉我，说："这些账目不要审核了，直接签字就行，咱们和这家酒店都是老客户，人家绝对不会骗人。"

我点点头，接着，他又强调了一遍，说："我跟你再明确一下，你以后不要仔细看，直接签字，行不行？"

这时候，我觉察到了这小子的诡异。公司在酒店的消费支出，审核一下才能保证公司的权利，为什么他要阻止我的审核呢？

我的老板徐 Sir，也发信息告诉我，说账目他已经审核过了，让我到时候直接签字。

终于有一天，我发现账目有出入。问题就出在房费上面，酒店的经理告诉我，你签字吧，这是你们领导安排的，这些费用你签了交给他，他自己会明白的。

我开始对自己的老板徐 Sir 产生了怀疑，似乎又觉得不可思议。徐 Sir 看上去如此有人格魅力，月薪三万多。怎么会琢磨那点小钱？自从来到 PD 公司，徐 Sir 一直是我最敬佩的人，我几乎打死都不会相信徐 Sir 会贪污。

正当我和酒店经理了解情况的时候，刘勇帆冲了过来，怒冲冲的指着我大声说："让你签字，你就签，老板都审过的，你怎么每次都这么啰嗦？"

当时，我只好签字了。

徐 Sir 为什么自己不签字，就是防止东窗事发后，人家把我当做挡箭牌。想到这里，我顿时觉得坐在如此豪华的办公室内，身为知名外企 PD 公司的培训顾问，却压抑得让我喘不过气来。

PD 公司的培训工作很多，一个月后，又开了一场管理人员的培训。地点还是无锡那家酒店，培训结束后，徐 Sir 又打来电话，说房费不用审核了，他已经审核过了。

我第一个反应是，徐 Sir 又准备在费用上作假了。我有一种骑虎难下的感觉，想到刘勇帆瞪着眼睛说的那些傻 B 的话，这不是明摆着给我挖陷阱吗？

当晚，我一夜未眠……

第二天，我依然很认真的审核账目。奇怪的是，刘勇帆这次看到了我审账，不但没有说我，反而表现的像没有看到一样。

我审核得很认真，这一次，费用却分毫不差，完全正确。我刚签了字，徐 Sir 走了过来，对我笑了笑，并且拍了拍我的肩膀，说："账目没有问题吧？"

我的心口怦怦直跳，望着自己的老板，使劲点点头，说："对对对，没错，没错！"

收起了发票，我们一起打车走了。在车上，徐 Sir 一直夸我，做事情很认真，很严谨，还鼓励我以后好好干。徐 Sir 讲话风趣幽默，对我这样的下属也和蔼可亲，完全一副标准男人的魅力风格。

从此以后，徐 Sir 再也没有让我接触过他的任何账目。

……

一个月后，新的培训顾问入职了，他的名字叫做卢杰。这个人以前在一家瑞士的制药企业做 Sales，职位为高级医药代表，并没有什么讲课的经验，从言行举止上看，就知道他读的书也不多。

徐 Sir 说过，对于一个职场新人，能力弱一些无所谓，只要喜欢培训的事业，我们就可以培养他。

PD 公司的培训机制可以把一张白纸培养成精英，就算来一个没有丝毫经验的人，只要站在那个位置，慢慢的就能够胜任了。

随着新培训顾问的入职，很多新的 Sales 也入职了，新一轮的新员工培训很快开始了，这次有我、刘勇帆、卢杰三个人一起到无锡进行为期 12 天的全封闭培训。

乔华由于一些其他的工作进程，没有参与到此次培训中来。本次的培训有 60 名学员，都是在先后三个月内加入 PD 公司的 Sales。

培训期间，刘勇帆很少来会场，基本上都是我一个人在主控培训，刚刚入职的卢杰只是一个旁听者，也帮不上什么忙。

工作的任务几乎都压在了我一个人身上，我没有丝毫的怨言，一直在很乐观的工作着。除了串场之外，我还担任重点课程《销售技巧》的主讲。

令人奇怪的事情是，我讲课的当天，刘勇帆忽然出现在了会场。我只管讲自己的，一场课程讲下来，获得了很多学员的好评。

正当我洋溢在成功的喜悦中的时候，刘勇帆把我拉到一旁，问："我刚才看到你在课程中穿插了两个视频文件，对不对？"

"那些视频文件是我为了更好的说明问题，插播进去的。"

刘勇帆装出一副很"无奈"的样子，叹口气说："你插播的那两个视频文件，跟老板沟通过没有？"

我说："我身为讲师，课程由我来讲解，我有权利选择最有效的方式。里面穿插了几分钟的视频文件，是为了帮助我更好的描述课程的内容，这点小事不需要和老板商量。"

刘勇帆瞪了一下眼睛，说："他是你的老板，请你尊重他。"

"我什么时候说过不尊重他了？"

"你随便加入东西，就是不尊重他。"

"课程框架是固定的，作为一名培训师，如果一点自己的内容都不穿插，那样课程也太枯燥了……"

刘勇帆用手指着我的鼻子，说："我再给你明确一下标准，外企就是这样的，不需要你发挥，SOP 是什么？你只要执行就行了，为什么你总是违反公司的 SOP 呀？"

天哪！又扯到公司 SOP 上面了，真是不可理喻。我播放的两个小视频，博得了众多学员的好评，而且我对穿插进去的内容有把握。

刘勇帆一直故意找茬，这次跑来把我讲的课程全盘否定。他早被安露尔公司塑造成了变态，我和他已经无法进行沟通。

我又对他说："作为一名培训师，往课程里加一点自己的想法都要向老板请示，那老板早累死了。如果每个培训师一点自己的东西都发挥不出来，还算什么培训师？员工随便买一张光碟学习一下就可以了，PD 公司还节省了聘用培训师的费用……"

刘勇帆听了这些话，他的眼睛里闪过一丝寒光，冷冷地说："这件事情你必须给老板发个邮件，告诉他你改了哪些内容，让老板定夺。"

我知道这又是刘勇帆的阴谋，说实话，本次讲解的课程内容一点都没有改，只是插播了两个五分钟的视频来进行课程的辅助说明。不仅气氛得到了活跃，而且还能够加深学员对课程的理解。

刘勇帆现在却让我发这样的邮件给徐 Sir，目的已经很明显，他希望徐 Sir 看了邮件后认为我这堂课没有讲好。

——这种邮件怎么能发呢？

刘勇帆见我正在犹豫，又说："如果你不发那个邮件的话，我给老板发个邮件，说明一下现在这种情况，你看行不行？你考虑一下，是你发还是我发呢？"

为了让他不再纠缠我，只好对他说："我去跟老板沟通吧，你不用管了。"

我没有给徐 Sir 发邮件，也没有提起这件事，本来以为这件事就这么无声无息的过去了。

回到北京以后，徐 Sir 把我叫到了办公室，狠狠的训斥了一顿，说："告诉你，你必须做好两件事，第一，把课讲好。第二，处理好和刘勇帆的合作。如果这两件事做不好的话，事情的后果是严重的。"

"是这样……"

我正想说话，却又被徐 Sir 打断，说："你最近需要自己好好反省一下，关于你和刘勇帆的合作，我觉得责任在你身上，只是你自己没有意识到而已。

我也是聪明人，知道老板和刘勇帆的关系，权衡了一下，PD公司毕竟给了我比以前高好几倍的薪水。为了保住这份工作，我向老板服了软，说："我会检讨自己的，请老板放心，相信我很快就会调整过来。"

徐Sir又说："晓光，我知你是好人，你要知道企业不是留好人的，老板只会留对自己有用的人，如果你们俩留一个的话，肯定是留他，不是留你。"

听到这句话，我有一种预感，我在PD公司可能呆不久了。老板和刘勇帆在同一辆战车上，还会有我的好果子吃吗？

40 拉风少女

2011 年春节到了，此时的我，已经过了而立之年。到了这种年龄，思想也渐渐变得成熟了。单身的问题，一直成了我的一大难题。

不知不觉中发现，现在单身的人越来越多了。很多剩女找不到男朋友，很多剩男找不到女朋友。以前，找不到对象是由于自己条件不够好。而现在呢？电视上那些相亲节目，一个个小姑娘出来，条件都不错，都单着呢。小伙子上场的时候，条件也不错，又是海归，又是博士，也单着呢。

我仔细的分析了女人的想法，28 岁以上的剩女，如果事业发展顺利的话，在北京的月薪应该接近万元。到了这种收入，多数女人会倾向去找一个月薪三万以上的，收入达不到那个数，很难入她们的法眼。

25-27 岁的女孩，她们走向社会已经有一段时期了，在工作中，面临着升职和加薪。在事业和爱情上，也会觉得自己是潜力股。年龄上还不算大剩女，挑选对象的话，会比较挑剔，有一种吹毛求疵的感觉。

只要看到对方一个小毛病，往往会直接"灭灯"，她们不会将就，也不会有耐心再观察观察，看到问题就 PASS。

20-24 岁的女孩，刚毕业不久，很容易把自己嫁出去。她们刚走上社会，还保留着中国的传统思想，认为年方二八就要许配人家。以她们的年龄，在北京这样的城市，拿到的薪资一般都在 3000 块钱左右。

如果遇到一个像我这样年收入十几万的人，她们会觉得很满足。这些女孩年轻又漂亮，而且恋爱经历比大龄剩女要简单的多。运气好的话还能找个处女，这样的女孩应该作为我主要考虑的对象。

想到这里，我仿佛在黑夜中看到了光明。做任何事情方向最重要，只要方向对了，就会有收获。

我将女方的年龄锁定在了 20 岁到 24 岁之间，在婚恋网进行了筛选，望着闪出的一张张水灵灵的照片，我觉得自己真的"老了"。

在众多年轻的少女中，我看到一位长相清纯的女孩，年龄 21 岁，当我给她留言后，很快收到了的回复。

"对不起，我只找天秤座的。"

这些足矣证明，年龄小的女孩还是比较率真的，还是在感觉大于天，不太物质。经过一系列的碰壁后，我终于联系到了一名 20 岁的女孩，比我小 11 岁，属于 90 后了。

我们在婚恋网留言后，分别加了彼此的 QQ。当我向她打招呼的时候，这名女孩回复："童鞋，偶灰常高兴认识你！"

"我叫夏晓光，你怎么称呼呢？"

"就叫偶小颖宝吧。"

……

我觉得自己仿佛一下子回到了青春少年时代，在我 31 岁的年龄，一下子又年轻了十来岁。我们聊的很好，并且留下了电话号码。

晚上，我正在看书，短信响了。一看是小颖宝发来的信息，内容为："老公，忙什么呢？"

我笑了笑，将电话回了过去，"我正在看书呢。"

"那咱们扒拉一会儿好吧？"

"扒拉？你在说什么？"

"别让偶吐血哦。"

我一愣，问："怎么？你身体不舒服吗？"

小颖宝哈哈的笑了，说："咯咯，你的知识让偶灰常吃惊，连扒拉都不知道哦？"

我明白小颖宝身体没事，原来只是两个人在沟通中的一些用词障碍，问：

"扒拉到底是什么，告诉我吧？"

"扒拉就是说话的意思，偶想跟你说说话……"

我看了看表，已经晚上12点了，说："早些休息吧，明天我们还上班呢。"

"你们公司的虾米要求什么时候到单位？"

"虾米？我们公司是制药企业，不是饭店。"

小颖宝又大笑了起来，说："咯咯，太笨了哦，虾米就是指员工的意思，偶真的要吐血了……"

周末。

我和小颖宝约了出来逛街，一见面，小颖宝就挽起了我的胳膊。让我受宠若惊，以前挽女孩子的胳膊，往往都是见过三次面以上，才开始敢有动作。没想到这么一名年轻漂亮的小女孩，居然如此主动。

小颖宝逛着逛着，就逛到了一些小服装商店，看到一件花里胡哨的衣服，说："好拉风哦，老公，快把它买下。"

我一问价钱，才50块钱。拿出钱包，潇洒的把钱掏了出来，小颖宝高兴的在我的脸上亲了一口。此时此刻，我心里油然而生成熟男人的感觉，只花了50块钱，便拉上了女孩子的手，还被亲了一口。

这时候，小颖宝的手机响了。她接听后，对着电话说："亲，偶在陪老公逛街呢……偶刚认识的老公哦……比上一个老公强多了哦……他是外企的白骨精……"

我拍了拍脑袋，年轻人的想法，似乎我现在有些把握不准了。小颖宝把我当的"老公"，是不是准备日后结婚"老公"呢？还是仅仅是一个代名词？或者类似于普通朋友的那种？

经过了几天的接触，我们彻底恋爱了。在后面的日子里，我和小颖宝每天晚上都要煲电话粥。

我们的爱情持续了一个多月，这一个多月内，我经常半夜里睡着迷迷糊糊，被她电话叫起来"扒拉"一个小时。

有好几次，我完全没有精神了，提议要睡觉。小颖宝还说让我必须哄她睡觉，给她唱催眠曲。

一个周五的晚上，刚下班就接到小颖宝的电话，要我去酒吧跳舞。这天的工作非常累，想回去休息，又不敢轻易拒绝。如果拒绝小颖宝的话，一个心情不好的女孩去酒吧，容易被坏人占了便宜。

犹豫片刻，我还是咬牙去了酒吧，今天就算拼了老命也得去玩一趟了。我们见面后，小颖宝带我来到一家热酒吧。

领舞在台上狂跳，舞池内的人也都在尽情狂舞。我被小颖宝拉进舞池，伴随着疯狂的的士高，不会跳舞的我，也只好模仿着别人扭动。

小颖宝很能跳，在灯光的闪烁下，显得更加婀娜靓丽。曲子一首接着一首，我跳的累了，想拉她离开舞池休息一会儿。她摇了摇头，表示还没有尽兴，到底是年轻人，比我小 11 岁，活力明显着大了很多。

我只好一个人离开，刚坐下来准备休息一小会儿。小颖宝从舞池里跑了过来，拉住我的手，二话不说便把我拽进舞池。

本以为是要我陪她跳舞，没想到小颖宝将一位高个子男生一指，说："老公，刚才跳舞的时候，他欺负我。"

高个子男生一副痞子装束，长长的脸，留着一顶阴阳头。灯光的闪烁下，看到这小子耳朵上打着好几个耳钉，脖子上挂着一条粗链子，上身穿紧身衣，下身穿大裆裤。

我正想劝说小颖宝，那小子看了我一眼，却将我拉到舞池外面，很不服的说："大叔，怎么了？想找茬啊？"

小颖宝在一旁推了我一下，说："老公，揍他。"

我还没有动手，那小子轻蔑的笑了笑，说："大叔，你知不知道我是谁？你动我一个指头，今天别想从这里活着出去……"

我忙说："我不是来打架的，我是想说，大家都是出来玩的，有什么不开心的事情，可以沟通解决，没必要动武。"

不管我怎么说，那小子却将上衣脱了下来，露出了瘦巴巴的排骨身材，挑衅说："大叔，你在家陪老婆多好，还出来泡小姑娘，不害臊吗？"

这小子的话，把我激怒了。我拳头攥了起来，小颖宝在一旁跺着脚说："老公，你也脱了，让他看看。"

我尽管生气，并没有想脱衣服，毕竟咱是大外企的高级白领，大庭广众之下，脱光膀子太不体面了。

"你脱呀，快把衣服脱了！"

小颖宝三下五除二的将我的扣子解开，把上衣拽了下来。我的上身也光了，尽管看不到肌肉，至少比那小子更加匀称一些。看热闹的人都围了过来，小颖宝在一旁拍手鼓掌，说："老公，身材好棒！"

围观的人对两个光膀子男人指指点点，我觉得很害羞，这么多人看耍猴似的，我的脸一阵阵的灼热。

那小子使劲了动并不存在的胸肌，一根根肋骨耸动了几下，将脖子伸到我跟前，说："大叔，你知不知道我是谁……"

"啪——"一拳，那小子脸上已经中了一拳，没等他反应过来，紧接着又是一脚，这小子两下就被我放倒了，躺在了地上不住的呻吟起来。

我没想到这人那么不禁打，那小子或许也没想到，我这么一位大叔级别的人物了，出手如此迅猛。

小颖宝高兴得跳了起来，对我伸出大拇指，说："老公，你真是帅呆了，酷毙了！我挺你……"

音乐已经停止了，不知道从哪里冲上来四个小伙子，把我围了起来。躺在地上的那小子，冲这四个人喊："给我打死他！"

"你快跑呀！"

我将小颖宝一推，她也早意识到了，即将到来的是一场恶战。她要是在场的话，还会成为我的累赘。

小颖宝一溜烟跑了。我被四个人围在中央，一对四，以前从未玩过这样的游戏。李小龙的电影《精武门》里常有这样的镜头，被几个人围在中央，李小龙总是个个击破。

四个人围着我，准备对我出招的时候。我猛冲向距离最近的人，朝脸上就是一直拳。回身又对身后的人踹了一脚。

两位被打的一个捂着脸，一个捂着肚子，退后两步再不敢上前。剩下没中招的两位，似乎怕了，畏畏缩缩的不敢上前。

我正准备脱身，身后被人抱住了。我一看是两个傻B保安，一个把我的腰抱住，另一个把的左臂抓住。我挣扎了一下，这时候，那四名混混冲了上来，和保安一起把我牢牢地抓住。

正当我的手脚被困住，那位"排骨哥"从地上爬起，手里攥着一个啤酒瓶子，骂着人冲我走了过来。

"大叔，你他妈的还真能打。"那小子正要挥舞啤酒瓶子的时候，被保安制止，说："不能在这里面伤人。"

啤酒瓶子被夺了下来，那小子挥拳头冲我脸砸过来。没等打到我，我的头快速的先前冲，猛的撞击对方的鼻子。

那小子鼻子顿时出血了，"啊唔——"一声，捂着鼻子蹲下了身子。我使劲挣扎，企图挣脱逃跑，怎奈被他们抱得太死，挣扎了几下失败了。那小子晃晃悠悠的站了起来，抹了抹鼻子的血，大骂着冲我的脸上和身上，一阵拳打脚踢。

几个人出了气以后，全跑了。我的意识中自己被打晕了，当我醒来的时候，已经躺在了医院里。

守着病床的是公司的HR助理Tina，我问："你怎么在这里？"

"医生根据你身上带的名片，通知了公司，公司派我来照顾你了。"

我忙说："真对不起，给你也添麻烦了。"

"没事的，这件事情谁也不希望发生。"Tina淡淡地笑了笑，从身边的包包里取出一张A4纸递给了我，"公司让你把这个签了。"

我定睛一看，居然是一份辞职申请，顿时让我吃了一惊，问："这是什么意思？我没有要辞职啊？"

"公司的工作规范里有这么一条，打架的行为在公司是绝对不允许的，一旦触犯，公司就会跟他解聘。"

"我是被逼无奈才动手的，公司都不考虑这些因素吗？"

Tina 遗憾的叹口气，说："现在说什么都太晚了，本来我们希望把这件事压下来。徐 Sir 已经向公司高层申报了，希望公司按照制度办事。"

我的心猛地一怔，已经明白了。

徐 Sir 早就已经想炒掉我了，当时没有让我走，是没有找到理由。一旦理由找到了，也就是我走人的时候。我和刘勇帆的矛盾，以及徐 Sir 的费用问题，徐 Sir 真是太有手段了。

Tina 一直安慰着我，说："晓光，没事的，你在 PD 这两年，也学习到了不少东西。出去后，找一份工作，应该不成问题的。"

工作确实很好找，高收入的工作还是比较难找的。我来到 PD 之前，在网上狂投那么多简历，基本上没有能给到 3000 元以上的。

PD 公司是我人生中第一家好企业，至于我遇到的小人，那只是"点背儿"而已。现在敢问路在何方？前途会怎样？我有一种想落泪的冲动，不知道为什么？总觉得自己在外面受了委屈，也没有一个能够安慰我的人。

我的手机响了，是小颖宝打来的。接听后，听到了小颖宝的声音："老公，你昨天晚上好好棒啊，一个人对付好几个，你现在哪里？偶从网上淘了一件新衣服，穿在身上可拉风了，想去找你巴拉巴拉去。"

"拉风拉风，我看你是抽风！"

"我倒！偶做错什么了？"

……

我沉默了很久，缓缓地说："偶现在医院呢，因为昨天打架的事情丢了饭碗，童鞋还是找别人拉风去吧，偶想静一静。"

41 婚恋观

我的工作丢了，和小颖宝的爱情也吹了。辞职后，面对每月2600元的房租，我现在觉得生活的压力很大。

由于有了外企的经历，我开始创作一部新书《张旭旭跳槽记》，以第三人称写出来，展现了我几年以来的工作经历。

每天写八千字，虽然辛苦，觉得非常充实。每天写到一定程度后，就开始在网上找一下工作机会。

这阵子找女朋友的心思反而没有了，郁闷的时候，我给张晨打了一个电话。他目前也在待业，这小子总是找一家公司，干两个月，然后辞职。休息一个月，再去找一家公司干两个月，再辞职……

我把辞职的事情跟他一说，张晨笑了笑，说："辞职还不是常事儿吗？又不是公务员，哪有什么稳定工作呀？"

听了张晨这句话，我心里反而舒服了很多。我说："晚上到我这里一起来吃饭吧，咱们好好聊聊。"

晚上。

张晨来了，身边带着自己的女朋友。女孩名字叫彭红霞，东北大女人，长得很一般，却有一副女强人的派头。

席间，张晨一直夸奖自己的"老婆"，他现在一直没有找到工作，是这样一个女人接受了他，给了他组建家庭的信心。

言辞谈吐之间，可以看出这个女人读的书不多，应该没什么学历。后来得知，彭红霞只是一名足疗师。

张晨一直觉得自己满腹经纶，整天张口闭口都在讨论国家大事，找一位足疗师做老婆目的何在？

饭后，张晨让彭红霞一个人回去了，他当晚留宿在了我家里，两个人叙叙旧。我问："老大，有了老婆以后，生活和以前有什么不同吗？"

张晨想了想，总结了一下，说："省钱了。"

"有老婆后，就省钱了？你不需要给老婆买东西吗？"

张晨说："有了老婆后，把之前找小姐的钱省了下来，又把出去开房的钱也省了下来。"

我笑了起来，这就是张晨有了女朋友后的感悟？在他眼中，有了女朋友第一个反应就是可以解决生理需求。

这算不算爱情？如果仅仅如张晨说的，他也许只是找一个性伴侣。

张晨又说："你也赶紧找女朋友吧，不要眼光那么高，找一个先住在一起，遇到合适的再换呗，不能总是这么单着呀！"

我对张晨的观点持有反对态度，说："这话不对，我如果不喜欢她，我们在一起，那多无聊啊。"

张晨笑了笑，说："这你就错了，什么是无聊？你晚上一个人，寂寞了都没有发泄的地方，这才是无聊。随便有个女人陪着，比单着爽多了。"

我对他笑了笑，没有再说什么。曾经不止一个人问过我，想找恋爱对象？还是找结婚对象？这么问的人其实很操蛋。我的意识里，恋爱对象也就是结婚对象，从来没有区分过。

跟张晨恋爱观一致的人，并不在少数。这种男士在结婚前，一般都谈过多次恋爱。偏偏现在的女孩们却不在乎这些，甚至有些女孩宁可接受一个谈过多次恋爱的，也不愿接受一个"处男"。

——这说明什么呢？

足以证明社会的心理已经"病"了，她们觉得没有谈过恋爱的是"性无能"或"爱无能"，这是毫无根据的猜测。

我曾经见过一个女孩子，跟我见面聊了一次，就说不合适。当我问及原因，她的说因为我没有谈过"长恋爱",所以觉得不合适。我越来越感觉到,现在的人心浮躁,很多都是自己想当然的给人下结论。

她们的意识中,下班后没什么正经事做,不谈恋爱就是不正常。她们还觉得人一辈子要谈几次恋爱,第一个是最爱的人,第二个是最爱你的人,第三个才是走到一起的人。这些话都是不负责任的,并且毫无根据。

我下班后,一直在不断的谋划新的创作,从没有觉得自己生活的无聊。我遇到了自己喜欢的女孩,肯定会去追求,遇到自己不喜欢的,肯定不会去浪费时间在对方身上。

上次看一个电视相亲节目,有位30岁的小伙子,很腼腆,性格也很好。当谈到自己一直没有谈过恋爱的时候,女嘉宾们问的问题尖酸刻薄,恨不得把人家吃了。

还有一个小伙子,谈了自己几次恋爱经历,后面的几次分手的原因,都是因为忘不掉初恋女友。既然忘不掉初恋女友,后面的几次恋爱根本就不该去谈,这是对后面的女友极不负责。如果我是他,要么我继续追初恋女友,要么我就单着,要么我就先把初恋女友放下,再去开始新的恋爱。

可悲的事情是,女嘉宾们被这小子讲的故事感动得流泪。还有人说,只有对前女友忘不了的人,才是重感情的。

呜呼,无法可想。女人麻木到了这种程度,我已经无法再解释什么。我只会说,作为男人,要么你别和人家恋爱,既然开始了"拍拖",就要真心对人家。

有一位女人非问我谈过几次恋爱。我回忆了一下,在西安的时候,谈的几个月恋爱,等于没有恋爱。在和曾娜的姐弟恋,也持续了一段时间,那期间我在工作中总是出差,我们就没见过几次面。

我和郭芙以及小颖宝的恋爱,基本上都不算恋爱。经过分析,我根本就没有经历真正意义上的恋爱。

当我说没谈过恋爱的时候,对方死活不信,又追问我到底经历过几个女人。我是一个喜欢说实话的人,觉得这种宁缺毋滥的性格是优点,没必要去编瞎话掩盖我这些年守身如玉的事实,总不能编造出几段和别的女人同居的经历吧。

面临的问题是，我说了实话，女人却把我想得超级可怕。这年头，不是坏人拼命的伪装成好人，而是好人需要把自己伪装成坏人，才能获得女人的认同。

对方非逼着我说出几个女人的名字。我解释了很多，男人宁缺毋滥才是最认真的，不管我怎么解释，对方却一直认为我有问题，还开始教育我要懂爱，要学会尊重女人，咄咄逼人的对我进行了一连串的挖苦。

新小说《张旭旭跳槽记》基本上是我以往的经历，加上我写作的能力，很快便完稿了。那阵子工作没有定音，书也写完了，我有了大把的自由时间，每天除了在网上刷简历外，偶尔登陆婚恋网。

我一口气联系了五位女孩，都以没有工作为原因拒绝交流。我解释说："我以前是大外企的培训顾问，月薪过万的，凭着我的工作经验，你们还担心我找不到工作吗？"

对方会说："对不起，我确实很在意这些，如果找一个没工作的，我以后怎么生存啊？"

我也是知道的，男人不该抱怨，应该靠实力来证明自己。想让女人知道你有多强，首先你要做出成绩。

不然的话，任何人都没有义务去相信你。我想到这些，心里舒服了许多。所有的遭遇都怪不得别人，要怪只能怪自己，既然咱丢了工作，就该为这件事负责。

几天后，我聊上了一个女孩。她的名字叫苗小凤，是一名婚礼化妆师，专门给新娘化妆。她没有在任何单位上班，算是一名自由职业者，也没有嫌弃我是一名无业游民。

苗小凤形象还可以，毕竟是化妆师出身，只要底子不太差，会打扮的人形象都能过关。我们初次见面，她便先说了自己的脾气不好。我倒是觉得，只要对方能够讲通道理，脾气差一点也可以接受。

她的年龄是 28 岁，按照心理分析，这是女人最想出嫁的年龄。自从我们认识后，两个人每天都要通一次电话，聊很久。在我眼中，苗小凤的思想比较简单，她读过大专，毕业后找工作困难，私下学了化妆的手艺。

我们都不需要按时上班，见面的机会就多。我们经常逛逛公园，逛逛街。我们交往了一个月后，苗小凤便邀请我到她家里做客。她在天通苑租了一套精装的一居室房子，每月的租金3000元。

那套房子布置的很好，家当们都是苗小凤自己布置的，看来这个女孩子对生活品质还是挺讲究的。

做饭的时候，苗小凤在沙发上看电视，告诉我厨房什么都有，让我去做饭。我多数在外面吃饭，偶尔在家里开小灶，也只会做西红柿炒鸡蛋。

这次被逼着做饭，不得不尝试做几道菜了。我打开手机，从网上搜索了几道菜谱。一边看，一边动手尝试做。

聪明人做什么都是相通的，我这种现学现卖的方式，做出了四菜一汤。端上来的时候，苗小凤先尝了一口汤，皱了皱眉说："你怎么放盐的？太咸了，倒掉去！"

我自己尝了一口，说："我觉得不咸呀？"

苗小凤生气的将碗筷一摔，说："你连个汤都做不好，还能干什么呢？"

此时此刻，我顿时觉得自己是一个窝囊货。在苗小凤的言辞下，我似乎就是一个没本事的"妇男"，而苗小凤却像一位事业成功的女强人。

我只好将汤倒掉后，忍着委屈，又重新烧了一锅汤出来。这一次，苗小凤品了一下，说："有些淡，可以凑合着喝。"

苗小凤每尝一道菜，都提出了批评，而且她批评人的时候，语言非常刻薄，搞得我心里越来越不爽。

吃完饭后，苗小凤指着桌子上的碗筷说："你还不快去洗碗？"

我尽管不满的望了苗小凤一眼，可是我的手还是动了，收拾起桌子上的碗筷，到厨房里全部洗了。

苗小凤光着脚躺在沙发里，说："给我把洗脚水倒过来，我想洗脚。"

我只好去帮她倒洗脚水，将洗脚盆放好水后，送到了苗小凤的跟前。苗小凤一边看着电视，一边将脚放在盆里。脚刚沾到水后，顿时又抽了回来，大声嚷："洗脚水弄的这么凉，有一点生活常识吗？"

我放的洗脚水是温的，害怕如果水太热了，苗小凤又会嫌水太热。我今天才发现，这个女人真难伺候，不管怎么配合，都有一连串的抱怨。

苗小凤要求我继续添热水，把水温配好后，苗小凤的脚伸了进去，说："你帮我洗洗……"

我只好听话的蹲下来帮苗小凤洗脚，给女孩洗脚这件事，很多男人是不会拒绝的，尽管看上去不太好看，其实也是一种享受的过程。

洗完脚后，苗小凤将脚伸在我面前，说："你帮我捏捏。"

我学着足疗师给苗小凤捏起脚来，苗小凤一边享受着这个过程，一边说："用点力，再用点力！"

按照苗小凤的要求，我开始给力，苗小凤的脸一红，光着脚丫子一脚蹬在了我的脸上，说："你懂不懂怜香惜玉呀？我让你用力，没让你这么狠呀！"

苗小凤刚才一脚蹬在了我的鼻子上，顿时，鼻子里一阵酸楚，出血了。我急忙走进洗手间，拧开水龙头去冲洗鼻血。

……

也许是心里生气的缘故，鼻血好不容易才被止住了。我走出洗手间的时候，苗小凤对我受伤的鼻子连问都没问，就将面前的洗脚水一指，说："你还不把洗脚水给我倒掉，放在这里干吗？等着我去倒吗？"

我实在忍不住了，说："苗小凤，希望你把我当做是你的男朋友，而不是把我当奴隶。"

苗小凤瞪着我，说："你说什么？我们还没结婚呢，你就显得这么不耐烦了。结婚后，你还能对我好吗？"

"我这个人结婚前和结婚后都是一样的，结婚前，我不会刻意地去伪装，结婚后，我也不会冷落对方。既然你决定跟我处朋友，希望你能够尊重我。"

苗小凤冷冷的一笑，说："你如果这点耐心都没有，我们就分手吧，你不是我想要找的人！"

……

这个女人的要求真是有些变态，她哪里是在找老公呀？简直是在找男奴？

哪个男人能够像奴隶一样伺候她？而且，我仅仅是讲了一下道理，人家就很绝情的对我提出了分手，真是不可理喻。

我一怒之下离开了她的家，走在路上，我的手机响了。苗小凤发来一条短信，内容为："我今天是在试探你。可惜，你太让我失望了。"

看到这样的信息，我也将信息回了过去，说："你这种考验男人的方式非常变态，我现在告诉你，能通过你考验的人，不是骗子，就是窝囊废。"

"美女都是抢手货。我面临的选择机会多了，才用这种方式考验你们。"

"好好，祝你早日康复吧。"

苗小凤的信息又回来了，说："也祝你早日康复！"

此时此刻，我再和苗小凤辩驳，已经是无意义的事情了，这场"恋情"也就这么结束了。

42 买房记

DR 公司向我招手了，这家世界 500 强企业，在美国华尔街上市，在全球的制药企业中排名 26 位。这家公司在世界范围内虽然很强，在中国区的市场却属于刚刚开辟，正在招兵买马的扩充阶段。

有经验的人都知道，在某区域处于开辟阶段的外企，给的待遇比其他外企更高。我是由猎头公司介绍的，经过两次面试后，便收到了该公司的 Offer。

DR 公司给我的职位是培训经理，年薪 25 万。我在 PD 公司被干掉后，到这里不仅升职了，薪水也大幅度提高了。

外企的各方面都比民企更人性化，拿涨薪来说，民企的涨薪完全是老板的感觉决定，想涨就涨，不想涨就不涨，从不会去依据什么。外企每年必须有涨薪，否则就违背了通货膨胀的规律。

我的职位属于外企的中产阶级，总监以上便是高产阶级，年薪超过 50 万。再往上就是公司的 VP，年薪超过百万。

在外企都称呼自己的直接领导"老板"，我的老板姓林，比我年长 10 岁。老板人非常好，在员工眼中，遇到一个好老板带来的归属感远胜过公司。

在同学眼中，我成了一名"成功人士"。同学纷纷跑来向我探讨跳槽经验，尤其是张晨，他工资一直在 2000 块钱以下徘徊。

我的职场经历大部分写进了《张旭旭跳槽记》，正在寻求出版。分析一下跳槽的经验，最重要的是选择要正确，大方向要明晰。尤其是选择第一家企业的时候，公司环境对涉世之初的人太重要了，会影响人的一生。

最近，我有了买房的想法。依照中国人的习惯，买房和结婚是人生的头等大事。

马晖一直说，你只要解决房子的问题，在婚恋网的人气就会剧增。女人多数是要求有房子的，车有没有可以暂时放一放。北京这样的城市，房子是一般打工族难以招架的，两平米的房价，就可以买一辆车。

我的老家在农村，父母都是那种没上大学，就甘心一辈子做农民的人。从小到大，我的家境一直不好。

父亲是一名司机，一直给个体老板开车。给农村里的老板干活，薪水一直低得可怜。母亲种着几亩口粮田，仅够维持家人吃饭的。

我和弟弟上学都需要花钱，大三的时候，父母就开始借钱为我们筹集学费了。毕业后，父母一贫如洗，更别说帮我筹集房款了。

我进入 PD 公司之前，一直在民营企业晃荡，月薪一直没有超过 3000 元，觉得买房是一件很遥远的事情。

09 年初，我进了外企，房价比现在低不少。如果父母"给力"的话，我当时就可以买下一套房。

我的家境你懂的，只好自己攒首付。虽说月薪过万，扣掉税、保险以及公积金，再去除房租和相亲的花销，顶多剩下 5000 块钱。我还是个比较顾家的人，吃喝嫖赌抽均不接触，否则挣多少钱都不够。

这样的速度，两年可以攒 10 万块钱。当时首付 20% 即可办下贷款，起初我瞄上的地段是通州区。

随便一问，最小的户型，最烂的楼盘，首付也得至少 15 万。看似 15 万的首付不多，我两年也攒不出来。

在 PD 公司干了两年，被人家干掉后，我来到了 DR 公司，薪水又高了，我攒的首付款，也快看到希望了。

正当我快实现"安家"梦想的时候，国家的调控政策出来了，首付款最低调整为 30% 了。原来的 20% 首付，现在调成了 30%。

别看这么小小的一动，首付款还得多拿七八万，对我们这些没底子的人，又是一场灾难。我倒吸了一口凉气，又开始慢慢的攒钱，毕竟外企的收入还是比较可观的。

2011年5月，我在DR公司转正了，可以拿到奖金了，收入又提高了一些。

五环内的房子，都已经三万五一平米了。通州随便一套房，都必须拿出40万做首付。我这么争气的孩子，这么积极向上的人，却一次次被买房这件事打击得心灰意冷，让人觉得非常不爽。

经过了一系列的寻找，中介公司介绍给我一套叫做华龙小区的旧楼盘，位置比较偏僻，已经到了东六环外，价格在1.3万/㎡。这套不到50㎡的小户型，最后算了一下价钱，首付在25万左右。

首付款也攒的差不多了，正当我兴奋的时候，北京又出来新政策，限制外地人购房了，买房人必须具有五年在北京的完税证明。我去办手续的时候，却发现当初我在绿云药业工作的几个月，公司压根没有给我上过社保。这样一看，把和几年的社保都断了，我不具备在北京购房的资格了，我的置业梦想，又一次化成了一缕青烟。

有人提醒我考虑一下燕郊，看了一眼地图，发现燕郊是距离北京最近的"郊区"。燕郊隶属于河北省，和北京的通州区隔着一条潮白河。那边不仅不限购，房价比起通州来说可以打个"半价"。

周末，我去了一趟燕郊看房，发现这里有一条高速公路，到国贸CBD中心，正常情况下一个小时内能够到达。

如果路上不拥堵，40分钟就到了。在北京住的人，上下班交通拥堵和倒车，多数也需要1个多小时。相比之下，住在燕郊还算可以接受，当我第二次去燕郊看房的时候，就选定了一套房子。

当初有一种预感，燕郊的房子早晚会成为抢手货。北京每年有大量的新人涌进来，土地资源是有限的，城市必然往外围发展，慢慢的燕郊和北京会有更多的接轨。

北京管辖的区域内，很多区距离市中心更远，如房山区和顺义区。相比之下，燕郊更靠近市中心。

对我这样一个外地来的农村小伙子，下班后能回自己家，已经算是很幸福了。自从购房以后，距离交房还有一年的时间，我在婚恋网的资料写成了"已购房"。一夜之间，我的人气暴增，条件好的女会员主动给我发信息的机会多了很多。

尽管我已经有房，也面临很多尴尬。女孩子劈头就问房子在什么地方？我忙说房子在东六环，压根没提"燕郊"二字。每次说到这里，都会因为房子的"环数"太多，而被女孩灭灯。

在一次次被打击后，当又一名女孩加了我的 QQ，问我房子在哪里，我把六环说成五环，虚报一下"环数"。

女孩却说："五环，那么远？我以后上班怎么走呀？"

我说："房子是我自己买的，一分钱没让父母拿，年轻的打工者，能靠着自己的能力买一套房子就很不错了……"

女孩咄咄逼人地说："谁让你老爸不是李嘉诚呢？哪怕你老爸是李刚也行？你有那个本事吗？自己没本事，还穷得瑟啥？"

43 惊弓之"鸟"

马晖提议我去电视相亲节目报名试试，这样的节目跟一些婚恋网是合作机构，从婚恋网就可以报名。

我在婚恋网向国内热播的电视相亲节目报了名，获得了对方的面试通知。本以为是我的条件不错，才获得了面试通知。

去了面试现场才发现，是人不是人的似乎都来面试了。好几个女孩子，长得又矮又丑，并且举止粗鲁，也在面试现场填表。还有几位男士，形象看上去像街头的扒手，穿着寒酸，身材瘦小，站没站相坐没坐相，身体还不住的晃动，连话都说不顺，一幅吊儿郎当的样子，也来面试了。

我细细打量了一下这些人，人群中终于看到一位长得像老板的人，大腹便便，金链子挂在脖子里。身边带着一位年轻小伙子，帮他填写报名表。这位"老板"当着众人的面故意对小伙子指手画脚，还不住的对周围的人说："这是我的男秘书，让他帮我填单子，填不好，回去我就炒他！"

……

看看这些极品，我立刻理解了那些电视相亲节目的来之不易，别看电视上出来的人档次不高，当我知道是从这帮人里面挑出来，立刻开始钦佩那些电视台的工作人员，这是多么的大浪淘沙啊。

尽管我有些失望，还是希望碰一碰运气。毕竟电视节目收视率很大，牵手不成功也会把联系方式公布出来，对自己也是一种机会。

管理员一批一批的收取报名表，候选人一组一组的排队进去面试，剩下的人在大厅里填表。大厅里放着一台大屏幕电视机，循环播放着近几期的相亲节目。表格里有一项内容是，你倾向的女嘉宾是哪位？

……

这个问题似乎把我难住了，我之前并没有关注过这个节目。我只好请教周围的人，旁边坐着的一位女士，在众多填表的人里面，她的形象气质还是不错的。我忙向她请教，"您看这个问题，我怎么填写？"

她对我笑了笑，说："那要看你喜欢哪位女嘉宾了。"

"我没有了解过这个节目，对里面的女嘉宾也不太了解。"

这位女士指着电视机，说："看到了吗？近几期的节目中，最受人关注的女嘉宾是14号，你可以选她。"

随随便便填写一个名字即可，其实只是一个形式。当我的目光落在了电视上，关注了一下14号女嘉宾，发现她言行举止超级没文化，我忙说："能给我推荐一个别人吗？"

"14号不漂亮吗？都说人家有明星范呢，好多男嘉宾上这个节目都是冲着她去的。"

对14号没感觉，对别的女嘉宾也不了解，这一项只好空着。这位女士好奇地问："你们男人到底喜欢什么样的呢？"

我没有回答她的问题，而是掏出我的名片，说："我们认识一下吧，相识就是缘分。"

她对我笑了一下，明白了我的意思，也回给了我一张名片。来这里的都是单身男女，目的都是找对象，大家也不会太保守。

我们就这样认识了，她的名字叫孙蕾，是一名公务员。她年龄比我小三岁，老家在东北哈尔滨，有着东北姑娘的特点，长得漂亮，身材好，性格直爽。

管理员把我们的表格收走后，我们开始排队面试。在一起排队的人，有的着抱着吉他，有的拿着笛子，还有的男士穿着大红裤子。

当一个个的奇葩进去的时候，面试厅里传来了吉他声，有的进去唱了几嗓子歌，有的形象特别差的人，进去后不到一分钟，就被打发了出来。

每一个出来的人，脸上都带着期望的微笑。快轮到我们的时候，面试官从里面走了出来，看都没看我们一眼，就径直往外面走了。

管理员走了过来，说："两位负责面试的导演现在去吃饭了，你们要等到下午才能面试。"

我望了一眼孙蕾，说："走吧，咱们也去吃饭。"

她和我走了出去，我们到外面吃了一顿饭。这顿饭的功夫，我们聊得还算开心。最后，我鼓足了勇气，说："下午，我们可以不去面试吗？我觉得这次能认识你，是我最大的收获，我想和你彼此了解一下……"

孙蕾低下头，沉默了片刻，问："你结婚了吗？"

万万没想到被冷不丁问这么一句，忙说："我要是结婚了，还上婚恋网干吗？还来电视相亲节目面试干吗？"

"现在无聊的男人太多了，很多人和老婆两地分居，就会上婚恋网找乐子，还有的上婚恋网专门为了找一夜情。"

"已婚的人士，应该不敢去电视相亲报名吧，都不怕被老婆看到？"

孙蕾缓缓点了点头，说："也许吧。"

"怎么？你被骗过？"

孙蕾讲述了自己的恋爱故事，她的上一次恋爱也是她的初恋，谈了四年的男朋友，最后发现对方有家室，还有两个孩子。老婆一直留在老家，自己在北京开公司，就这样把孙蕾欺骗了四年。

世界上什么鸟都有，怪不得婚恋网的人，都对别人那么没有耐心，那么没有信任。本来挺好的一锅汤，被一些酒托、婚托、骗色者、色情服务者、找一夜情者、拜金者、找普通朋友者，把干干净净的一锅汤搞得变质了。

我一直坚信婚恋网上的会员和地面上的人都一样，都是实实在在的人，活生生的人。地面上有好女孩，婚恋网同样也有。只不过很多人上了婚恋网，就缺少耐心和诚信度了，甚至有些人聊了没两句，就说"不合适"，然后还说网上的人都不靠谱。

人的思维的局限在于内心已给对方下了结论，她们把婚恋网定位成不靠谱的地方，当对方稍微一句话说不对，就会被她们直接"灭灯"。

自从我和孙蕾认识后，每天都通很久的电话。相互觉得彼此都不错，准备进一步交往，年龄都大了，如果没什么问题的话，下一步就是"闪婚"了。

月底，我回家探望父母。父母保持着农村人的习惯，一直跟着太阳走，太阳落山就休息，太阳升起就起床。

我在睡觉前，忘了关掉手机。

凌晨1点钟，电话响了。

我一看，是孙蕾打来的电话。我将电话按掉，发信息说："我父母都睡了，不能接电话，会把他们吵醒。"

孙蕾回复："你老婆也睡了吧？"

"哪跟哪呀？"

"什么哪跟哪？你为什么不敢接电话？"

"我不是不敢，是不想接电话，你知道现在什么时候吗？凌晨1点钟，农村的夜晚这么安静，如果打电话全都吵醒了。"

"那好，我明白了。"

……

接下来，她的短信再也没有发来，我也没多想就睡了。以上内容都是用短信息沟通的，从此往后，孙蕾再也没有和我联系。当我再联系她的时候，对方电话不接，短信也不回，这件事让我非常奇怪。

休假归来后，我正在上班，接到了婚恋网工作人员的电话。对方劈头就说接到女会员的举报，说我有交友目的不纯的嫌疑。婚恋网要核查我的婚姻状况，需要本人提供未婚证明，否则就会被打入黑名单，并且全网站公告。

天哪，这事儿闹大了！如果我不提供证据，公告出来的话，我的名声就会彻底完蛋。以后再也没法通过婚恋网找到女朋友了，网络的影响也比较大，如果被某同事看到了，我就丢人丢到家了。

为了摆平此事，我专程请假，跑了一趟石家庄民政局，让对方给我开出了未婚证明。经过婚恋网的核查后，证明我是清白的，未被打入黑名单。

这件事我没有怪孙蕾，主要是她之前的经历造成她对男人的不信任。她的内心已经存在了阴影，不管我多么清白，都会被对方给予各种各样的质疑。我对孙蕾还是不死心的，毕竟她本质是善良的，人长得也不错，基本素质也好。

这件事被马晖知道后，他给我讲述了一个故事。有一个女孩，恋爱的时候被男朋友欺骗过，后来认为男人没好货。

几年后，女孩嫁了一个老实巴交的老公。当有一天，老公回家后，身上有一根长头发，女孩就跟老公吵了一架，说老公在外面找了一个长头发的女人。

风波刚过去后，老公下班回家，她发现老公身上有一根短头发。又认定老公在外面换了女人，又吵了一架。

接下来的日子里，老公回家后，每天都被她检查一番，一直没有其他女人的头发。有一天，老公下班回到家，发现老婆在家里哭。老公问她为什么哭，她抽噎着说："你怎么连秃头的女人都喜欢了。"

……

这个故事很有意思，并不是一个笑话。证明一个问题，受过伤的女人，心理是有阴影的。我叹了一口气，只有默默的祝福孙蕾早日康复，早日走出内心的阴影。

44 痴情女子

〜

我又认识了一名女孩，名字叫王珍珍，27岁，湖北人。长得很端庄秀气，在一家大型的国企做 HR 工作。从照片中看，王珍珍的目光中总带着一丝丝忧郁，这种女孩最容易激起男人怜香惜玉之心。

从婚恋网上刚认识，还没等到周末，我就迫不及待的约王珍珍出来见面。晚上下班后，我们约在了双井的乐成中心，准备共进晚餐。

约在双井附近是为了方便王珍珍，她工作在建国门，住在双井。她晚上18:00下班，为了保证她能够赶到，我们约的时间为19:00。

我下班后，准时赶到了乐成中心。王珍珍还没有到，我给她打电话。王珍珍说："手头还有些事情，目前还没下班。"

"呃？什么时候能下班呢？"

"现在说不好，你等我一会儿吧。"

……

王珍珍这件事搞得非常气人，我下班出发前跟她沟通过了，她说时间没问题。我准时赴约后才知道她还没下班。就算她现在立刻从办公室出门，赶到双井也得近一个小时。

我只好在乐成中心门口等了起来，一个小时过去了，还没有等到王珍珍，我又把电话打给她。

"我已经下班了，准备先回家换一下衣服，你再等我一会儿吧。"

王珍珍就住双井附近，本以为她换衣服很快。我这一等又是一个小时。见面的时候，时间已经是晚上21:00。

我都饿得麻木了，本来约好 19 点一起吃晚饭，被王珍珍这么一拖拉就是两个小时。我事先也没想到会被她拖到现在，也没有垫补一下肚子。

见面后，我们来到一家餐厅，叫了几个菜和主食。菜上来后，我体会到能吃饱肚子也是一件幸福的事情。

寒暄了一些没用的话之后，王珍珍便讲述了自己的过去。前阵子，她刚刚失恋，才开始上婚恋网寻找机会。

她的前男友名字叫刘飞，35 岁，跟王珍珍处对象的时候，那孙子一直说自己未婚。王珍珍信以为真，在一起生活了三年。王珍珍提出要结婚的时候，刘飞说他不想结婚，只想两个人无拘无束的生活在一起。

我听到这里，说："这种男人太没有责任心了。"

王珍珍淡淡地说："我起初也是这么想的，当我问他为什么不想结婚，他才告诉了我真相。"

"什么真相？"

"他以前结过婚，后来离异了，由于经历了一次失败的婚姻，现在患有恐婚症。"

"扯淡？所谓的恐婚症都是男人用来骗女人的，如果有这个毛病，当初干吗还去恋爱？"

王珍珍说："你太武断了吧？"

我解释说："他和你恋爱的时候，一直称自己未婚，最后收不住了，才告诉你之前结过婚，这不明摆着是在骗你吗？"

"我倒不太在乎对方之前有没有过婚姻，我还是希望能和他结婚。"

王珍珍说到这里，眼泪忽然下来了。我很吃惊看到这样的一幕，本来跟我相亲了，却为了另一个男人哭了。

我递给王珍珍一包纸巾，让她擦了擦眼泪，问："你和他沟通过吗？"

王珍珍一边抹着眼泪，一边说："我想劝说他，可是劝说不过来。他上次的婚姻里，还留着一个儿子，让他父母带着呢。"

女人都是自己给自己戴上的紧箍咒，那个男人很明显在骗她，王珍珍却被骗得无怨无悔，这些也正是她的可爱之处。女人的美就在于被骗的无怨无悔，男人的美就在于把谎话说的白日见鬼。

"你还爱他吗？"

王珍珍点了点头，很认真地说："爱！"

王珍珍让我饿着肚子等了两个小时，等来的却是人家为一个流氓流下的两行清泪。这件事尽管让我很来气，但咱毕竟是一个善良的人，看到这个被爱情打垮的姑娘很可怜，只好去开导她。

"既然你那么爱他，也不会在乎他有没有儿子，也不会在乎他是否骗过你，怎么还分手了呢？"

王珍珍哽咽着，说："是他不同意跟我结婚，他说跟我可以在一起生活，就是不能领结婚证，也不能在老家办婚礼。"

"那种人，你还爱他干吗？难道看不出来，他根本就不爱你。一切都是为了找借口，不领结婚证，就是为了以后方便甩你。不在老家办婚礼，就是怕别人知道他结婚了，那孙子还在看其他机会。"

"不会的！"王珍珍肯定地说："他只是不敢再相信婚姻了，并不是不爱我。不爱我，还能和我一起生活三年吗？"

"傻瓜，人家玩了你三年，你还不懂吗？"

王珍珍冲我瞪着眼睛，说："你不知道我们的感情，跟你说你也不懂。"

我气得一直想跺脚，如果王珍珍是我妹妹，我早骂她了。我倒是很好奇，王珍珍那么爱那个男人，对方究竟有什么过人之处呢？我好奇地问："有他的照片吗？我想看看他究竟是何许人？"

王珍珍把手机递了过来，手机桌面就是一张男士的照片。我很明白了，王珍珍现在还将人家设置成手机桌面，真是够让人佩服的。

照片中的刘飞，长着鹰鼻，一双小眼睛，大脸蛋子，肤色有些黑。我端详了一下，问："这是哪里人？长得这么黑？"

"他是河南人，中学毕业后在平顶山煤矿挖煤，几年后觉得太累，也怕危险。就上了一所民办学校，学了市场营销专业，到北京找了一家化妆品公司做销售。当初，他中学毕业后就在老家结了婚，儿子生下后，很快就离婚了。我们在一起后，这些事情一直瞒着我……"

真是太不可思议了，因为那小子太狡猾？还是这位傻姑娘太天真？这个浮躁的社会，人们的价值观扭曲，道德沦丧，难道对爱情都他妈的这么缺德了吗？

"你们交往了三年时间，没跟他回过家吗？"

"回过，他父母也帮他瞒着这件事。我去他家住了几天，他父母就提前把孩子送到了亲戚家，没让我看到。"

她的眼泪越擦越多，我安慰她说："根据我的分析，刘飞无论文化、工作背景还是长相，都远远配不上你。你干吗那么伤心呢？错过他，对你来说是件好事儿。"

王珍珍一边哭，一边说："我的朋友们也都是这么说的。"

我喝了一口茶水，说："这是很明显的，你应该找个更好的人，彻底忘掉他才对，凡事都应该往前看。"

王珍珍听到这句话，满面泪光的望了我一眼，又说："我从没有嫌弃他有孩子这件事，我跑到他老家去找过他的父母，他父母都说，他儿子不是人，父母也管不了。"

"那样的男人，你还想着他干吗？有什么好呀？他和你开始交往就骗了你，你还那么留恋他干吗？"

王珍珍抽噎着，说："起初我并不喜欢他，他每天都来找我，每天都送我鲜花，一直追了我半年……"

我叹口气，说："你们女人真是没脑子，换做男人的话，喜欢就是喜欢，不喜欢就是不喜欢。只要不喜欢的女人，怎么追男人都没用。女人就不一样了，即使不喜欢，即使反感，一旦对方软磨硬泡，就慢慢被人家征服了。"

王珍珍点了点头，说："你说的有一定的道理。我觉得他还是蛮优秀的，长得很帅，很有魄力，脾气也比较大，显得很有男子汉威严。"

"你喜欢脾气大的？"

"我喜欢脾气好的，不知道为什么，他的脾气很大，我却很喜欢，尤其对我发火的时候，都觉得那么有男人味儿。"

"女人就是这样的，你们起初设置的条条框框，比如希望对方脾气好了什么的，只要对方把你们感觉逗了出来，他的所有的优点和缺点，都会变成你们喜欢的东西……"

"你有些武断。"

我笑了笑，说："先不评价我说得对错，你觉得，我和他比，谁更帅呢？"

"当然是他帅了，他在我心目中一直是最帅的。"

我只好一笑置之，这是我预知到的答案。女人的心里，只要爱上人家，一点缺点都看不到。

女人眼中，抛弃她的男人始终是最帅的。

……

我看了看表，将近半夜了，我们总谈论那个前男友也没啥意思。为了让这位傻姑娘放松一下，我提议说："咱们 K 歌去吧，帮你驱赶一下心里的伤心事儿。"

王珍珍同意了，我们一起来到了附近的 KTV。我一直对唱歌不太内行，正好把机会让给王珍珍，让她点自己喜欢的歌曲。

经过了三个小时的唱歌时间，几乎都是王珍珍一个人霸占着麦克风，她所唱的歌名如下：

　　　　《为什么受伤的总是我》

　　　　《怪我爱得太深》

　　　　《不能没有你》

　　　　《你是我的唯一》

　　　　《一千个伤心的理由》

　　　　《何苦这样伤我心》

　　　　《等待你回来》

　　　　《忘记你我做不到》

　　　　……

她一直是唱着唱着，就开始抹眼泪了……

我掏出纸巾帮她擦拭眼泪，接下来，我用一支胳膊环抱住了她的身体，说："忘了他吧，我们可以了解一下，我会好好对你的，不会让你受委屈！"

王珍珍似乎没有听到我的话，继续流着眼泪唱歌，对那首《忘记你我做不到》，就重复唱了6遍。

走出KTV，我步行将她送回家，走在午夜的大街上，我拉上了她的手。她没有反抗，我们算是牵手成功了。我一边牵着王珍珍的手，心里一直在想，这个傻姑娘能忘掉那个负心汉吗？

45 负心汉

我和王珍珍交往了一个多月，最让我受不了的事情是，我们每次约会，所谈的话题总离不开刘飞。

大家一定理解，现任男朋友会很不舒服。有一次，我试探性地问了一次，说："如果刘飞现在同意和你结婚，你会选择我？还是选择他？"

王珍珍沉默了片刻，说："刘飞一定不会同意的。"

这么回答，让我更加委屈了。我又说："我刚才说的是假如，你明白吗？我们假设他同意和你结婚，你会选择谁？"

"你要听实话，还是听谎话呢？"

听到这句话，我心里已经哇凉哇凉的。我对王珍珍笑了笑，说："我明白了，看来女人有时候还真是不可救药！"

"晓光，你没有这么深深的爱过一个人，也没有谈过一场真正意义上的恋爱，你根本不懂爱情。"

"什么？我不懂爱情？我一直是宁缺毋滥，你知道宁缺毋滥代表什么吗？"

"你没谈过真正意义的恋爱，就不会懂爱情，所以你才一直没找到……"

我有些生气了，说："你这就错了，我要是想玩别人，大把的机会都有。现在的社会，要是打算学坏，就算是一个民工都能找到情人，更何况是我。我没这么做，恰恰说明我把爱情挺当一回事儿的。我只希望你们女人多个心眼，对好男人多一些欣赏。你却把好男人看扁了，把坏男人当宝贝……"

"好了，我不跟你说这些了。"

我低头沉默了很长的时间，空气似乎凝固了，抬起头后，我缓缓地说："你能否把刘飞的电话给我。"

"你要他电话做什么？"

"我准备见见他，看看他到底是何许人。"

王珍珍摇摇头，说："你要见他干吗？"

我沉思了片刻，说："我们在一起谈话的时候，你的话题一直是围绕刘飞。我准备和他谈谈，看看他心里到底有没有你。如果他心里有你，我希望能撮合你们两个，这样对我也是功德一件。如果他心里没有你，希望你能够死心塌地和我在一起，不要总是想他了。"

王珍珍沉默了，一动不动的像个木桩。我又说："赶紧给我电话吧，我如果不和他谈谈这件事，我会一直担心，担心有一天他万一又出现了，你再回到他身边，那时候受伤害最深的人会是我。"

我这么说心里有数，咱了解男人的心理。不想娶你，就是心里没有你，不会有别的原因。我只要和刘飞谈一次话，把这件事做个了断，才能把王珍珍的心收回来。

王珍珍不了解，问："你这么做，不等于把我主动送出去了吗？"

我说："如果有些事早晚都会来，我宁愿让它早点儿发生，至少我不会伤的多深。如果这件事彻底不会来了，我也放心了……"

王珍珍同意了，把刘飞的电话给了我。我立即拨通了他的电话，那小子电话里说话声音山响，就像跟贼喊话似的。我把自己身份说明的时候，刘飞更加不耐烦，没说两句就挂了。

我再三坚持的拨打他的电话，声称一定要见面谈一次话。在我的努力下，终于说服了刘飞，同意和我见一面。

作为男人，我心里很清楚，刘飞根本就没有把王珍珍当做一回事。谈话的结果只有一个，就是让王珍珍知道，刘飞彻底不要她了。王珍珍还以为我好心撮合他们两位，如果我为了撮合他们俩，我就成不折不扣的傻 B 了。

会面的地点，在北京十里河附近，这里是刘飞租房的地方。由于我要去见人家，人家不会跑出来，我必须趁过去。

我们约在一家肯德基店。我们不是朋友，又不站在同一个立场，和这种人约见，没必要找上档次的地方。

出发前，我带上了录音笔去"取证"。从事培训职业的人，录音笔是必备工具，可以连续录音几十个小时。我把跟刘飞的谈话都录下来，回来让王珍珍听一遍，问题就解决了。

到了约定的地点，刘飞却磨蹭了近一个小时才出来，真是有一种明星大腕出场的范儿。上次跟王珍珍约的时候，她也磨蹭了两个小时，我在想，是不是两个人生活在一起三年，养成了共性呢？

见面后，我发现刘飞个子比我矮半头，一双小眼睛，往外放射着一种极不友善的光芒。

我很礼貌的跟对方握了握手，坐定后，我开门见山的说："电话里我们也沟通过了，这次来见你，是因为你是王珍珍的前男友，我想知道你心里对王珍珍的态度，是否还有挽回的余地？"

刘飞不屑的一笑，说："我们早就分了，你多余找我谈这件事。"

"你们相处了三年的，你当初是很认真的追求她，对吗？"

也许有人觉得，万一我说得刘飞回心转意，我和王珍珍的感情就只有前功尽弃了。我敢用命担保，在刘飞眼中，王珍珍就是人家的一道菜。如果对她有一丝感情，就不会有这样的结果了。

男人只要不娶你，就是不爱你，没有别的原因。刘飞见我这么问，小眼睛不屑的白了我一眼，随手点了一支烟，刚抽了一口……

服务员走了过来，"先生，请把烟掐掉，这里禁止抽烟。"

我一脸微笑，说："如果你想抽烟，我们可以出去，边抽边聊。"

刘飞摇了摇头，把烟扔在了可乐杯子里，"嘶——"一声，烟被可乐浸灭了。他开始说话了，"你也是男人，我觉得你应该懂。"

我当然懂了，只是王珍珍不懂，我包里的录音笔也"不懂"。我故意又问："你到底怎么想的呢？还是说清楚一些吧。"

刘飞笑了笑，说："你也应该知道吧，我为什么不和王珍珍结婚？"

"究竟是为什么呢？"

"我不想一辈子只拴在一个女人身上。"

"你到底爱不爱她呢？"

"谈不上爱，我对王珍珍只能算是有点好感，所以我追了她。"

"你追她的时候，准备以后结婚吗？"

"结婚？"刘飞的鼻子向上耸了耸，说："我才不会和别人轻易结婚呢，一旦结婚了，我的自由又被拴住了。你看我现在多好？可以再去交往新的女朋友，只要我们没领证，即使再分手，也不用付太多的代价。"

"你这么做，不觉得对女孩子的伤害很深吗？"

刘飞又笑了，说："老弟，我看你也是个实在人，不瞒你说。你这样的男人，没有女孩子会喜欢。你要知道女人都是贱，你太以结婚为目的去谈恋爱，她们却觉得你不懂爱情，认为你仅仅是为了结婚而结婚。你越不提结婚，她们反而觉得你更懂爱情，她们是渴望爱情的。在和你相处的时候，她们会对你百依百顺，到那个时候，你如果说，咱们结婚吧，她们一下子就感动地哭了。"

我摇了摇头，说："我觉得既然恋爱，就该对女孩子负责。"

刘飞又说："恕我直言，你的思想还很臭老九，这都什么年代了。男人如果一辈子不玩几个女人，还算什么男人？你难道甘心一辈子只经历一个女人吗？你要知道，女人有时候也空虚，那句话怎么说的？没有被耕死的地，只有累死的牛……"

"你刚才说的是什么地？什么牛呀？我不懂啊。"

"好了，不提这些了，看你也挺实在的，我才告诉你这些。你放心，王珍珍这边，我对她没有任何留恋了。"

我点点头，说："哦，这我就放心了，也祝你以后获得幸福。"

刘飞笑了笑，说："老弟，你还是很传统的，你这种人，女人对你不会有感觉。男人嘛，人生在世，就要活得潇洒一些。我这辈子都不想结婚了，儿子我都已经有了，将来老了以后，有人养活我。我和王珍珍在一起的时候，我就想两厢情愿的在一起生活，没必要对谁负太多的责任，即使日后分开，也不会有太多的麻烦……"

我叹了口气，说："真是好菜都被猪拱了。"

刘飞的嘴巴像八万一样撇了起来，说："老弟，你刚才骂我咋的？"

"我只是说一下社会现象。"

"老弟，我本想帮你，你却骂我。我告诉你，我身边不缺女人，你还是回去陪你的王珍珍吧。我把她让给你了，你们去结婚吧，这个女人的床上功夫可好了……"

刘飞说完，大笑了起来。他这么说不是明摆着骂人吗？在说你老婆曾经把我伺候的很舒服，太缺德了。

我攥起了拳头，此时此刻，我已经决定把这小子揍一顿了。刘飞站起身，走出了肯德基的门口。我冲了出来，从后面抱住了刘飞的腰，一把将其撂在了地上。

这小子摔在了地上，碰在了石头台阶上，痛苦的呻吟着。我一脚踏住他的肚子，上去给了他两巴掌，说："我今天告诉你，做人不要太装 B！"

刘飞的手，伸手往上够，去捏我的要害，这人够他妈毒辣的。我身子一闪，对方抓空，我一脚踢在了他的脸上，当我正准备踢第二下的时候，他抱着头，已经开始讨饶。

周围的人开始围观，却没有一个上来劝架的，大家谁也害怕被打到。我看到刘飞正躺在地上呻吟，觉得这回出了气，转身跑了。

晚上，我和王珍珍约在了一家咖啡馆。寒暄了没两句，王珍珍便问："今天和刘飞谈的结果怎么样？"

我将录音笔拿出来，说："你听听吧，我和他见面后，所有的情景都录音了。"

王珍珍接过录音笔，按下了播放按钮。整个过程录制的很清晰，真实的再现了整个谈判的过程。

……

录音听完了，王珍珍的脸一直红红的，生气的质问："你为什么要打他？"

我才发现打架的时候，忘记关掉录音笔，全部都被记录了。见王珍珍真的生气了，我忙解释说："他说话太过分了，我忍不住大打出手，主要是为了给你出气……"

王珍珍说:"我可没让你为我出气,刘飞以前对我也是蛮好的。"

我睁大了眼睛,问:"他对你好吗?他一直在骗你的感情,录音你都听完了,我不会作假吧?你这点辨别能力都没有吗?"

王珍珍的眼泪又来了,说:"我不管他骗不骗,反正我觉得当时很幸福!"

我又想帮她分析,想通过三寸不烂之舌去说服她。转念一想,已经懒得说了,当一个女人如此痴迷一个男人的话,任何人的话都听不进去。对于刘飞的剖析,我已经给王珍珍讲过无数遍了。

王珍珍一直咬定我不该动手打人,我只好咽了一口闷气,向王珍珍承认了自己的错误,表示不该对刘飞出手。并向王珍珍保证以后向刘飞学习,争取做一个有素质、有浪漫、懂爱情的好男人。

我一口气,又是宣誓,又是保证,说了很多话,终于才把王珍珍哄住了。这时候,我松了一口气,为什么造物主把女人造得那么漂亮,又造的那么愚蠢呢?

……

吃完饭,我拉着王珍珍的手,在大街上散步。我们谈了很多,王珍珍没有再提刘飞。此时此刻,我心中的石头才落了地,我和王珍珍真正的恋爱了。

我们在一起呆到晚上 11 点,我把她送回家后。打车回了自己的住所,刚洗了澡,正准备休息。

手机响了,是王珍珍发来的信息,内容让我吃了一惊,"我们分手吧。"

我心里咯噔一下,到底发生了什么?刚才在一起手拉手散步呢?为什么这么快就变卦了呢?

短信说不清楚,我忙把电话打了过去,问:"为什么要分手呢?"

"刘飞刚才给我打电话,他说想和我结婚了。"

我仿佛挨了当头一棒,刘飞真他妈的是一个败类。为了报复我对他的一脚之仇,不惜用这种损招儿。

"王珍珍,刘飞和我谈话的录音你都听过了,你觉得他会和你结婚吗?他这么做是为了报复我，为了让我失去你，你难道还不懂吗？"

王珍珍在电话里的声音再次哽咽了，说："也许你说的是对的，可我还是希望再给他一次机会。"

我实在憋不住了，对着电话大声嚷了起来，说："可他根本不喜欢你！他一点责任感都没有，他对你的伤害，你还嫌不够吗？"

"我相信他是喜欢我的，不然怎么会和我在一起三年？"

"你是猪脑子呀！"

我对着电话咆哮了，王珍珍在这个时候挂断了电话。我知道，这场恋爱就这么结束了。关于这场恋爱的结束并不是让我最痛心的，更让我伤心的事情是，我几乎不敢去想这件事的结果，又一出爱情悲剧开始上演了。

46 爸爸和外公

忽如一夜春风来，千树万树梨花开，这天北京城迎来了入冬以来的第一场雪。这天也正好是我的生日，记得妈妈说过，32 年前，在我出生的那天，石家庄就下了当年的第一场雪。

32 岁生日，我没有体会到长了一岁的喜悦，而是增加了老了一岁的忧愁。随着年龄的增长，很少有亲戚朋友再帮我介绍对象了。

在老家人的眼中，32 岁的男人还没有结婚，已经是另类中的另类了。在我们村子里，比我小十岁的孩子，都已经结婚生子。

父母每次通电话便是催促我结婚，现在，我只有到婚恋网碰碰运气。网上的资源是巨大的，尽管很多人浮躁，只要用心找，我认为还是有希望的。

经过一阵子搜索，联系上了一名东北女孩。她的名字叫张琳琳，25 岁，长得白白净净，在一家出版社做编辑。

我们见面的时候，在一个周末的下午。我们约在了一家茶馆内，做编辑的女孩往往都是文学爱好者，文人的性格还是比较传统的。约在茶馆比约在咖啡馆更加合适，我也是一位文学人士，我们在一起交流，有很多话题。

这个女孩给我的第一印象很好，不仅长得漂亮，性格还很随和，如果和她牵手成功的话，一定会很幸福。

张琳琳介绍了自己的家庭情况，令我吃惊的是，她小时候父母离异，她跟了母亲这边，从小是外公带大的。同时她也讲述了和前任的爱情经历，当初之所以接受前男友，是因为他长得很像她外公年轻时的样子。

两个人一下子拉近了距离，于是就恋爱了。在交往中发现，前男友只是外形像她外公，性格方面却一点都不像，而且还有一定的暴力倾向，于是就分手了。

我听了后，说："你这么想问题可不行，找男朋友应该分析他本身适合不适合，而不是因为他长得像谁。"

初次见面我们聊了一下午，还在一起吃过了晚饭，并且去看了一场电影《龙门飞甲》。电影播放的过程中，好几次想去拉她的手，又有些胆怯，害怕吃闭门羹。转念一想，如果张琳琳对我一点意思都没有，就不会和我一起看电影了。

想到这里，我悄悄的拉住了她的手，这次冒险成功了，她没有丝毫的反抗。电影院也许就是男女朋友第一次牵手的地方，黑灯瞎火的，会让人壮起胆子，行动起来比较有勇气。

看完电影，我打车将张琳琳送回家。我们即将分别的时候，张琳琳冷不丁对我说了一句："我们还是做普通朋友吧。"

"啊？为什么？"

我有些吃惊，本来都牵手成功了，怎么说变就变？难道我做错了什么吗？大脑里的神经迅速跳动着，一直找不出答案。

"我们不是谈的挺好吗？到底为什么呢？"

张琳琳被我追问，犹豫了半晌，才缓缓地说："刚才我们坐在车里面，从侧面发现你长得有些像我爸爸。"

"我长得像你爸爸？这就是你不接受我的理由？"

张琳琳很严肃地说："你哪里会知道，我最恨的人就是我爸爸！"

我忙解释说："我跟你爸爸有什么关系呢？我们一点儿关系都没有，我是我，你爸爸是你爸爸，我又不是他儿子！"

无论我怎么解释，张琳琳还是很认真地说："对不起，你看到你的时候，就会想起我爸爸，心里就会不舒服！"

我彻底无语了，对她大声说："难道你忘了，你最爱的人是你外公，当你看到一个长得像你外公的人，就觉得很亲近。你们恋爱后，才发现那个人跟你外公一点关系都没有，对吧？你们不是照样分手了吗？"

张琳琳没有说话，我继续说："你恨你爸爸，而我又是多么的无辜。我长得像你爸爸，是我的错吗？再说了，我跟你爸爸同样是一点关系都没有。你的爱情能不能不受到你外公和你爸爸的影响呢？你要有你的生活，走出自己的人生才对呀！"

张琳琳听了，摇了摇头，说："对不起，至少我现在还不能接受。"

"琳琳……"

正当我准备说什么，张琳琳已经转身上了楼。我这场刚刚萌动的爱情，就这样被"老丈人"给扼杀到了摇篮里。

我觉得自己很无辜，世界上有那么多的人？我长得像谁不行啊？为什么我偏偏长得像她爸爸呢？

47 "不合适"法则

自从和张琳琳经过那次美丽的邂逅,我越来越不相信婚恋网,很多会员在交往过程中没有耐性,越来越浮躁。

很多因为对方说了某一句话,就马上说我们不合适。"不合适"这三个字,非常具有杀伤力,这三个字说出来需要非常慎重。而婚恋网的女会员,似乎说出这三个字是不疼不痒的家常便饭。

前阵子,我遇到一个女孩,通过同事介绍的。她30岁,我们通了一次电话,我觉得聊得还不错。

第二次联系的时候,对方说我们不合适。我觉得非常好奇,也想看看到底这些剩女们是怎么想的,于是固执地问了一下对方认为不合适的原因。

人家告诉我,上次通完电话后,她百度了一下我的名字。网页上的信息显示,我不仅是一名培训师,还是一名作家。

她觉得作家的生活和她的生活状态不一致,觉得不合适。我问:"你觉得我是哪种生活状态?"

她说:"你们个个都是嗜酒如命,狂爱抽烟,每天都是没完没了的采访,我希望过安稳日子……"

听到这里,我忙说:"好了,好了,我们确实不合适。"

在生活中,我既不抽烟,也不喝酒。平时上班和下班,回家后就看看书,自己动手做做饭,哪有什么采访?

我简直对这种女人无语了,多数情况下,她们对别人根本就不了解,"不合适"的标签就已经给对方贴上了。

还有一位女博士，我们通过婚恋网认识的。电话聊了一下各自工作和家庭的情况，人家就说不合适。

当我问及原因，才知道因为我父母是农村的。我心想，农村的父母，对我有啥影响呢？你或许会说，门当户对更重要。

我告诉你门当户对指的是什么？封建社会的婚姻，往往都要求门当户对。那时候孩子在 20 岁之前就要结婚，这一段时期的价值观和见识，都取自于家庭内部。

现在的社会，大学毕业就来到城市打拼，价值观和见识已经和老家人不一致了。况且我现在又在外企，所处的环境便是外企的环境，农村家庭对我的影响能有多大？

女博士却不是这么认识问题的，人家说，她将来会在大学教书，由于我的母亲是农村的，可能会对她的工作不认可。

原来人家担心将来的婆媳关系，她在说这些话的时候，用了好几个"可能"，剩女们都是在一连串的"可能"中，把一个个的好男人给"灭灯"的。

在婚恋网"淘宝"的过程中，这样的女人太多，我也早麻木了。有些女人，加你 QQ 的时候，没自报家门。

我不知道对方是谁，只好问一问，万一猜错了，说不定更尴尬。问一下对方是谁，其实很正常。我的 QQ 除了来自婚恋网的朋友，还有我的读者，还有失散多年的同学。你不自报家门，我真的不好猜中。

女人立刻说，"你加的人太多了吧？"

我解释说："我除了婚恋网的朋友，QQ 上面还有其他的好友，一个陌生人加我，不自报家门，我也不好意思去乱猜吧？"

话刚说到这里，对方就不理我了，当我再次找人家搭讪的时候，对方便告诉我，我们不合适。

如果我因为这样的事情生气，每天都得生气。很多女人没有生活在与人平等沟通的世界里，她们生活在全世界都得"宠着我、让着我"的世界。

男人都是很实际的，宠你，最起码得知道你是谁吧？你连家门都不报，谁有兴趣宠你？还不知道你是谁就宠你的男人，不是傻子就是骗子。

这一阵子，我的《张旭旭跳槽记》出版了，而且同时还卖出去了电视剧版权。我通过自己的努力得到了成效，感到非常开心。

这些年的一系列经历，对我来说都是宝贵的财富。当我认识到这些后，疯狂的爱上了我所从事的培训工作。

对于一个人思想的成长，没有比做培训师更合适的事情了。工作和写作上面的步步胜利，在个人问题方面，却依然没有任何进展。在求爱的经历中，一次又一次的受到婚恋网女会员的刺激。

为了获得女方的理解，我将婚恋网资料的独白做了更新，同时也将这份"经典独白"发布在博客上。

我的婚恋网经典独白

我的名字叫夏晓光，在外企任培训经理，主讲营销和管理类课程。以自己的经历写出了励志小说《张旭旭跳槽记》，以本书改编的电视剧《跳槽先生》正在筹备中。

你或许会问，为什么我这么优秀还没有女朋友？我老家农村的，骨子里有着传统和保守，大学期间我见女孩子还在脸红的时候，有的男生已经拉着女朋友坐到腿上了。工作后，一直是老家人给我介绍对象，农村人的资源，也介绍不了合适的女朋友。

我的工作圈子里，多数的人都已婚，未婚的也有男朋友。未婚单身的，还得碰巧遇到有感觉的才行。我是有责任心的，对方不是我结婚的对象，我不会耽误双方的时间。

男人是否喜欢一个女人，心里是有数的。女人则不一样，不喜欢他，一点感觉都没有。当对方制造了一些小浪漫，女人一下子感觉就来了。

女人说恋爱经验少的人，不会懂得爱一个人。这其实是错误的，如果恋爱少的人不懂得爱一个人，谈了 N 次恋爱，甩了 N 个老婆的人，会懂得爱一个人吗？恋爱多的男人是多情的，多情的男人也是最无情的。

　　恋爱本是两个人的事，那些多情的男人经常会把它变成三个人的事，三人相恋必有一伤。男人喜欢你，还是不喜欢你，一开始他们心里就知道。有责任感的男人才会为了结婚而恋爱，不会轻易谈一个试试，遇到更好的再换。这种男人和玩一夜情没有两样，都是在耍流氓。凡是能被第三者抢走的男人，都不是好男人。

　　在婚恋网，我发现很多人都没有做好恋爱准备，主要是因为"太挑了"。即使一个非常合适你的人，也仅仅是某些方面合适，不可能全方位合适。你要弄清楚，哪些是你认为"最主要的方面"。对于那些"次要的方面"，不太适合的方面，去磨合就行。

　　有人希望全面抓，注定一个也抓不到。好多在婚恋网漫天撒网的人，自己也不清楚自己要什么，否定对方完全是凭感觉，只要看到一点毛病，就直接"灭灯"，大龄剩女的青春就这么玩过去的。

　　我既然上婚恋网，就会认真对待。有的人把婚恋网当做了淘宝商城，一边交往着，一边继续撒网，这样的人请远离我，因为我不是天下第一，您早晚会淘到下一个比我优秀的"过客"。

　　对方的收入和工作，我都不在乎，这个世界对女人很多不公平，男人必须好好照顾老婆来弥补对方。我的资料真真切切，您可以放心交流！

　　这篇独白更新后，很多女人看到后，给了我建议性的回复，她们认为这样的独白不好，显得缺乏爱情经历，她们不会喜欢的。对方还告诉我，在她的择偶标准里，要求一个男人至少要谈过两次一年以上的恋爱。

　　女人的建议总是那么幼稚，她们哪里知道？男人和女人的恋爱是不一样的。女人只要和你恋爱，说明是真的爱你，想和你在一起一辈子。男人和你恋爱，会把你划分成恋爱对象和结婚对象，到底二者有什么区别，我想你懂的。

　　经历过几次长恋爱的男人，如果一直没有结婚，这样的男人最可怕了。他们一直在耍女人，却从没有对谁负责过，还不如离异的男人靠谱。

女人似乎不这么认识问题，前两天，有一位女会员加了我，问及我的恋爱经历，我讲述了自己和陆小菲以及曾娜的爱情经历。

对方又问："你们没有在一起生活过？"

"没有。"

"天哪！"

"怎么了？"

对方又问："你是处男？"

"是的。"

对方立刻说："我不喜欢处男，我们不合适。"

……

女人的心，我早就很清楚。她们已经接受了男人婚前的风花雪月，甚至有人说，找老公就要找玩够了的，因为他想安定了。我只能告诉姑娘们，爱玩的哥们一辈子都不会安定，本性难移。

我这样的男人，一直秉承着责任心的态度和女孩子谈恋爱。喜欢就谈，不喜欢我就会明说，我如果想玩，机会也海的去了。

为什么我一直守身如玉？我一直坚持真理，就是等待一个真正懂得欣赏我的女人。女人不懂男人，所以对男人的好赖根本就看不准。她们选来选去，反而会把好男人灭灯，最后钻进了坏男人的被窝。

在婚恋网气人的事情多了，还有不少女会员，和我联系上后，第一句话便问："你有北京户口吗？"

马晖告诉我，遇到这样的人不要理她们，目光太短浅了。话虽是这么说，在乎北京户口的人还真不是少数。

转念一想，既然女人那么在意户口，我干脆就找北京女孩，她们有北京户口，就不在乎这个问题了。

北京女孩从小在首都长大，文化和修养还是比较高的，和她们交往也不用害怕遇到"酒托"。做酒托的很少有北京人，绝大多数都是外地的。

我开始搜寻北京女孩，一口气联系了十来个，对方看到留言后，清一色的回复："我只找北京土著。"

"我们虽说是外地人，长期呆在北京，难道不可以吗？"

有的女孩再没理我，有的却给了回复："外地人不行，过年的时候，外地人会回老家，我希望两口子能在北京过年。这样一来就会有矛盾，如果是北京土著，就不会回老家过年了，过年一家人可以在一起。"

我看了以后，敲过去一段文字："人一辈子能过多少次年呀？能有多少次年假啊？这些条件真的很重要吗？我们应该重点看看这个人内在的东西，而不是先看对方过年回家的问题，哪一项更重要呢？"

女孩的信息再也没有回复过来，当我再次给她发信息的时候，发现已经发不过去了。网络提示：该会员把你打入黑名单，已不能给对方发信。

我经历过好几次同样的情况，谁让咱是外地人呢？只好继续寻找机会。这一次，终于联系上了一位北京女孩。

她名字叫卢娜，28岁，身材比较匀称，大眼睛，浓浓的眉毛。电话里听起来大大咧咧的，颇有北京大妞的范儿。

周末，我们约好在崇文门附近见面。出发前，我精心准备着了一番，穿上了新买的衣服。卢娜的短信一直在响，一会儿说她在国瑞城，一会儿又到了新世界逛商场，究竟在哪里见面，似乎变化莫测。

我忽然有一种疑问，卢娜这次出来，主要目的是为了见面？还是为了逛商场？大冬天的，我出来相亲也不容易，见一个心不在焉的女孩，确实让人有些恼火。

本来婚恋网的成功率就不高，见面之前就这么心不在焉了，还能保证多高的成功率？我顶着严寒刚赶到新世界商场，打电话给卢娜，问："你在新世界商场什么地方？"

"我在王府井百货呢，你打车过来吧，也不远。"

我终于忍不住了，问："你是为了跟我见面呢？还是为了逛商场？"

卢娜顿时停顿了五秒钟，然后大声嚷："我靠！和你约见，还想让我用八抬大轿请你吗？"

我只好说："我们在网上也聊了一段儿时间，也算是朋友了，我希望对待约会要礼貌一些，约了时间和地点，就不要总是变，给人一种心不在焉的感觉。"

卢娜再一次拉高了嗓门儿，说："你个死外地人，我出来见你，就是给你面子了，你还屁事儿那么多……"

"你这话说的不对，你说我们是外地人可以，干吗前面还要加个死字呢？"

"滚回你们河北农村去吧，北京不欢迎你！滚……"

"北京欢不欢迎我，不是靠你说的。我凭什么回去啊？我在北京收入不比你少，工作不比你差，我凭什么回去？"

"呸——"卢娜说："回你们河北农村去冒充有钱人吧，别让北京人瞧不起你，你以为你是谁？"

……

虽然这次相亲没见到面，也等于"相"过了，至少已经很清楚我们是不合适的。

48 情商女孩

当今的社会很多人情商都不高，你一定发现了，情商高的人，一般工作也比较好。情商低的人，不仅工作差，收入也不会多高。

从收入上看，也能够看到一个人的基本素质。我并不是看不起收入低的人，有人或许要说，行业不一样，收入的标准也不一样。这个问题我不想争论，特殊情况肯定会有的，多数情况下，收入会决定一个人的见识。

我在婚恋网遇到这样一个女孩，河南人，名字叫：叶红。我们约了周日见一面。结果，我被人家爽约了。

正准备出门的时候，打电话联系她，却发现人家参加老乡会去了。叶红说，她觉得我约她的时候不一定是认真的，就没当一回事，在同一天又约了几位老乡去聚会。

这件事让我有些生气，外企的人，最讨厌别人爽约。如果你想爽约，可以事先有个沟通，提前协商一下，不能等到了最后时刻才让对方感到被涮了。

第二天，我们又约了。那天下班后，我顶着严寒，去乘坐地铁，经过好几次换乘，出了地铁又打车，才辗转的到了叶红所在的公司楼下。这么一周折，让我又有些生气了，我这么远过来，人家却一步路也不凑过去，这种态度是一种自私。

我又使劲把这口气咽了下去，既然来了，就别说抱怨了。见面后，我忽然发现，这个女孩是个"对眼儿"。

婚恋网上的照片，她都是眯着眼睛笑的，让人看不出她是个"对眼儿"。而且，她资料里最后一句话是："希望成为别人美丽的新娘"。

这句话似乎有意吐露自己是一个美丽女子，如果不是看到这句话，我或许就不会这么远跑过来了。

见到"实物"的时候，让我大失所望。我是有礼貌的，尽管失望了，我们还是坐在了饭店里。

我点了几个菜，男人嘛，就应该大方一些。准备请对方吃顿饭，然后走人，面子上过得去就行了。

菜还没上来，叶红就告诉我一件事，说她昨天相了一位男朋友，是她老乡帮她介绍的。这时候，我顿时明白了，昨天爽我的约，原来是老乡帮她介绍男朋友了。

叶红还说和对方谈得挺好的，由于都是河南老乡，一方水土养一方人，看上去比较合眼。接下来她一直在谈她昨天的相亲对象，还表示自己家乡人很靠谱，和老乡交往很放心。

这个姑娘够"坦诚"的，我实在听不进去了，跑了这么远过来相亲，居然一直在谈昨天的相亲对象有多好？

我渐渐的不说话了，叶红还在吹嘘昨天见的男朋友。我实在听不下去了，只好对她说："你既然昨天相亲了，又觉得对方还行，干吗还跟我约出来？"

叶红的对眼儿转了一下，说："我爽过一次你的约，总该补偿你一次吧？"

我定了定神，说了一句："你这么做不叫补偿，叫涮别人，你懂吗？"

"难道我又做错了？"

"我下班后大老远跑来，你觉得容易吗？我的时间是大风刮来的吗？你把我约来也就算了，大家最起码开心一点，吃顿饭各奔东西，以后做普通朋友也好。你却一直吹嘘昨天的相亲对象，这不是明摆着涮人吗？"

对方一脸真诚的说："我今天和你约出来，就是补偿上次爽约给你造成的伤害，没说要跟你相亲……"

我开始发火了，说："你做事情，有没有认真的态度？有没有想一想对方的感受？"

叶红脸红了，冲我嚷了起来，说："夏晓光我告诉你，我做事情一直都是很认真的，我负责公司的财务，从来就没有弄错过，没人说过我不认真，你凭什么这么评价我……"

秀才遇到兵，有理说不清。我只好把想骂人的话咽了回去，说："好了好了，算我错了，朋友一场。"

叶红又说："没见过你这么不讲道理的！"

……

这件事就这么结束了，如果我想跟人生气，在婚恋网或许每天都得生气。我还聊过一位，问了我什么职业，就直接说不合适，问及原因，对方说不喜欢"培训师"这种职业。

我又追问为什么？对方振振有词地说，培训师都是忽悠人的，接触女人太多，都会不靠谱。听到这里，我真想甩对方一句"放你娘的屁"。这句骂人的话，我还是硬咽了回去。渐渐的，我似乎变得成熟了，情商就什么？就是把想骂人的话咽回去，把不顺眼的人看顺眼了。

也还有的女孩聊了没两句，就告诉我不合适。当我又一次固执地追问原因的时候，她说希望找一位理科生。文科生接触的女人多，会有花心的机会，理科生接触的女人少，没有花心的机会。

当一个人思想有障碍的时候，你怎么都拉不回来，面对这样的人，我也懒得跟对方辩驳了。婚恋网上面，什么极品女人都有，还有一个人，我们聊了几次，我开始约对方见面谈谈。对方甩了我一句："你该不会是为了见面而见面吧？"

我都被说蒙了，对方又说："你对我了解吗？就要求见面，完全是为了见面而见面，有意义吗？"

"见面才是了解彼此的过程呀？没有见面之前，谁对谁的了解都是一个毛皮，顶多就是一个好感而已，见了面对双方有个清晰的了解，合适的话就进一步发展，难道不对吗？"

对方又说："我最讨厌你这样的人，你年龄大了，完全是为了完成见面的任务而见面，还不了解人家，就要求和你见面了，我才懒得理你！"

49 朋友圈儿

2012 年春节前，我又报名参加了一次婚恋网举办的单身聚会。我觉得只有婚恋网的群面，或许才更有希望，比一个个见面的话，效率高了很多。上次参加的活动中，我认识了大美女郭芙。

在一群人里面，往往会有一两个形象好的女孩，只要抓住机会就行了。本次聚会上，依然是八分钟交友。

每一桌安排两名女士和两名男士，女士坐在固定的位置，男士不断的循环。男人跟对面的异性有没有兴趣，不到一分钟便可以决定，八分钟的时间有些长。

有了上次经验，刚开始我就决定不按次序走动，先扫了一眼全场，坐在最后排有一位漂亮女士，身材也很好，一双大眼睛流盼生春。

我径直的走了过去，跟同桌的两名男士挤在了一起。这两位男士看到来了一名不速之客，问："你坐哪桌儿呢？"

"我的座位被别人抢了，我只好在这里凑一下。"

其中一名男士，问："你的座位被抢了，肯定是你同桌有美女。"

我笑了笑，说："你有兴趣的话就过去，我坐在第二排的右边桌位。"

没想到那位男士真的站了起来，往前面探了过去。我一屁股坐满了那人的位子上，把这个座位抢了。

你或许觉得，他怎么不看清楚资源才过去，你要知道，他从后面看到的都是女孩子的背影。现在的女孩子，背影都是一个比一个漂亮，当那小子转到前面的时候，才知道上当了。

我已经和早已瞄准的女孩聊上了，她的名字叫做荣欣欣。由于咱形象也不差，我们很快便互相留了 QQ。

那位男士转悠了一圈儿，又回来了。这时候，他要把我赶走。我只好离开，反正目的也达到了。

荣欣欣笑了，我对她做了一个手势，表示以后联系。聚会持续了 3 个小时，我没有再和别的女士太多的搭讪，别人跟我搭讪，我也是简单的应付一下。

回到家后，第一时间加了荣欣欣的 QQ，很快就聊上了。荣欣欣是贵州人，年方 27 岁，在北京一家名酒企业做销售工作。

我正好是从事销售培训的，我们的工作背景很互补，也是一拍即合。自从认识了荣欣欣，我每天都挂着 QQ，为了时刻能够联系到她。

每隔两天，我们都要在一起吃顿饭。刚和女孩子交往，不能太频繁，如果每天晚上都见面，对方也会觉得反感。

在北京上班的人，工作压力比较大。城市大，跑过去一趟也不容易。下班后身心疲惫，就想早点回家休息。

做销售工作的，很多情况下还要陪客户，不一定能够抽出时间约会。隔两天见一次面的频率，是我根据对方的工作情况设定出来的。此时此刻，我们的爱情正在萌芽中，一切都比较顺利。

周末，我正想约荣欣欣，没想到人家主动约了我，"周末一起参加我的朋友聚会吧。"

"好呀，我很想见见你的朋友。"

肯带你去见她朋友的人，才是把你当一回事儿的人，至少对你比较满意，希望把你展示给她的朋友。

浮躁的社会，有的人谈了很久恋爱，都不肯引荐到彼此的朋友圈，为的是分手的时候分的干净。

要了解一个人，了解她的交际圈子是很有必要的。这件事被荣欣欣主动邀请，我觉得向成功靠近了一大步。

周六，上午 10 点。

我来到了约定的地点，在天通苑附近。荣欣欣也准时的到了，带我来到一家贵州特色饭店的包厢内。

走进包厢的门，十来个人围着一张麻将桌，两男两女正在疯狂地搓麻。其中一名女人，四十来岁的样子，叼着烟，抬头撇了我一眼："来了？自己找地方坐吧。"

我坐在了沙发上，荣欣欣也坐在旁边。那些围观麻将的人，一个招待我的都没有。我仔细打量这些人，他们的年龄似乎相差很多。

有三男三女年龄都在 40 岁左右，有一个人手上有刺青，图案是一只蜘蛛。三个女人两个在搓麻，一个在围观。

这些女人都抽着烟，从内到外散发着一种女匪气息。还有三个小伙子，一看就是 80 后了。一个高的，一个胖的，一个又矮又瘦的。

我的目光落在这位又矮又瘦的身上。他的脸瘦得像一个骷髅，一点肉都没有，一双眼睛贼亮，头发染得全红，还打着耳钉。

"这些都是你哪里的朋友？"

"老乡会上认识的。"

原来都是荣欣欣的老乡，怪不得年龄参差不齐，我假惺惺的称赞了一下，说："你这些朋友们，个个看上去都很仗义。"

"那是！"荣欣欣得意地说，"我们经常在一起聚会，他们是我最好的朋友。今天让你来，就是希望让他们帮我保保眼儿，看看我要不要跟你谈……"

我顿时倒吸了一口凉气，大脑的神经快速的跳动了起来，如果让这些极品男女们来保眼儿，会靠谱吗？

咱形象不差，而且品行和举止都比较文雅。如果和我合拍的人保眼，一点问题都没有。大家都知道，物以类聚，人以群分。

好人看坏人不顺眼，坏人看好人同样也不顺眼。看着面前一张张跟我无法合拍的面孔，我对荣欣欣说："你找男朋友，自己不会看吗？干吗非要别人帮你保眼？"

"他们可是我最好的朋友，我相信他们！"

我开始意识到，现在要做的，必须把这些老乡们维护好了。万一某位大哥说了我的坏话，荣欣欣可能就要给我"灭灯"了。

时间早过了中午12点，玩麻将的人一直没有停下来。我肚子早饿了，早晨饭就没吃，本以为到了这里，大家很客气的敬敬酒，吃吃饭。没想到见到这样一伙人，他们打起麻将来，也不知道几点结束。

服务员催促了好几次，要不要上菜？这些人正玩的热闹，对服务员说："没看到正在玩吗？不要再催了。"

此时此刻，我已经意识到，现在不能傻坐着，必须开始做"人脉"。准备先跟那位又矮又瘦的小伙子搭讪，这小子看起来二十四五岁的样子，年轻人沟通起来会更容易一些。

我递上名片后，说："高兴认识你，我是欣欣的朋友。"

小伙子接过我的名片，往裤兜子里一塞，点了点头，没说什么话，继续看搓麻。我又对他笑了笑，说："您怎么称呼？从事什么行业呢？"

"我叫高林，你叫我高导好了。"

"你是导游？"

"导演。"

"哇——"我很吃惊地问，"您是拍影视剧的导演吗？"

"是的。"

"你拍过哪部片子呢？"

高导的眼睛翻了两下，说："现在还没有什么片子，以后会有的，以后我的名字会家喻户晓。"

我对他伸了一下大拇指，说："你很棒！就凭你的名字，就很有艺术范儿，相信你会成功的！你哪一年的呢？"

"89年的。"

"真是年轻有为呀。"

我再一次伸出大拇指，夸了高导一番后。然后，我来到了一位40岁的男人身边。如果这些人给荣欣欣提恋爱的建议，40岁的男人是很有说话分量的。要搞定荣欣欣，必须先搞定这位40岁的男人。

"大哥，高兴见到您！"

我忙握住了那个人的手，那人把手抽了回来，似乎没见过这么热情的人。我把名片递上去，那人接过后，看了看，又递了回来。

"大哥，您把名片留下吧。"

"我没有用的，还是给你吧。"

我被搞得很尴尬，笑了笑，说："大哥，您是做什么工作的呢？看您的气色很好，一定是做生意的老板。"

"是的，我开了一家修车铺。"

我伸出大拇指，说："您是修车公司的老总？"

"我修的是自行车。"

我差点憋不住笑了，又使劲憋了回去，说："修自行车也很了不起呀，中国是自行车大国，修自行车的话，生意更多，发财更快。"

……

我与他寒暄了一阵子，又去攻克下一个目标。女人最容易听信女人的话，尤其是比她大几岁的女人。

要想搞定荣欣欣，必须把这三个女人搞定。两名女人正在打牌，只有一个女人正在旁观。我走到这位女人跟前，递上去名片，说："大姐，您好，认识一下。"

女人接过名片后，一边看名片上的内容，一边往名片上弹烟灰，问了一句："你是欣欣的朋友？"

"是呀！大姐。我看您的形象和气质很好，从事什么行业的呢？"

对方笑了笑，说："我没干工作，就在家带孩子。"

我对她伸出了大拇指，说："带孩子也好呀，这才是成功女人的标准，有男人心甘情愿挣钱给您花，说明你们感情很好！"

女人得意地笑了，指着我刚才搭讪的男士，说："他就是我老公。"

我又伸出了大拇指，把刚才夸赞她老公的话，又当着这位女士说了一遍。对女人而言，夸她的老公也等于夸她，更重要的事情是，把夸他老公的话再说一遍，省得再编新词儿了。

……

吃饭前，我把在场的人都走了一圈儿，吃饭的过程中，我也一个劲儿地给各位敬酒，每一个人都敬到了。

尽管我不太会喝酒，为了爱情这次真是拼了老命。打车回到家，我倒头就睡着了。睡梦中，我梦到和荣欣欣结婚了，那群狐朋狗友们来参加了我们的婚礼。

当我醒来的时候，已经是晚上21点钟。由于下午喝了酒睡得很死，晚饭都没有吃，一直睡到现在。

我揉了揉眼睛，打开电脑，登陆了QQ。正巧荣欣欣在线，我问："欣欣，你的那些朋友怎么评价我呢？"

本以为会受到很多好评，毕竟这次做足了"人脉"。荣欣欣告诉我，"朋友都说，我跟你在一起不合适。"

我眼前一黑，气得牙根都疼，问："为什么呢？他们都说了我什么？"

"他们对你的评价都不高，觉得和你在一起很无聊。"

我越想越生气，实在憋不住了，说："如果我学会抽烟，学会废寝忘食的搓麻，学会在胳膊上刺青，学会吹牛逼说自己是导演，可能他们就会觉得我不无聊了。"

荣欣欣看到这句话，回答说："看来我朋友说的没错，我们真的不合适。"

我说："那是一群流氓，你为什么要听他们的？你不瞧瞧他们是什么人？我这种正儿八经的人，他们肯定瞧不上，你自己有脑子吗？"

"你不能辱骂我的朋友们！"

我的手指，快速敲打着键盘，说："去他妈的你那些烂朋友，一群乌合之众，难道还想让我尊重他们吗？我堂堂的正人君子，他们却看不上，他们能看上什么人呢？跟他们臭味相投的人，估计他们就看上了……"

荣欣欣的头像黑了，我知道，她已经删除了我。这场爱情，也就这么画上了句号。

50 湘女多情

2012 年春节后，我从婚恋网认识了一名漂亮的女孩，典型的湖南妹子。当我第一次见到她照片的时候，就被她那双大眼睛吸引了。

从那一刻，我一直希望和对方早日见面。她的名字叫汪莎，27 岁，在一家民企从事 HR 工作。

我是外企的培训经理，隶属于 HR 部门，我们很快便约见了。初次约见的地点在光熙门地铁口，出发前，我和她强调了好几遍在光熙门站。当我到了的时候，美女却一直没有到，也许是女孩子的习惯吧。

等了又等，也不见汪莎的到来，我只好打了她的电话。她却说已经等我很久了，我觉得很纳闷，我说我在 A 出口，她说也在 A 出口。

当我下意识的问她在哪个地铁站的 A 口，对方的回答却是柳芳站，我第一次领教了这位美女的无厘头。

我只好乘车到了柳芳站，见面后，发现她比照片还要漂亮，让人很有感觉。我们来到附近的上岛咖啡，各自要了一份简餐。

吃饭的过程中，汪莎几乎没说什么话，每一句话都是我来问，人家简单的应对几句。饭后，我们在地铁站分手，到家后，我给她发了一条信息，示意非常高兴认识她。

这条短信犹如石沉大海，没有听到一丝的回声。大概是人家对我没丝毫兴趣吧，我失望了片刻，从 QQ 上找到她，跟她聊了几句，对方一直都是冷冷的。既然这样，我也只好放弃，咱不是那种软磨硬泡的人。

这阵子公司培训特别多，我一直忙于出差，再没上婚恋网。三个月后，汪莎又主动联系了我。

公司调她去做了培训岗位，要尽快建立培训体系，她对培训的工作一窍不通，于是来向我寻求帮助。

······

我的机会又来了，真是上天保佑。既然她寻求我的帮助，说明我在这方面的才能还是被她认可的。

民营公司的老板很多对培训理解太浅，会把一个白丁派去搭建培训体系。在外企，能够做出培训体系的人，对员工的发展规划必有深厚的经验，才能胜任这方面的工作。

中国的民企很多都是瞎胡闹的，老板说你行你就行。汪莎这样的白丁也会被任命为培训经理，在民企里面一切皆有可能。

我先不管他们公司是否专业，帮她搭建培训体系，对我来说是一次好机会。我们又一次约在了咖啡厅，我给她讲了一整天培训的相关内容。

有了这次交流，我们的关系似乎近了一步。汪莎吐露对培训工作很有兴趣，而我恰恰又是外企培训经理。

我们经常周末约在一起看电影，交流一下工作经验。经过几次的接触，我便向她表白了，人家却很干脆的拒绝了我。

"不合适"三个字很伤人，我明白了她的态度。我一直在思考自己失败在了哪里："可以告诉我，你不喜欢我的原因吗？"

"见到你没有感觉。"

感觉是什么？女孩子自己说不清楚，其实这种虚无缥缈的东西，就是看男人会不会坏，会不会哄人。

每当提到"感觉"二字，我心里便开始一阵子抽搐。让女人有感觉是坏男人所擅长的，好男人这一点都很欠缺。

我很不服地问："你以前谈过的男朋友，我和他们比起来，究竟失败在了哪里？"

汪莎觉得跟我也算是朋友一场了，便无拘束的说："你比他们都优秀，但是这种感觉，我就是说不清楚……"

为了进一步探寻汪莎的感觉是怎么来的，我让她给讲述了曾经的恋爱经历。她说："以前有个小伙子追我，一直对他没有感觉。有一天，他请我们几个朋友出去唱歌，在他拿起麦克风的一瞬间，我的感觉一下子来了……"

"可以描述一下，你当初那种感觉是什么吗？"

汪莎又摇头，说："我说不清那种感觉是什么，只是觉得开始对他来电，就喜欢他了。"

"你们为什么后来没有在一起呢？"

"我们之所以没有走到一起，不是我不喜欢他，而是他整天酗酒。每次回家都是半夜，而且每次都在家里发酒疯……"

这件事又验证了那句话，好菜都被猪拱了。

为了教育了一下女人，让她们学得成熟一些，我写了一篇博客，名字叫"写给单身男女的一封信"，内容如下：

写给单身男女的一封信

当你判断一个人合适不合适做你的另一半的时候，很大程度上，人们会根据感觉来判断，认为感觉很重要。其实，除此之外，还应有一定的"标准"来判断。

你要清楚自己是什么样的人，要找个什么样的人，才能够适合自己过日子。如果想不清楚这些问题的话，单凭感情的冲动相互结合，婚姻的风险很大。过渡盲目的相信爱情力量的人，多数会无法应对那些注定要来的挑战。

一见钟情的人，往往会因为某一方面很喜欢，遮住了眼睛，其他的很多问题都暂时被忽视了，而这些问题又是客观存在的，当时没有发现，当发现的时候，才会觉得不合适。一处处的人间悲剧，都是这样开始上演的。

因为一个人适合你，还是不适合你，是一个多方面的综合。即使是一个非常合适的人，也仅仅是某些方面合适，不可能全方位的合适。于是要弄清楚，哪些是你认为"最主要的方面"，关于次要的方面，慢慢磨合就行了。

选择主要方面水平，决定你的婚姻幸福水平。只要你关注的主要方面是正确的，我包你幸福一辈子。如果你选择的"主要方面"，仅仅是一些虚无缥缈的感觉。那么，我开始为你日后的婚姻生活起鸡皮疙瘩。

为什么以前的父母包办婚姻很多人也都很幸福，而现在的自由恋爱了，却那么高的离婚率。有人说是自由了，把事情看开了，大家都敢干了。我觉得，很大程度上是因为，父母看人比你年轻的小姑娘看的更准，他们是过来人，知道你真正的需要什么。

感觉的东西，往往是虚无缥缈的，也是易变和难以捉摸的。选择主要方面，千万不要锁定在感觉上，因为感觉是虚的，来得快，走的也快。甚至很多女孩子因为对方干了一件浪漫的事情，一下子感觉来了。靠感觉择偶，会忽视很多本质的东西，导致感觉消失后，忽然意识到，我当初怎么就选择了他？

选客观的东西，才有助于你真正的找到正确的另一半。内在的、本质的东西，一般都比较巩固，对维护一个婚姻比较重要。

婚姻是一件严肃的事情，不是在找一个可有可无的朋友。你必须了解对方的内在的，本质的方面。如，家教、生活环境、性格、爱好、生活习惯、恋爱经历、人生观、人生态度等。

女人真正的成熟后，才会发现，两个人在一起生活，仅仅有感觉，还是不够的，还需要两个彼此适合的人。

怎样才能找到合适的人，我前面已经说的够清楚了，这篇文章仔细读十遍，包你找到一个合适的人。

这篇博文，引起了很多人的关注，大家都觉得我分析的有道理。我对女人做的任何剖析，都不是在说全部女人。请大家不要误会，任何论断都不是针对全部的。

51 费洛蒙

为了追求汪莎，我翻看了大量的爱情书籍，一不小心看到了"费洛蒙"一词。书上说了这样一种现象：女人会被某位男人吸引，她仔细一想，对那位男人的外表，性格，品格并没有好的评价。不知道什么原因，她就是喜欢对方，不去想人家都不行。

实际上这是"性信息素"的作用，也叫费洛蒙。任何生物都含有信息素，尤其是在昆虫配偶的过程中，通过性信息素散发的特殊气味寻找配偶。费洛蒙相互作用后，会使女性的大脑里多巴胺分泌增加，进入兴奋状态，成为来电的感觉。

研究表明，女人不喜欢与自己相近类型的费洛蒙，与自己不同类型的费洛蒙会让女人产生对爱情的幻觉。根据遗传学，不同类型费洛蒙的两个人在一起生的孩子，会更加健康。这种规律会使人类进行优质的繁殖，导致物种的优化。

科学家还做过了实验，找出几把相同的椅子，其中一把涂抹上与某女性不类型的费洛蒙，结果这位女性闻到气味后，对这把椅子非常有好感而爱不释手。科学家得出结论，女人是用鼻子寻找爱情的。

看到这里，我觉得关于费洛蒙的传说是真实的。我又翻阅了大量关于费洛蒙的资料，以及关于男女生理差别的书籍。此时此刻，我似乎成为了一名科学家，在研究两性问题上达到了废寝忘食的地步。

很多书籍证明，动物们大多是用嗅觉寻找配偶的，尤为昆虫最为明显。人类也是一样的，尽管是高级动物，嗅觉和体味对性冲动的影响是不可忽视的。

科学家还指出，女人的嗅觉异常灵敏，通过某些男人的气息，女人的大脑能够检测到男人的免疫状态，这些都是检测仪器都无法检测到的气味。

在原始社会里，女人必须依靠男人来供养自己和孩子，为了使自己和孩子得到更好的照顾，女人需要找到身体强壮并且不生病的男人。免疫系统强的男人分泌的费洛蒙更加强烈，如果恰好型号匹配，女人就会不能自拔的爱上对方。

这是雌性动物原始的本能，导致女人会对与自己费洛蒙匹配的人，并且免疫系统强的男人产生爱的幻想，保证能生一个健康的宝宝。

书看得越多，我越来越觉得女人真的变成动物了。起初我只觉得女人是感觉大于天，现在又发现了一个叫做"费洛蒙"的东西。

无数赖汉子配仙女的例子，是否和费洛蒙有关？女人是否真的找爱人靠鼻子？是否真的那么肤浅呢？

这件事我不敢下结论，我一直认为，女人不太善于理性剖析问题。也许闻到味儿了，一下子感觉来了，然后就去爱了，没有什么理由。

我想来想去，决定找到一个女人，对此问题探讨一下。忽然想起 QQ 好友里，有位网友昵称叫"喜欢你的味道"。起初我没有在意，现在忽然想起那个人，取名这种昵称的女孩子，一定闻到过所谓的男人味儿。

登陆 QQ 后，我找到了那位女孩。我们寒暄了几句，便步入了正题。

"你有男朋友吗？"

"有。"

"你喜欢你男朋友的哪些方面呢？"

"很多啊。"

"比如？……可以列举一下吗？"

"我也说不清楚，反正见到他就是有感觉……"

"你男朋友是做什么工作的呢？"

"没有什么工作，在家待业呢。"

"他很帅吗？"

"不帅。"

"你是怎么喜欢上他的呢？"

"我第一次见到他的时候，就深深地被他的男人味儿所吸引，具体是什么原因，我也说不清楚，这种事不好说，爱情是没有理由的……"

对方描述的现象，我可以初步判断，是费洛蒙产生了作用。为了进一步确定，我又问："是不是你喜欢上了他的男人味儿？"

"嗯！"

对方给我发来了一个伸着大拇指的图标，示意我说中了她的心思。我又问："可以跟我说说那种男人味儿是什么感觉吗？"

"你好烦啊，这种感觉是说不清楚的。女人都说不清楚她们爱男人的什么地方，反正就是爱了，一见面就非常有感觉，见不到他就心里七上八下的，想不去想他都不行……"

经过这番话，我可以确定这个姑娘是被那个傻 B 男人的费洛蒙吸引了，导致她不能自拔的爱上了对方。

怪不得我一直觉得自己条件不差，始终遇到不了相互钟情的女人。如今我可找到根儿了，原来是费洛蒙的问题。

费洛蒙造成了很多鲜花插在了牛粪上，我的内心里酸酸的，觉得我这么努力，这么靠谱的男人，居然还不如那些傻 B 男人身上的一股体味儿，这件事让我翻来覆去地想了好几天。

我不停地在网上搜索费洛蒙的信息，看看科学家研究的最新进展，搜来搜去，看到一个出售费洛蒙香水的广告。

这是一家费洛蒙香水直销网站，广告页解释了费洛蒙的神奇作用。还说通过费洛蒙香水，可以改变男人体味中的费洛蒙味道，让女人不能自拔的爱上你。

网站还贴出了很多图片，一些性感的美女，她们在一些肌肉男身上贪婪地嗅着气味，还做出很享受的表情……

展示出来的香水都有着精美的包装，下面还有消费者的评论，我仔细看了评论，100% 都是好评。

有的说味道很好，有的说女朋友很喜欢，有的说增添了爱情的魔力，还有一位男士说，自从用了这里的香水，那个对他不屑一顾的妹子立刻对他投怀送抱了……

看到这些评论，我顿时觉得以前对性知识了解太少了，除了男女之间的做爱和生育，还有一个很重要的东西就是"费洛蒙"。

如果不是我为了搞定汪莎苦读恋爱宝典，一辈子都不会知道女人是用鼻子寻找爱情的。这家网站的香水都写着美国专利产品，在国内独家代理。

我下意识的点击了一下某款香水，这时候，一个对话框自动弹了出来，对方问："您好，有什么可以帮您？"

"我想咨询一下费洛蒙香水。"

"我们网站是费洛蒙香水的独家代理，请问您需要哪一款呢？"

"哪一款能够吸引女孩子呢？"

"哈哈，要看是什么样子的女孩子了，性格怎么样？我们根据女孩子的性格，能够初步判断出她身体分泌的费洛蒙特征，可以帮你寻找与她匹配的香水……"

"根据对方的性格，就能判断出对方的费洛蒙特征？"

"当然了，你要知道，人的性格都是由身体里的激素造成的。比如，有些人很忧郁，吃了一些药物后，就会解除忧郁。人所有的思绪活动，都是身体里的激素反应……"

我一听，认为说得很有道理。我回想了一下汪莎的性格特点。她脾气比较大，性格还是比较率真，我把所了解的情况都告诉了对方。那人又盘问了我汪莎的年龄、工作、学历、兴趣爱好等。

给我推荐了一款叫做"风流骑士"的香水，并且告诉我，这款香水是专门针对我所追的女孩的。

"风流骑士"这个名字，我并不喜欢，因为我是个比较腼腆的男人。转念一想，也许正是因为我的腼腆，无法打动汪莎。如果我风流一些，汪莎可能早爱死我了。男人不坏，女人不爱，也许女人内心里也希望男人会风流。

对方承诺给我打包邮寄，我完成了转账后，对方告诉我，香水已经从河南省安阳市寄出，七天内到货。

52 风流骑士

我等呀，盼呀，等着我的"风流骑士"早点到来。第六天货到了，我打开后，发现包装盒子非常简陋，一点都不像是跨国公司生产的东西。

箱子里面塞着一堆废纸，包着一个小塑料瓶子，瓶子上面连一个字都没有印。瓶子上的喷头非常劣质，我仔细一闻，有些类似花露水的味道。

转念一想，也许费洛蒙香水就是这种味道。不管怎样，重要的不是看香水的包装，只要里面有费洛蒙，说不定就能让汪莎爱死我。

接下来，我想了一个好主意，准备约汪莎去看一场电影。看电影的时候，两个人的距离非常近，可以让她尽情享受我身上的费洛蒙。

出发前，我在身上喷了费洛蒙香水，这次喷得很厉害。当我不太确信这种香水效果的情况下，唯一的办法就是多喷一些增加效果。我们刚见面，汪莎第一个反应，就捂住了鼻子，问："你喷花露水了？"

我顿时脸色紧张，稍后点了点头，忙说："不小心喷多了。"

汪莎咧着嘴，问："你家有蚊子吗？"

"没……没有。"

"干嘛要喷花露水？"

我对她笑了笑，没有说话。汪莎又说："没见过你这种男人，熏蚊子的东西，出门还喷这么多……"

电影开始了，汪莎坐在我的右边，身体使劲往右靠拢，手一直在捂着鼻子，就这样的一种姿势看完了一场电影。

我开始意识到这种香水是假货了，我又是一个喜欢刨根问底的人。男人感觉不到这种东西，我只好试探性地问汪莎。

"你不觉得这款花露水很有男人味儿吗？"

"有个屁男人味，我都快被你熏死了……"

我可以判定，这次网购又买了假货，压根不是什么美国产品。电影散场后，我在家门口超市买了一瓶花露水，回家后对比了一下两种东西的气味，完全是相同的。

这款所谓的费洛蒙香水就是散装的花露水，800多块钱就这么打了水漂，这件事我越想越气愤。

当我又一次打开费洛蒙香水官网的时候，又弹出了那个傻B导购的对话框。我说买的香水不管用，对方告诉我，那是由于香型不一致，可以再给我推荐一款其它产品。

当我提到和花露水味道相同的时候，对方忙说，如有异议，稍后会有他们的产品顾问帮我解答，让我留下电话号码。

还没等我把电话号码输入完毕，对话框就迅速的关闭了。这位骗子连说谎哄人的耐心都没有。

我知道他是在骗我，最起码也该让我把电话留下吧，那样我心里也舒服一些。人家那么急的就关闭了对话框，等于告诉我，爷就是骗你，有本事来找我。

我打电话报案，警察听了以后，说："你反应的情况，我们已经做了记录，如果有相关的处理结果，我们会跟你联系。"

警察让我把电话留下了，尽管日后一直没有收到警察的回复。起码心里舒服了许多，纳税人的钱没有白交，人民警察对我还是比较有耐心的。

网购容易上当，我就去商场选购。为了寻找吸引汪莎的费洛蒙香水，我不惜一切代价。商场里香水的品牌太多了，男人的香水也很多。女导购问我，需要什么类型的香水，我将买香水的目的说了。

女导购听了后，大笑了起来。她说："那些都是骗人的，女人们都是比较物质的。在北京你只要有房，有车，有存款，对方就会喜欢你，根本没有什么费洛蒙……"

我一直相信费洛蒙的存在，读了那么多关于两性的书籍，费洛蒙的概念已经在我的脑海里根深蒂固。我似乎成了《探索发现》里面的寻宝人，一定要找到传说中的费洛蒙，用它来搞定我的梦中情人。

跑了好几家商场，都没有找到费洛蒙香水。新世界商城的导购告诉我，任何香水对女孩子都有吸引力，女孩子的嗅觉本身就很敏感，只要气味吸引了对方，就会对你产生好感，并不是靠什么狗屁费洛蒙。

"费洛蒙"的幻影，就这么在我心中破灭了。我只好挑选了一款男士香水，说明书上写着：可以引起女性的好感，增加求爱的胜算率。

这一次，花了我 1000 多块钱，是烟草型的法国香水。回到家里，我喷了一下，觉得这种气味比起上一次喷的花露水，舒服了很多。

于是，我开始筹备下一次的约会，汪莎之前说过，前男友追她，她一直没有感觉，那小子带她去唱歌的时候，她感觉一下子来了。

书上说女人在兴奋的时候，分泌的荷尔蒙会增多，容易对男人产生感觉。让女人兴奋的场合有 K 歌，冲浪，漂流，蹦极等。

既然有人用 K 歌的方式打动过汪莎，我可以沿用对方当年的战术，这种方式有人成功过，说明是可行的。

我电话打给汪莎，说周末请她 K 歌。她很高兴的答应了，从语气中能感觉到她是一位喜欢唱歌的女孩。

我发现她对北京 K 歌的地方了如支撑，说起来头头是道。如果不是和汪莎一起来 K 歌，我一直认为"钱柜"是类似于银行的储蓄机构，现在才知道是 K 歌的地方。看来我这位一直拼自己事业的小伙子，很多事情没有接触了。

怪不得有些女孩子觉得我没有感觉，关键在于我不太爱玩。每天下班回家看看书就睡觉了，不如那些爱玩的男人能够带给女孩子疯狂和刺激。

周末到了，出发前我喷了烟草型香水。汪莎见到我的时候，劈头就说："你又用香水了？真受不了你，你太娘了……"

这话说得我更加尴尬，"太娘"这个词，放在任何一个男人身上，都会让人觉得受到了某种耻辱的感觉。

没等我反应回应，汪莎又说："以后，我就叫你夏阿姨吧！"

我的脸红了，忙说："别这么称呼我，我毕竟是个男同志呀。"

"夏阿姨，夏阿姨……"

汪莎故意逗我的样子，一连喊了好几句夏阿姨。此时此刻，我已经明白，这款香水也没有产生所谓的神奇效果。

我们在钱柜订了一个小包厢，汪莎一首接着一首唱，而我却发现自己一首流行歌曲都不会唱。我只会唱林志颖早年的歌曲，那时候我正在读初中，刚喜欢听歌，林志颖就成了我喜爱的歌星。

自从林志颖当兵后，我再也没有找到第二个喜爱的歌星。直到现在，也没有学几首歌曲。汪莎唱的累了，我接过麦克风，把林志颖早期的"戏梦"和"今年夏天"唱了出来。

这时候，汪莎开始玩手机上的微博了，她唱的歌曲多数是凤凰传奇、大张伟、徐良等，尽管很多歌我没有听进去，还是在每首歌过后使劲给她鼓掌。

唱了一下午，晚上请她吃了饭，走出餐厅，我伸手试探着去拉她的手的时候，被她一下子甩开。

我又一次尴尬的笑了笑，见她头也不回地走了。

这次又没戏了……

53 爱情沙龙

那瓶烟草型的法国香水我只用了一次，就扔掉了。我不想再听到有人说我"太娘"，如果我再用香水的话，汪莎一定会把我永远叫做夏阿姨了。

为了搞定汪莎，我请教了一位有经验的已婚人士。他各方面条件平平却娶了一位很漂亮的老婆。

这样的男人，一定是有着成功的求爱经验的。我会向娶了美女的怂男人学习，不会向娶丑女的优秀男人学习。他们可能还不如我有经验呢，如果想将就凑合，恐怕咱也早就结婚了。已婚人士不一定都是成功的，剩男和剩女不一定都是失败的，只不过大家不愿意委屈而已。

那位已婚人士告诉我，不要把追女人想的高不可攀，什么狗屁费洛蒙，全是扯淡。女人择偶的时候，就好比一架无人机，撞到哪里是哪里，被谁哄开心了就爱谁。这件事想的越难就会什么都不敢做了，只要大胆的前进，女人是很容易搞定的。

这位老兄说的话，和我之前对女人的论断是一致的。女人的感性思维，情绪对了一切都对，情绪错了一切都错。

婚恋网给我推荐了一个名曰"爱情沙龙"活动，是一位所谓的婚恋专家主办的，这个人出版过几本婚恋方面的书。我参加这次活动的目的是看看大家的心声，与广大单身男女探讨一下经验。

这个沙龙人数不多，大概 20 人左右，只有三位男人。老师在中间，让每一位参加的学员，都提出一个爱情中困惑的问题，老师现场帮大家解决。

第一位女士发言的时候，我立刻明白了我为什么遇到那么多不靠谱的相亲，也了解了剩女没有把自己嫁出去的原因。那位女士长得比较黑，也略胖，一点姿色都没有，嘴巴上还有一圈隐隐约约的胡子。

她介绍自己在一家保险公司做销售，33 岁，老家山西的，希望找一个男朋友尽快结婚，一直没有遇到合适的。

　　老师问她，对男朋友的要求是什么？她说："我要求对方身高一米八以上，房子必须在北京的五环内，年收入要在 20 万以上。我的要求也不算高吧，就是一直没有遇到合适的。"

　　老师说："要求年收入 20 万以上，还不算高？北京看似有很多的大款，那些都是极个别的人。多数人收入都在五千块钱以下，外地人在北京，80% 以上没有自己的房子。你还要求房子在五环以内，难道还不高？"

　　对方不服气的说："这样的人也很多呀！"

　　老师又说："具备这些条件的人，如果长得不是歪瓜裂枣，他们不会去选择你。他们这么好的条件，选择的机会也很多，会去选择年轻漂亮的小姑娘……"

　　这位女士又不服气的说："我比年轻小姑娘收入高呀？我更有社会经验，也更有工作能力，男人都不权衡这些吗？"

　　这时候，我憋不住了，帮老师回答了她。我说："你找的是老公，而不是老板。找老板的话，对方需要的是你的工作能力和社会经验。找老公，对方需要的是你的漂亮和贤惠。真正有本事的男人，不会在乎女人的收入。"

　　这位女士白了我一眼，说："你又不代表别的男人。"

　　我又说："男人喜欢的类型多数是一致的，漂亮和贤惠的。如果男人在乎你的经济能力，说明这个男人是无能的。"

　　人家把我一指，说："你太偏激了！"

　　别的学员全神贯注的看着我们之间的争论，我接着说："男人喜欢的女人多数是一致的，不像女人，只知道找有感觉的，具体这种感觉是什么，自己也说不清楚。很多女孩觉得一开始没感觉，对方哄得她开心了，她们感觉就来了。女人们，都是感性的思维，这种不成熟的思维方式，让她们没有能力去选择自己的爱情，只是谁对她好，就跟人家走了……"

　　这句话说出来，众多女人一下子站了起来，说："你有什么资格评价女人？你又不是女人！……"

"我刚才说的不是全部女人，我只是说，女人天生是感性的，成熟对女人来说很重要，否则很难获得幸福……"

我忙解释了一番，刚才忽略了在场的女人太多，差点被群起而攻之。老师也发话了，说："他没有别的意思，只是表达了一下对女人的认识。任何事情都不是绝对的，他也不是说所有的女人都幼稚和感性，大家不要误会。"

被老师这么一说，情绪基本上稳定了，大家对我的态度却不那么友善了。我只是说一下自己的认识，有什么不可以吗？有很多情况下，反驳我的人也不一定知道真理，只不过是从众而已。

轮到下一位女学员发言了，她讲述自己刚交了一个男朋友，那人之前没有恋爱经验。她觉得这样的男人，之前没有风花雪月过，担心日后经不起诱惑。她还说，找老公就该找玩够了的，因为玩够了的男人才会安定。

她问老师要不要换一个男朋友，找一位玩够了的。我听了后，觉得现在的社会太可怕了，已经是笑贫不笑娼，嫌弃处男不嫌弃流氓的时代了……

我又憋不住了，插嘴说："婚前风花雪月的人，婚后照样会风花雪月，人的本性是从小养成的，还有很多遗传因素，后天根本就改变不了。婚前花心的人，婚后照样花心，即使他们找到了一个好老婆，会暂时老实一段时间。等和老婆的激情平息后，又会照样……"

老师打断了我，"你怎么知道婚前花心的人，婚后也花心？"

"人的性格，根本就改不了。"

老师又说："你怎么知道性格改不了？你有证据吗？你有调查数据显示吗？我就是一个婚前很花心，婚后一点都不花心的人……"

当这位老师这么一说，其他的女会员都开始点头，纷纷嘟囔我偏激。接下来的内容，我也懒得听了。

让我不舒服的是，这个社会对好男人的认可越来越少了。那些对恋爱认真，宁缺毋滥的男人，还不如婚前玩几个女人更能被现在的女人接受。我没有继续听后面人的发言，而是潇洒的走出了"爱情沙龙"会场。

54 无厘头

自从上次跟汪莎唱完歌后，给她发了几次短信，也犹如石沉大海。对我一点感觉都没有，咱也不会在一棵树上吊死。

这一段时期，我又开始在婚恋网寻觅机会。网上的女孩子，要么见光死，要么太浮躁，要么油盐不进。

前阵子，我刚联系上了一名 32 岁的剩女，我们通了一次电话。对方很快告诉我不合适。我问及原因，人家说希望找一个 3 分钟内能把她逗乐的。跟我聊了 3 分钟没把她逗乐，所以不合适。

朋友们劝我，尽快脱离网络，上婚恋网的都是极品。我一直觉得婚恋网只是给了大家认识的平台，人并没有多坏，只是有些人觉得认识的人多了，对谁也没有耐心了。

很多人不是彼此不合适，而是没有耐心去了解一下。很多情况，刚接触就给对方贴了标签。

比如，女孩也想上网找到合适的，上了婚恋网后却总把网上认识的人当做"不靠谱"。对方的一句话，一个动作，可能都会被她当做找到了"不靠谱"的证据。

她内心里先给对方贴了标签，总会找到"证据"去证明她的标签。只有当你拆去自己心里的墙壁，才会看到事物的本质。这样的问题，如果跟不成熟的女人解释，想说服她们简直是难如登天。

人家就凭感觉给你"灭灯"，自己都不知道为什么，你怎么去说服？有好几次，我们互相加了 QQ，只通了一次电话，还没见面，女孩就说不合适。我十分不服气的去追问原因，人家一直说"反正不合适"。

有位同事说："你对婚恋网太认真了，很多女会员上去就是玩的，没带着诚意跟你聊，所以人家拒绝你没商量。你想着在上面找老婆，人家就是在上面耗时间的，闲着也是闲着，你觉得人家变态，人家也觉得你变态，女孩会说不就是一个拒绝吗？犯得着这个较真？"

这句话倒是提醒了我，回想了一下上婚恋网的经历，确实是那么回事儿。那些动不动就说"不合适"的人，那些聊了很久就是不同意见面的人，那些上婚恋网去找普通朋友的人，那些要求3分钟之内把人家逗乐的人。

等等……

一切的骗子，一切的奇葩，一切的变态，她们缺少的东西就是诚意，不然的话，不会那么快的对一个人下结论。也许等她们晃荡了一圈儿，年龄大了也就不那么浮躁了，然后仓仓促促的把自己嫁了。

一个月后，汪莎冷不丁给我打了电话，说她离职了，希望我帮她介绍新工作。当我问及辞职的原因，才知道是老板想占她便宜。

在这家公司，汪莎总共呆了一年。她刚入职的时候，老板每天晚上都带她去陪客户喝酒，每次都把她灌醉，然后就想下手。由于没让老板得手，老板不得不又招聘了一位女同事，入职的第二天，就和老板住在一起了。

后来那位女同事离职了，不知道什么原因，也许和老板翻脸了。老板失去了情人，又把魔爪伸向了汪莎。她也不是好脾气女孩，一怒之下和老板大吵了一架。吵架的结果是，汪莎被公司辞退了。

我听了以后，觉得这样的公司走了也好。中国很多民营公司都是欠正规的，在那种企业里面狗屁东西学不到，还得顶着各种变态的压力。

也许汪莎认为我是外企的培训经理，想让我帮她介绍外企的职位。她这次联系我，使我又萌发了追她的想法。

如果把她介绍进外企，说不定会感激我，一下子以身相许了。很多夫妻都不是一见钟情的，日久生情的占多数。

日久生情也是最牢靠的，谁都希望找到一个很爱很爱的人，很爱很爱的感觉是双方一起经历了很多事情才会产生的。

所谓的一见钟情，其实钟的仅仅是脸。由于一开始的好感，在双方的眼中会掩盖很多不合适的地方，特别容易闪婚后又闪离。

从各方面的条件看，咱也不比谁差，如果和汪莎交往下去的话，相信她会慢慢对我产生好感。

关于她找工作的事情，这件事学问很大。首先要有一份好的简历，如果简历做得很失败，用人单位基本上不会约她面试，从而会丧失很多机会。

我先帮她审核简历，发现她08年开始工作，2009年到2011年期间在简历上是空白的。接下来的工作经历是从2011年开始的。

从专业的角度看，毕业四年才工作了两年，而且中间还休息了两年。我打电话给汪莎，问"空白"的两年究竟是怎么回事儿？

王莎说："我回了湖南老家，在老家工作了两年。"

"为什么不写上去呢？"

"我在老家工作的两年，没有从事我HR的专业，只是做了一些行政事务，当时一个月900块钱，不想把这段经历写进去。"

"为什么跑回湖南老家去做这样的工作呢？"

"家里给我介绍了男朋友，本来打算回老家结婚，回去找了这样一份工作，我们相处了两年，后来就分了……"

听到这里，我觉得心里酸酸的。我对她那么用心，人家却不屑一顾。居然有男人能让她从北京跑回湖南老家找工作。

先不管最后的结果怎样，至少汪莎给了人家机会。汪莎一直在说，论客观条件，我比那些人都强，就是对我没感觉。

每当想起这件事，我就觉得自己是个大笨蛋。在爱情里无法讲清道理，人家就是有感觉，你能怎么样？

为了让汪莎对我产生好感，我必须好好帮助她。我说："你应该把简历补充完整，人事经理一旦看到这样的简历，就会有各种各样的猜测。或许会认为你生过大病休息了两年，或者怀疑你两年一直晃荡了。反正会有很多猜测，根据中国人的思维方式，一定都是负面的猜测……"

汪莎打断我，说："你凭什么觉得对方会往负面去想？你是他们吗？我真的受不了你这种人，你太武断了！"

几句话，把我顶得哑口无言。本想好好的帮她分析，却吃了这么几杠子。没等我生气，人家却生气了，为了显示我的大度，只好说："我刚才是根据求职经验帮你分析的，全是为了你好，我的提议只是供你参考。"

"好了，好了，我跟你真是没话说！"

汪莎结束了我们的通话，我放下电话，觉得这个女孩很难听进别人的建议，我作为大外企的培训师，教育了无数人，却无法把汪莎说服。也许因为她的性格，导致了她单身，不然那么漂亮的女孩，还不早嫁出去了？

接下来的日子，汪莎投递了无数简历，只要几家小公司和保险公司回复。她给我打电话，说自己很倒霉，找工作的时候偏偏遇到招聘淡季。现在身上的钱，花一分少一分，还不知道以后怎么支撑。

我心里很清楚，她的简历没人回复，压根不是淡季的问题。人事经理只要一看那样的简历，随手就删掉了。

为了让她尽快找到工作，我对她说，我可以帮她去投递简历，她同意了，对我表示感谢。我在智联招聘注册了一个账号，把汪莎的简历挂了上去，将空白的两年填上了在湖南的工作经验。

外企的工作不好找，民企的工作遍地都是。汪莎的前任公司，都是没名气的小公司，那样的工作背景，进外企基本没戏，我帮她瞄准的方向是大型民企。

修改了简历后，投递了十几家企业。第二天，汪莎收到了好几份面试通知。她高兴的打电话告诉我有人回复了，明天要去面试了。

……

经过了几家公司的面试，汪莎不是嫌上班远，就是嫌待遇低，或者嫌办公环境差，反正没有一个让她满意的。

我问她期望的薪资是多少，她说："七千。"

"他们能给到多少？"

汪莎唉声叹气的说:"三千到六千不等。"

我帮她分析了一下,说:"你上一份工作工资才五千,你也没嫌少。你要知道,中国目前的民企对于普通岗位,能给到六千已经算是可以了。你可以考虑一下,前提是能够学到一些东西,为将来的发展做好铺垫。"

汪莎把眼睛一瞪,说:"给我六千,让我喝西北风呀!每月的房租快三千了,剩下的钱还不够喝凉水呢!"

我又说:"找工作是慢工出细活的事情,裸跳的话,就先得解决吃饭的问题。"

汪莎将手一挥,说:"我不想听你的话,咱们思想不一致,谢谢你帮我投递的这些企业,说实话,一个像样的公司都没有。"

我闭嘴了,不敢再说话了,再继续说的话,我们可能又要吵起来了。此时此刻,我对她的好感消失了大半。

55 朋友本色

汪莎的工作还没有定音的时候，又遇到了一件不快的事情。她租房的时候，找的是中介公司。每季度交一次房租给中介，这次刚交了房租，中介公司卷起铺盖跑了。房东没收到租金，于是跑来收房。

房东给汪莎下了最后通牒，限她几天内搬出去。我得知这件事后，要她去报案。警察说已经记录了，有消息会通知她。

我有着一定的法律底子，告诉她不要慌张，这种情况她属于善意第三人。中介公司是房东委托的，房客把钱交给了中介，就等于支付房租了，房东无权把房客赶走。至于房东没有收到钱，他应该去找中介公司。

房东如再骚扰房客，就会面临被诉讼。房东看似来势汹汹，被我一番理论后，立刻吓软了。汪莎的"围"，就这么被我解了。

她继续住了一个季度，总算没有亏太多。中介公司已经跑了，她交给中介公司的押金是要不回来了。

报案到现在，也一直没有收到人民警察的任何消息。从那件事后，汪莎和我的关系又进了一步，成了好朋友。

汪莎下一步换房的事情，完全由我来帮忙。她准备把房子租在我住的附近，这个地段去哪里都方便。

周末，她都要坐地铁到劲松附近，让我陪她一起看房子。一个女孩独自看房是比较危险的，我似乎获得了美差。既然她找我帮忙看房，说明她再没有其他比较信任的男性朋友了。

北京的夏天，天气炎热，我一直顶着大太阳带她一家一家的中介公司去转。

最让我吃力的是，汪莎对房子非常挑剔，不是嫌房子小，就是嫌房子旧，要么就嫌房子租金贵。我们一连看了好个周末，都没有找到令她满意的。

有一套小房子性价比挺高，她也有意租下，准备过几天就签合同。走出去的时候，我松了一口气，说："你终于下决定了。"

汪莎一下子发火了，冲我嚷了起来："你凭什么用你的想法来左右我的决定？你是我吗？你知道我怎么想的吗？你这个人太武断了，我真受不了你！"

……

我被一连串莫名其妙的"挑战"弄得摸不到头脑，只是随便的一句话，没想到她的反应那么激烈。而且上纲到了"武断"地步，似乎我的想法挟持了她的行为。至于吗？压根不着边的事情。

从我的心里，涌起了一股气愤，我他妈的活该！帮了她的忙，还落这么一连串的"臭骂"。我想以后不帮她了，这是最后一次帮她看房了。如果她再不做决定，以后我就不管了。

夜幕降临，她有些中暑了，蹲在路边难受的时候，我一下子又改变了想法，帮人一次忙，就帮到底吧。

她告诉我，还有五天，就必须搬家了。后面已经没有周末了，看她一个人也比较可怜，我每天下班后，连饭都顾不上吃，独自一人帮她寻找新的房源。

汪莎是一个没有工作的人，所能承受的房租不会超过3000元。在2012年，这样的价位在劲松这种地段根本找不到像样的房子。她又比较挑剔，不靠近地铁嫌不方便，环境差的也受不了。

房子也是一分钱一分货，价钱便宜的，要么地段差，要么环境差。我问她，是否考虑与人合租，可以省下一定的费用。

汪莎一口否决，说："如果和一个女孩合租，对方就有可能招来一个男朋友，住在一起还是很不方便的。合租的话，租次卧肯定太小，放不下她的东西。租主卧的话，大概也要2000块钱，综合算下来省不了多少钱。如果合租中间的走廊和客厅也都成了公共空间，想利用都利用不了。"

听她这么一说，我觉得也有道理，每月省一千块钱，还会造成很多的不便。

经过我一连串的看房，终于找到了一套环境好的房子。

位置在劲松地铁不远处的潘家园东里，房子一室一厅，租金 3200 元。北京的房子一直是抢手货，找房子的人太多了，为了占住这套房源，我急忙交了订金。

我告诉汪莎，房租 2800 元，环境不错。汪莎喜出望外，想来看看房子再敲定。我又告诉她说："明天我就和房东签合同，先把钱给房东，到时候你把租金给我就行。"

"你成了二房东了？"

"是呀，不过，我可是一分钱都没有赚呀。"

汪莎同意了，至少她可以肯定我不会骗他，她也不用缴押金了，还省了很多事情。她问我，"中介费多少钱？"

"没有中介费。"

其实，中介费是一个月的房租，我自己早交了。我主要是看汪莎一个人挺可怜的，为了减轻她的压力。

汪莎也一再的追问我，说："你可不要骗我，你从中介公司找的房源，怎么可能没有中介费呢？"

我编了一个谎话，说："可能是房东和中介公司是朋友，免费帮他代理的吧。至于他们之间什么关系，我就不知道了。"

汪莎基本上相信了。次日，我和中介公司签的合同，汪莎非要来看，我不让她来。她一旦来了，就会知道真实的房租多少钱，那时候她又不好意思不给，如果给的话，她又承受不起这样的价钱。

我就等于强制性帮人家租了一套贵房子，好心办坏事了。签合同这件事，我必须自己去完成，不让她知道。

她在电话里一直追问我，为什么不让她来？本来是她租房子，难道都不能看看？我只好编出了一些理由去说服她。

天气炎热，下班还那么多事情要做。我一边通话，由于上火，鼻子出血了。汪莎还在一次次的追问，我一边抹着鼻血，一边和她沟通。当把她说服的时候，我深深的松了一口气，挂掉电话，我买了一瓶矿泉水，洗去了脸上的鼻血，然后去签了合同。

……

两天后，我一个人帮汪莎搬了家，她一进门就喜欢上了这套房子，尤其是价钱也"不贵"。晚上，我还帮她大扫除了，把每一件家具都从里到外彻底的擦干净，电冰箱里面也彻底的擦洗了一遍。

晚上11点，我才忙完，累得手脚都麻木了。彻底忙完后，我走回了自己家，倒在床上就睡着了。

第二天下班后，我打电话约汪莎一起吃饭。汪莎接听后，说她在看电影。身边还隐隐约约传来一个男人的声音，似乎在质问我是谁。

……

放下电话的时候，我心里非常的七上八下，我也不知道是为什么？总有一种预感，觉得汪莎似乎正在和男朋友交往。

究竟会是谁呢？如果有男朋友，也不至于昨天搬家的时候，都不冒个泡吧？让我一个人帮她搬了家，还帮她进行了大扫除。

为了找到线索，我关注了汪莎的新浪微博，每当我心里想她的时候，就一遍一遍的看着她的微博。

看看新加的粉丝里是不是有可疑人物，果不其然，她最新加上的粉丝里，多出了一个小伙子。

那小子的微博里秀着自己一些照片，一张张都戴着墨镜摆出各种怪姿势。当我进入那小子微博主页面，看到他刚发的一条博文："好朋友搬家，未能帮上忙，请她看电影进行补偿……"

文字在后面还秀出了他们一起吃饭的照片，汪莎笑得很开心，似乎被这小子逗得合不拢嘴的样子。

我浏览了一下这小子之前发表的博文，有一条微博引起了我的注意。发布的日期是一个月前了，内容如下："感谢上苍，让我认识了这么美丽的女孩，如果能娶她，那将是……"

文字的后面，附着汪莎的照片，像是在一个咖啡厅拍下的。后面有几条博友留言。有的说，加油呀，我们支持你。还有的说努力，我们等着喝喜酒呢……

看到这里，我几乎屏住了呼吸。汪莎在她最需要的时候，是我辛辛苦苦的帮她这么多忙，而那个孙子一直没有冒泡。等汪莎家也搬了，钱也花了，大扫除也搞了，整体都安排好了，这孙子又出现了。

想到这里，我去卫生间洗了一把脸，让自己冷静冷静。照着镜子里自己的脸，觉得我才是一个傻帽，好人真的没好报吗？

我又回到电脑前，还是有些坐卧不宁，再次打开那小子的微博。从头到尾，一条条的进行观察。此时此刻，我内心里很难受，所担心的并不是汪莎和我的结果怎样，担心汪莎被这种富于心计的人欺骗了。

翻到那小子三个月前的一条微博，贴着一张他和女孩子亲嘴的照片。留言里有博友问那个女孩是谁，他的回复是一个朋友。我很震惊，一个朋友，都敢于和对方接吻？而且还大胆的发到微博上。

这是多么"开放"的一个人呀！我继续往后翻，看到了那小子特别喜欢在微博里调侃一些荤段子。那些荤段子如果随口一说，可以被人理解。如果把荤段白纸黑字的发表在微博上，这个人的品格还是有待考究的。

有一篇微博是这样写的：玫瑰油有用吗？满大街都是后悔被 **** 的女人（此处略去四个字）。这样的话，打死我也没有"勇气"发表出来，甚至说都说不出口。通过一系列的搜索，可以判定这小子是个"二流氓"。当我和一个流氓同时竞争一个女孩子的时候，我总会浑身起鸡皮疙瘩。

不是我不够优秀，也不是缺少自信。而是这个时代不是好男人占上风的时代，流氓玩的女人多，能够两句话说得女人心花怒放。而我呢？一直抱着宁缺毋滥的态度，不会轻易和别人试婚，经验相对缺乏。

女人又是那么糊涂，一味的注重"感觉"，吃的就是流氓这一套。如果我没猜错的话，汪莎今天晚上，早被那小子牵手了。

我一直挂着 QQ 发呆，直到夜里 11 点钟的时候。汪莎上线了，她主动跟我说了一句话："我们之间，能否签一个租房合同？"

"啊？什么意思？"

汪莎说："房子是你从中介手里租来的，而你把房子转租给我，我手里却没有攥着合同条款。万一以后，我们之间有个小矛盾，你赶我出去，我一点安全保障都没有……"

这些文字不多，说的也合情合理。却足以伤害那个帮她顶着大太阳看房，帮她私下出钱，帮她搬家，帮她打扫卫生的人了。汪莎已经开始为以后跟我形同陌路做准备了。如果我没有猜错，一定是那孙子给她出了主意。

我心情很难受，还是很痛快的答应了，说："没问题，我们之间也该签一个合同。有什么事情需要帮忙的话，尽管说出来。"

"非常感谢你！"

……

日次早晨，汪莎来签合同了。她拿出提前做好的合同，我看了一眼，合同做得很专业。尤其是对她的权利保障，写的很明确。

我一看，便知道这份合同是某人给汪莎出的主意，根据我的判断，汪莎没有这么多心眼儿去做这份合同。

合同约定的房租为 2800 元 / 月，房租可以跟我月结，不需要押一付三，也没有填写需要收取的押金。这些条款，我都是赞同的，即使她不签合同，我也会这么照顾她。其实那份合同，只是以小人之心度君子之腹的产物。

签字后，汪莎片刻都没有逗留，就急着走了。在我的预料之中，汪莎走后，就再不会联系我了。

56 打招呼事件

　　去年在燕郊买的期房，现在已经交房了。由于工作忙，经常性的出差，只好委托了一家装修公司。

　　我设计出了整面墙的书架子，以后准备大量的藏书。搬家的时候，书是最累人的行李。有了自己的家以后，再也免受搬家之苦了。

　　新家的效果图设计出来后，我顿时有了一种幸福感。农村出来的孩子，凭借自己的双手有了自己的家。

　　尽管房子远一点，下班后能回自己家，已经算是很幸福的事情了。这阵子我没有上婚恋网，也没有跟汪莎通过电话。偶尔 QQ 上说两句，人家也是代答不理的。她对我的态度，似乎已经忘记了曾经的"友谊"。

　　有一天，下班后在地铁里偶遇了汪莎。我跟她很热情的打招呼的时候，她对我似乎有意无意的躲闪。

　　由于都住劲松附近，当我们走出地铁口的时候。她便打起了电话："我出地铁了，马上到家。"

　　我们住的地方在一个方向，她在前面走，我在她的身后，我不停地找话题跟她交谈。她一直连看都不看我一眼，简单的应付两句。

　　回家后，我心情一直不好，很想找一个人倾诉，找谁呢？马晖是我经常倾诉的对象，还有我的老板也经常聆听我的郁闷。父母那里我从没有倾诉过，倾诉了也得不到安慰，他们生活的环境对我的状况难以了解。

　　当天晚上，我和马晖一起吃饭，聊起了这件事。马晖说："既然汪莎那么无情无义，可以把汪莎应当支付的钱要回来，你有中介费的单据，以及和中介签的合同，至少能要回一定的补偿。"

我万万不同意这么做，从法律的角度分析，我和汪莎的合同已经生效，从人际角度讲，我不希望被人看扁。

本来做了好人，就留一个好印象在对方心里，多少钱能够买一个形象？马晖叹口气说："我也不是为了让你去要钱，感觉你被她利用了，我有些来气。"

不管他怎么说，我坚决不同意要钱。晚上，我们在外面吃了一顿火锅，吃饭快结束的时候，不小心让我看到一个"熟影"。

汪莎被一个男人拉着手，那小子穿着大裤衩子，拖鞋，光着上身。她们在靠近门口的位置坐了下来。

我和马晖坐在火锅店的最里面，没有被发现。我悄悄打量那个人，由于先前在微博上看到的照片都戴着墨镜，这时候才发现，对方长着一对小眼睛，很狡猾的样子。有这样一则规律，喜欢发布戴墨镜照片的人，眼睛都长得不好看。

这样的一个怂人，居然还把我击得如此溃败？我对爱情失去了的信心，为什么那些比我帅的人能胜我，比我丑的人也能胜我；比我高的人能胜我，比我矮的人也能胜我；比我胖的人能胜我，比我瘦的人也能胜我；比我老的人能胜我，比我嫩的人也能胜我。比我有钱的人能胜我，比我穷的人也能胜我。比我善良的人能胜我，比我操蛋的人也能胜我。在爱情里面，我真的谁都打不赢吗？

马晖解释说："在爱情中，不是你被击败了，而是评委太傻。"

……

这句话，确实对我有了一些心理安慰。我也不是傻瓜，分析了一下原因，就是因为自己太"好"了。我是一个对爱情无比认真的人，势必不会轻易恋爱，本想找到一个可以结婚的对象深深的爱一场。

现在却发现，女人根本分不清好赖。那小子在遇到汪莎之前，说不得玩过几个女人，哄女人开心的话，大致也是同一个套路。主要的问题是，女人太感性，只要被人家哄得开心，一下子感觉就来了。

我只希望女人都擦亮眼睛，择偶的时候，不要相信那些虚无缥缈的感觉，要客观的分析一个人是否值得珍惜，对好男人多一些认可和欣赏。

几天后，我在劲松四区大院里碰见了一个人，觉得很面熟。仔细一想，才发现是汪莎的同学熊琳。

汪莎之前跟我说过，她有个同学叫小熊和我同一个小区。我常看汪莎的微博，汪莎秀出过她和熊琳在一起的照片。

关于熊琳的样子，我是有印象的。这次在劲松四区碰见，觉得也很巧。我下意识的打量了她一下，她也在看我。出于友好，我冲她打了一个招呼。对方很疑惑地问："你是谁？我们之前见过吗？"

我解释说："你是不是汪莎的同学熊琳？"

"对呀！"

我对她笑了笑，说："我是她的朋友，之前从她微博上看到过你的照片，也听汪莎说你也住劲松四区，没想到今天碰见了，真的是很巧。"

熊琳顿时明白了，也很友好的说："您怎么称呼？"

"夏晓光。"

熊琳说："听汪莎说过，她现在租的房子，是一个住在劲松四区的朋友帮忙找的，莫非就是你吗？"

"是呀。"

熊琳对我点点头，说："你真的很够朋友！"

我们谈了没几句，熊琳的"老公"走了过来，这个小伙子黑褐色的皮肤，留着长发，还带着发卡。

这位男士打量我片刻，觉得我没什么敌意，也表示友好的冲我笑了笑。熊琳告诉我，她"老公"是一名吉他手。她们早就在劲松四区租房，还邀请我以后有时间到她家里坐坐。

我们客气了几句，就各自散去。两个小时过去了，汪莎给我打了电话。我顿时有一种预感，一直不联系我的人，主动联系我，肯定有原因。我的直觉告诉我，事情可能不妙。

电话接听后，汪莎声色俱厉的问我，"你今天和谁见面了？"

"你想说什么？"

我还没有反应过来，汪莎又问："你是不是跟熊琳打招呼了？"

"哦，是的，我们在小区正好碰见，于是我就打了招呼。"

"你凭什么跟人家打招呼？"汪莎咄咄逼人的嚷："谁让你跟人家打招呼的？你打招呼的目的是什么？你有没有争取过我的同意呀？你算谁呀你？人家认识你吗？人家是你的朋友吗？"

被汪莎一连串的叫嚷，我的怒火彻底燃烧了起来。我还是用力控制住自己的情绪，说："我打个招呼应该没什么大事吧？我觉得这件事不是什么大事，就随口招呼了一下，不要误会，我没有别的意思。"

汪莎几乎咬着牙，狠狠的对我说："我觉得丢人！"

这句"丢人"彻底伤了我的自尊，我堂堂一个大外企的培训经理，平时能够纵横外企的讲坛。

今天在她们这帮俗人眼中，我倒他妈的给她丢人了。汪莎还在喋喋不休的嚷我，至于她后面说的是什么？我一句都听不进去了，我只觉得每一句话都是在质问我，汪莎觉得我在熊琳面前给她丢了人。

我冲着电话大声说："汪莎，你做事能不能有点良心？我当初顶着大太阳帮你找房子，看了一个又一个，直到让你满意为止。你如果稍微领点情的话，也不至于这么逼人太甚吧？"

"谁稀罕你帮我找的破房子呀！"

汪莎冷冰冰的话语，咆哮了我。我对她开始嚷了，"你知道当时我花了多少钱吗？我还私下帮你出了中介费呢！你以为那个房子2800元能租到吗？我见你生活不容易，每月给你少要了400块钱呢！我本以为帮你忙后，你对我有一定的感恩，没想到你如此的不分好歹，做事情太不给自己留后路了吧？"

没等我说完，汪莎打断我，说："夏晓光，现在你的嘴脸终于露出来了，见你对我没什么希望了，就开始向我要钱了。你放心，老娘会把钱给你的，有种你来拿！"

"我现在就去拿，你在哪里？"

大家肯定知道，我说的这些话是气话。上次马晖建议我要回钱的时候，我立刻就反对，花出去的钱没想要回来。这些钱和对方能够懂我比起来，钱是最没价值的东西。我只希望我帮了对方的忙，对方有那么一点点的感恩即可，再没有别的奢求。

　　汪莎见我说要去拿钱，立刻不敢说话了，然后说："我今天身体不舒服，改日会把钱给你送去。"

　　挂了电话，十分钟后，我电话又响了。又是汪莎的电话，接还是不接呢？恐怕又是要吵架的，我犹豫了片刻还是接听了。

　　对面传来一个男人的声音，那声音跟癞蛤蟆一样沙哑，一听就是抽烟嗓儿。对方说："关于你给汪莎房租的事情，我们这边有合同，上面没有约定中介费，这些钱我们不该出。房租 2800 元有合同规定，你当时花了多少钱租房子，那是你活该，跟我们没有关系……"

　　听到这里，我立刻捏掉了电话。我一直没想着要回钱，只是几句气话而已。我和汪莎的故事，就这么画上了句号。当对方和我不在一个频道的时候，做任何解释，都已经是多余的了。

57 一个"民族"的诞生

房子装修好后，空置几个月。天气转凉的时候，我搬了新家。这是我有生以来，感觉非常幸福的一件事情。

我在劲松四区住了三年多，在我离开的时候，房东对我恋恋不舍。我这样的房客让他很省心，房租从来不用催，每次都是提前缴。

租房时期买的家具，都是一些便宜货，我都留给了房东。如果卖的话也只有处理给收废品的，卖不了几个钱，还不如做个人情。

在新房子里，我购买的都是品牌家具，使我的家有了一番品味。在北京工作的人，上下班能回自己家，已经有很大的幸福感了，更何况这套房子是我完全靠自己买下的。

……

我姑姑的同事要给我介绍女朋友，姑娘是石家庄人，硕士毕业后被父母托关系安排在石家庄一家事业单位工作，工资 1600 元。

对那个女孩子来说，找到我这样的属于很幸运。我不在乎她的收入，又这么积极向上，恋爱经历又这么干净，也比较顾家。在媒人的撮合下，那位女孩子的母亲先和我姑姑通了一次电话，人家问了如下问题：

"你侄子的老家是城市的还是农村的？"

"农村的。"

"他父母做什么工作的？"

"父亲是司机，母亲务农。"

"他们有养老金吗？"

"没有。"

"他父亲是司机，在什么单位开车？怎么都没有养老金？"

"在村子里给个体户开车，不算什么正规单位，所以没有养老金……"

女孩母亲叹了一口气，说："小伙子的这种情况，跟我们家姑娘不合适。"

我姑姑也不示弱，说："我觉得也不合适，你们适合找个城市里长大的孩子，父母有退休金的。孩子将来不用自己打拼，一切都有的。"

"对对对！我们就是不希望孩子们以后生活压力太大……"

女孩母亲的心思，被我姑姑一句话说中。人家将我"灭灯"后，还很不好意思的向我姑姑委婉地说了几句抱歉。

我听了后，笑了起来，我姑姑是在嘲笑这些人的无知。这个母亲给女儿找男朋友，不关注我本人的任何信息，一直在盘问我的父母。这种思想陈旧的人，如何为人父母？这样的人教育出来的子女，不是照样会祸害了下一代吗？

他们认为，年轻人不管怎么努力，也挣不了太多钱，而且现在的就业率那么低。在石家庄这样的城市，他们眼中的年轻一代，很少有混得有模有样的。如果父母不给力的话，生活都很贫困……

这件事就这么过去了，三天后。那位女孩的母亲又给我姑姑打了电话，说这件事可以再谈谈。

我姑姑忙说："还谈什么？我哥哥和嫂子都没有退休金。"

女孩母亲说："没关系的，都怪媒人之前没说清楚，听说那小伙子年收入快三十万了，是真的吗？"

我姑姑笑了，说："这倒是真的。"

对方又问："收入倒是不低，他属于单位的在编制员工吗？"

"属于。"

"以后会失业吗？养老有保障吗？"

我姑姑被问得烦了，说："还是别再来谈了，我侄子不如你家女儿的事业单位好，每月1600块钱的工资，都是很稳定的，一分也不少发。"

……

这件事就这么彻底的黄了，听到我姑姑这么讲述，我也觉得出了一口气。父母的这种思想，已经形成风气，他们不仅没有歧视啃老族，还会助长子女的"啃老"思想，一个崭新的民族"啃老族"就是这样诞生的。

自从搬家到燕郊以后，有一次逛街，路过一家小型的婚介所，我抱着碰碰运气的态度进去谈了谈。

里面坐着一位50多岁的男人，据他介绍，自己退休了找点事情做。我表明了来意后，对方说先收取300块钱的服务费，才会帮我介绍女孩。300块钱也不多，我随手就交了钱。对方收了钱，开始就问了我几个问题。

"你房子有吗？"

"有。"

"在哪里买的房？"

"燕郊。"

"户口是哪里的？"

"河北。"

对方听了后，摇了摇头，说："我这里有两位女孩，都要求北京的房子和北京户口。"

我为了让对方知道我的工作以及才华，忙说："我在一家外企上班，做培训师，还出版几本书，其中有一本书已经卖出去电视剧……"

对方将手一挥，表示不想听我的话，顺手拿出了一本相册。他翻出一位小伙子的照片，说："这小伙子比你强吧？"

我看了一眼，觉得对方长得愣头愣脑的，没看到比我强的地方呀。我问："他哪里比我强了？"

"人家是军校毕业，学校包分配的工作，人家现在银行上班。"没等我做任何反应，他又翻出了一位小伙子的照片，说："看到了吗？这小伙子也比你强，人家身高一米八呢！"

他继续翻相册，又翻出一位小伙子的照片，说："看到了吗？这小伙子也比你强，人家毕业后，父母就把工作安排好了，人家在航空公司负责安检呢，收入可好了。"

我冷冷地问了一句："一个月收入多少钱呢？"

对方没说话，冲我伸出了三个手指，说："这个数！"

"多少？"

对方把我一瞪，说："三千！"

……

我站起来，想拔起屁股走人。走之前，我又把那 300 块钱要了回来。我并不是在乎这 300 块钱，相信大家也都理解我当时的心情。

前阵子感冒了，在家门口的小诊所看病。有位病人领着一位十来岁的小女孩，在诊所里正和大夫闲聊。

这位病人土里土气的，一看就是农民工。他们正在聊丈母娘送女婿豪车的新闻。他说："看人家那小伙子运气多好，省得奋斗几十年，这辈子什么都有了，这才是本事……"

没等大夫回应，他又指着自己十来岁的女儿说："女孩子，我常对她说，学得好不如嫁得好。将来如果嫁个有钱人，一辈子省奋斗了。嫁人才是关键，学习根本没什么用。"

我听了以后，说："你不能这么说孩子，你这样的思想贯彻下去，会影响孩子的进取心。"

那人瞪了我一眼，说："我教育我孩子，我让她以后知道什么事情最关键，让她将来嫁个好人家，怎么了？不对吗？"

我说："如果学不好，肯定嫁不好。"

对方想跟我对骂，大夫马上笑呵呵插话，说："大家都是随便说说，各自的观点不同，没必要必须一致……"

这位混蛋父亲的话，让我觉得非常汗颜。他这样教育下一代，以后谁还会上进？孩子长大后怎么会不拜金？如果这个小女孩长大了，自己没有读过多少书，一张嘴就被人看不起了，还会嫁得好？

58 五星级美女

年底了工作超级忙，我几乎没有去上婚恋网，周围的朋友也没有给我推荐"候选人"。最近出差很频繁，我一连组织了好几场培训。

回到家后，感到身心都很疲惫。自从在燕郊安家，附近住的同事和朋友太少。我唯一的娱乐就是做足疗。渐渐的，足疗师成了我的知音。这是一位30岁的小伙子，跟我算是同龄人，一来一往我们便成了熟人。

对方得知我还单身的时候，要给我介绍女朋友。还说他经常给人说媒，说一个成一个，命中率很高。

说着说着，他指了指店内另一名足疗师，说："他的老婆就是我介绍的，可漂亮了，还是个女大学生，今年刚结了婚……"

我猛一怔，觉得很不可思议。一个漂亮的女大学生，会找个给人捏脚丫子的？觉得有些不可思议，转念又一想，恋爱这件事对女人来说，一切皆有可能。

另一位足疗师听到，很得意的夸赞了自己老婆一番。

大学时期是一个人价值观和思维方式的形成期，读大学和没读大学，很多东西都是不一样的，两个人沟通起来是否顺畅？

不管怎样，事实摆在了我的面前，人家都结婚了。这件事又说明了我前面的问题，女人的感觉来了，一切都是不重要的，情绪对了一切都对。她们原本要求的那些条条框框，只要感觉来了神马都是浮云。

看到两位足疗师如此得意，干脆就让那位足疗师帮我介绍。一个捏脚丫子的人都能娶个漂亮的女大学生，何况我呢？

做完足疗后，我又做了全身的保健项目，今天一高兴，多支付了100块钱小费。足疗师高兴得合不拢嘴，拿出手机翻出一个号码。据他说，这位姑娘在燕郊的一家五星级酒店做前台，非常漂亮，身材也很好。

"你见过她吗？"

"当然见过，她也是我的一个客人，前几天听她说，让我帮她物色男朋友，于是我就留意了……"

我顿时明白了，足疗师接触的人多，并且跟谁都会聊不少，能够初步判断一个人的基本条件和素养。这次让足疗师为我做媒，确实是个聪明之举。看起来做事要灵活，别管人家是做什么的，只要能抓住耗子就是好猫。

电话打通了，足疗师说要给她推荐男朋友的人选。我听不到电话对面的女孩在说什么，足疗师一边跟她通话，一边随时问我问题。

女方先问身高多少，我告诉足疗师，"175cm"。足疗师告诉她后，人家说了几句话，足疗师又问："一米七五是不穿鞋的身高吗？"

"是的。"

接下来又问："体重是多少？"

"65KG。"

……

"有房子吗？"

"有。"

"在北京什么位置？"

"燕郊。"

"多大的？"

"60多平米。"

"有贷款吗？"

"有点贷款，我是农村的孩子，首付款全靠自己两年多攒的。当初我发愁的就是首付，现在的月供，对我来说根本不叫事儿，再过两年，我贷款就能还完。"

女孩的问题又来了："贷款还差多少？"

"只剩20多万了。"

本来以为这样就差不多结束了，对方又问："有车吗？"

"没有。"

"父母是做什么工作的？有养老金吗？"

我被问的烦了，说："我是农村的孩子，父母能有养老金吗？"

……

这些问题终于被问完了，最后，足疗师对我说："姑娘说，觉得你们不合适。"

"那就算了。"

我说完，正准备告辞。足疗师叫我先别走，随手拿起手机给我拍了一张照片。他又说："我把你的照片发给她，如果她有意的话，你们可以再聊聊。"

令人没想到的是，我的照片一发，女方答应跟我见面了。我却说："你也让她给我发张照片吧。"

"你一个大老爷们，直接见面不行了吗？"

我笑着说："你和我都是男人，说实话，男人对女人的首要感觉多半来自于外表，这些事情我们不得不承认，对吧？"

足疗师点点头，又把电话打了过去，去索要对方。女方死活不给，并且说这是对她的不尊重。

足疗师又告诉我，对方很漂亮，不是美女的话，怎么能在五星级酒店做前台？我想了想，觉得也有道理，于是就这么安排了一场相亲。

姑娘叫王红娜，跟我一样也是河北人，现年28岁。这种年龄正是一个女人具有魅力的时候，不仅成熟，而且更有女人味。

周末，我想约在咖啡厅见面，王红娜却说在咖啡厅吃饭吃不饱，于是约在了一家饭店里。没想到一见面，我这颗悬了已久的心，一下子跌进了谷底。

看到王红娜的模样，我可以保证她绝对不是五星级酒店的前台，那家酒店的老板不致如此砸自己牌子。

王红娜的三围，几乎是同样的数字。土眉土眼的，讲话还大嗓门。在我大失所望之际，我还是很礼貌的跟对方寒暄了几句。

"你在酒店从事什么岗位呢？"

王红娜说："我在酒店隔壁的水果店上班。"

"哦，你不属于那家酒店的员工？"

"目前不属于。"她接着又说，"我们经常在一起合作，酒店开会用的水果，都是我们店提供的。我们店的水果，主要卖给他们酒店，我们其实跟一家公司也差不多了。"

我终于明白了，这个所谓的五星级酒店的美女，是隔壁一个卖水果的。足疗师说的那么好，居然又是一个泡沫。

我对足疗师的信息掌握水平产生了质疑，包括他说的那个漂亮的女大学生嫁给了足疗技师，他们眼中所谓的大学生，估计顶多读过"技校"而已。

简单的点了俩菜，我一边吃饭，王红娜在滔滔不绝的讲话，我一边装作听，一边发呆。对方讲的都是她们闺蜜嫁人的事情，还说一个闺蜜嫁了一个父母当官的，很羡慕人家这辈子省奋斗了。

我发现很多人活着，却是以这辈子省奋斗了为目标，说明我们的教育太失败了。对王红娜的谈话极其没兴趣，只好提议还有别的事情，需要先走了。王红娜才停止了说话，这个女孩似乎没看出我对她的感觉。

还没到家，我的手机响了，是一条短信："今天很高兴认识你，我可以接受你现在的基本情况。"

我看了后，没有回，把手机甩到了一边。对方的短信又发了过来，说："物质条件虽然很重要，我不会嫌弃你是农村的。"

……

对方一连追了好几天短信，大概都在说，她可以接受我父母是农民，可以接受我父母没有退休金，可以接受我买的房子小，可以接受我的房子有贷款。我一直没有回信息，即使回了信息也不知道该说啥，担心会伤害这么自信的一位姑娘的自尊。

足疗师把电话打给了我，劈头问："哥们，你们谈的怎么样？"

"没感觉。"

"你都多大了岁数了？还想找小男孩见到美女时候的感觉呀？差不多就行了。"

"反正看了她没感觉，不合适。"

足疗师听了后，说："那好吧，以后有了合适的再给你介绍，你小子要求还真够高的……"

这件事情就这么画上了一个句号。说真的，我的要求高吗？我只是不希望把自己跳楼大甩卖而已。

以前总以为美女比较物质，现在我却不这么想了，"物质"和"美色"压根就是两码事。如果找了漂亮的物质女，那我也勉强接受了。如果找了既物质又丑的女人，心里实在过不了这道坎儿。

59 有话好好说

春节后，我再次来到婚恋网，认识了一名职业的舞蹈演员。她的名字叫李晓月，29 岁，168cm 的身材，从照片看上去身材非常棒。能够认识这样优秀的女孩，我这次又是走运了。

遇到李月晓的时候，我高兴得都睡不着觉，我不仅看过了她的照片，还进行了一下视频。照片可以美图秀一秀，视频基本上无法作假。我们互相通了电话，她听起来不太爱说话，比较沉默寡言。

女人喜欢幽默的男人，男人往往却喜欢沉默的女人。能够遇到她这样的女孩，我真的希望能够进一步发展下去。

这一段时间，我正在上海组织一场新员工培训，晚上结束后，我便第一时间跑回房间和李月晓视频。

……

我们连续 6 天的视频，发现每次视频李月晓都在网吧，视频中可以看到周围乱糟糟的，隐约还能听到几名男人说脏话的声音。

在我的意识里，凡是长期泡在网吧的女孩，都是有一定问题的。我便问：
"你怎么每次都在网吧？"

"家里的网络坏了。"

……

面对这样的女孩，我开始有了一定的警觉。尤其是婚恋网认识的美女，经常收到婚恋网的通知，某美女由于交友目的不纯，被打入黑名单。

酒托和骗子，我又不是没有遇到过。如今电脑普及了，尤其是在北京这样的大都市，泡在网吧里的大都是一些小混混。也许是我太传统了，说得有些武断，反正我看到长期泡网吧的人，就是没有好印象。

我对相亲这件事存有恐惧，这话说的是真的。如此多的相亲经历，没见到过几个靠谱的。即使见面没感觉，气氛轻松在一起吃顿饭还好。如果气场合不来，坐在一起还会很尴尬的。再遇到存心不良的人，还会有一定的危险。

为了确认对方的真身，我试图了解一下她的过去。我心里盘算着，要了解对方的过去，就要从对方的感情经历入手。

当问提起了感情经历，李晓月脸上出现了一抹难以形容的神色，沉默了很长一阵子，才缓缓说："提到感情，我的心里仿佛扎着一根刺……"

我顿时一怔，问："到底怎么了？"

"还是不要说了吧。"

"你说说吧，我们也聊了这么久了，还不把我当朋友吗？"

"不，我不想提这些了……"

……

接下来，不管我怎么探寻，对方都不肯透露一个字了。事情往往是这样的，越不透露，我越觉得怀疑。

这个女孩子之前究竟做过什么？会如此忌讳谈这个问题。从视频中看，李月晓似乎想抹眼泪，她又说："我们不聊这些了。"

我也是个急性子，并且也是比较缺乏安全感的。如果她不说，可能我真的不敢再和她接触了。

29岁的姑娘，形象那么好，却一直泡网吧，在感情经历上似乎有不想说的前科，还说扎着一根刺。

我开始绞尽脑汁的胡乱猜测了，越想越觉得有问题。现在的女孩子们什么都敢做，很多人结婚了发现老婆之前做小姐。想到这里，我决定刨根问底也要了解到真相，为了得到事情的底牌，反正也豁出去了。

如果不问出来，我也不敢和她见面了，社会上人与人之间的信任度已经不高了。我对她仔细解释了一番，说："我们是在了解彼此的情况，关于你刚才说的一根刺，如果不说清楚的话，我就会有各种各样的猜测，你懂吗？"

"随便你就想去吧。"

两个人的了解，必须给对方呈现自己的过去，不然这就是不诚实。一个相互的沟通，有必要这么遮掩吗？如此遮掩就是有问题的，或者太不懂沟通。我是培训师，看到如此闭塞的沟通，就越来越生气了。

我又说："你还是说一下吧。你如果不说，你就不能保证别人怎么想了，就算别人怀疑你之前做过小姐，你也没办法……"

这句话说出口，对方一下子愣了，紧接着关闭了视频。两分钟过后，我电话响了，是李月晓打过来的，劈头对我一顿大骂，"你刚才说谁是小姐了？操你妈，你他妈的……"

起初，我挂掉了电话，接着，对方一次次的打了过来。我又挂了，对方又打过来。再一次打过来的时候，我解释说："我刚才没有说你是小姐，我是说，你总是不提自己的经历，而且还表现的如此忌讳，对方就会往坏的地方去猜……"

"我操你妈……"

没等我解释完，人家又是一顿劈头盖脸的臭骂。我又挂了电话，人家又一次次的打了过来，而且一接听，就是一连串的骂。我想这种一根筋的人，如果不和她解释清楚，这件事人家会没完。

我只好让她骂，等她把怒气都发泄了，再进行解释。不就是一顿骂呗，如果咱不往心里去，就等于没骂我。

结果证明，我还是失败了，对方足足骂了我四十分钟，都没有休息。我只好又一次挂了电话，关了手机。

躺在床上，我的心久久不能平静，真是遇到了一个极品，心理素质太差了。这完全是沟通有障碍，这样的人认定的事情别人永远无法说服了。

次日，我刚打开手机，一连串收到了李晓月28条信息，每一条都是骂我的，最后一条信息是一个陌生号码发来的。

信息内容为："夏晓光，我是李月晓的姐姐，她昨天晚上哭了一夜，从小到大，我们家人从没让她受过这样的委屈，你必须付出代价！"

这么一听，我顿时意识到，我摊上事儿了。真没想到，遇到这样一个如此偏执的人。不管我多么心烦，还得先忙工作。

洗完脸，早餐我都没心情吃了，正准备赶往会场的时候，又一条信息来了。此时此刻，每收到一条短信，我心里都是咯噔一下。

这一条又是李月晓发来的，内容为："昨天晚上，是你让我哭了一夜，我会为我的清白名节给你拼命！你等着吧，等你回到北京，我一刀捅死你！"

我回复了过去，"我根本没有说你做过小姐，我只是举例子，见你一直说自己心里有根刺，这样的话，人都会怀疑的，我当时只是打比方，是你误会了……"

李晓月又回复："你等着吧，我会人肉搜索你，等我搜索到你，我就去捅死你。我长这么大，还没有恋爱过，男人都没有碰过我的身体，是你败坏了我的清白名节，这个仇我一定要报！"

……

为了摆平这件事，我废了很大的劲儿，利用我培训师的能力，去解释，去求谅解。不管我怎么说，人家一口咬定她的清白名节被我毁了。她姐姐的短信，也是一条接着一条："夏晓光，我发誓要你付出代价，你伤害了我妹妹，你等着吧！"

我又把信息回给了她姐姐，说："如果你劝说一下你妹妹，说不定会把事儿摆平，你一直说要我付出代价，她还能原谅我吗？你越这么说，她越认为是我剥夺了清白名节，而她的名节我根本没有碰到，是她自己捆绑了自己……"

"不行，我必须要你付出代价，你太恶劣了！我妹妹从小到大，家人都宠着她，我怎么忍心让你伤害她？"

……

白天，就这么过去了。我连续收到了姐妹俩连番"轰炸"的信息。晚上，我很早便躺下来休息，把手机关了。

这件事，但愿尽快过去吧。我也希望对方尽快的好起来，不然的话，不等我付出代价，人家就被气死了。

次日，我刚打开手机，又收到了 21 条信息，又是这姐妹俩发出来的。妹妹发的信息多半是说要杀死我，还要抛尸野外。姐姐发的信息，内容也都是一致的，一直说要我付出代价。

我解释得太多，也太累了，听得也麻木了，只好置之不理了。接着，洗脸，吃早餐，然后赶到培训会场，准备开始一天的培训。

正在讲课的时候，我的手机又震动了，是一个陌生的来电。我看了一下时间，也差不多到了中场休息。我下令让学员们休息十分钟，忙接听了这个电话。我预料到这个电话，又跟李月晓有关。

这样的电话必须接，只有把这件事说开了，才会解决问题。其实根本没什么仇恨，说不开的话，万一人家做出什么傻事儿，我心里也过意不去。

"夏晓光吗？你是夏晓光吗？你他妈的是不是夏晓光？你还是不是人？你说，你到底是不是人……"

电话里同时传来三四个人的声音，我又是先让对方骂，这叫先放气，然后再跟对方讲话。对方只骂了三分钟，就停住了。经过沟通，我才知道对方是四个人，李月晓的父母，以及哥哥和嫂子。

对方透露，李月晓已经哭了两天两夜，他哥哥现在也要冲进北京，准备人肉搜索我，找到我后，就准备把我灭了。

此时的我，表现得很平静。经过我的一番沟通，把事情的经过讲完了，我又耐心的做了分析和解释。

李月晓的父母还是比较实在的人，很快就被我说通了。我此时此刻也明白了，李月晓所谓的心里扎着一根刺，是想说自己 29 岁了一直没有谈过恋爱。现在我也明白了，李月晓为什么一直没有谈过恋爱。

李月晓的父母被我说通后，去劝说了一下他的女儿，终于才把这件事摆平了。我庆幸这件事由他的父母出面，如果一直由她姐姐劝说，只会加重她妹妹的仇恨。

这场即将发生的悲剧，就这么被制止了，我没有被杀，对方也没有自杀，这件事就这么过去了。

一个月后，李月晓的父亲，给我打了一个电话。老人家说通过上次沟通，觉得我这个小伙子还是不错的，希望我能够和李月晓继续了解一下。

我也知道李月晓是个单纯的姑娘，人不坏，尽管对方曾经一口气骂了我那么多天，我也不把她当坏人。如果不是发生这件事，很有可能我们会发展一段恋爱。现在来看，对于她，我却不敢想了。

和一个这样的女孩在一起，我不用担心被骗，却要担心被杀，不用担心被扣绿帽子，却要担心被捅刀子。你搞不清楚，哪句玩笑话，对方会大哭好几天，而且不管你怎么解释，都听不进去。

接下来的日子里，李晓月在QQ上说她找到工作了，还说家里的电脑修好了，以后不用再去网吧了。

当我得知她在哪里演出的时候，我私下买了一张票，去观看了她的表演。那一刻，我坐在人群中，默默地为她鼓掌。

舞台上的她，似乎也感觉到了，跳得越来越起劲了。演出快结束的时候，我买了一大束鲜花，委托别人送给了她，没有留我的名字。当我在远处，望着她接到鲜花那幸福的表情，默默地祝福她。

60 相亲面试

从婚恋网联系上了一名 32 岁的女人，名字叫张丹。她属猴，比我小一岁。从照片看，五官还是不错的，身材略有些丰满。她网名叫美丽摩卡，从穿着看属于一名时尚女人。与成熟的女人交往也有好处，这样的女人更能够客观的了解男人的好坏，不像一些无知女，追求的是虚无缥缈的感觉和浪漫。

张丹是一家韩资企业的产品经理，专门做品牌的推广。工作上有着一定的能力，老家在重庆。

我们约见的地方是一家咖啡馆，我提前 15 分钟到了后，点了一杯咖啡等对方。张丹出现的很准时，一见面，就点了一杯咖啡。连寒暄都没有，就从包包里拿出一张表格，开始询问我一些问题。

"你的年收入是多少呢？"

"大约 30 万。"

"房子买在了哪里？"

我倒吸了一口凉气，面对如此现实的女人，如果我说了房子在燕郊。对方可能会把我一口否决，还可能看不起我。我快速地思考了片刻，说："在东六环。"

"属于通州吗？"

"差不多吧。"

"到底属于哪里？"

"刚出境……"

张丹瞥了我一眼，很不耐烦地说："你就说燕郊不就完了！"

……

我仿佛被一个面试官盘问，张丹用笔在表格上不断的填写。问完后，她把表格摊在了桌子上，开始喝那杯咖啡。这时候，我的眼睛下意识的盯了一眼她的表格，张丹还是很大方，把表格直接推给了我，说："想看你就看吧。"

2013 年 3 月"相亲"明细表								
姓　　名	年龄	职业	身高	体重	年薪	住房	私家车	总体印象
吴绍华	39	IT 总裁	169	80	350 万	东城区：230 ㎡	宝马	能力强、沉闷
章成楠	35	销售总监	176	70	80 万	朝阳区：120 ㎡	奥迪 A6	身材胖、浪漫
刘　　刚	28	富二代	178	110	不可估	朝阳区别墅	大奔	风流、脾气暴
李新强	31	销售经理	180	90	10-20 万	大兴区：70 ㎡	马自达	高大、好色
夏晓光	33	培训经理	175	65	30 万	燕郊：60 ㎡	无	英俊、屌丝

当我看完这张表格后，我明白了在人家心目中的地位。张丹一边喝着咖啡，开始跟我谈相亲的话题。

对方问及我相亲的经历，我如实的讲述了自己一系列的相亲经历。张丹指责我不能总看到别人的缺点，却不去思考自己几斤几两。

那种咄咄逼人的态度，挖苦的我都快坐不住了。为了面子问题，我依然尴尬的装出一张笑脸，问："从你的表格上可以看出，你认识的优秀男士很多。"

"追求我的人多了，大部分都是有钱人。他们来约我的时候，都是开着好车来的。带我去珠宝市场，只要我喜欢的，都可以统统买下。"

"那你怎么没跟对方结婚呢？"

张丹又说："当我手里拿到那些珠宝的时候，我心里忽然意识到，这些其实都不是我真正想要的东西……"

"你到底想要什么呢？"

"关键是要有感觉，条件好的人我见的多了，很多就是没感觉。哎，这个世界找到一个合适的人太难了……"

我又喝了一口咖啡，说："你觉得我合适吗？"

张丹轻笑了一声，说："你还是饶了我吧。"

我又尴尬地笑了一下，没有再说话。张丹把一杯咖啡喝完，便起身告辞了。这次真的是遇到了一场相亲面试，人家真是太职业和干练了。这种女人不该做产品经理，更适合做 HR。

根据我所遇到的大龄剩女，或多或少可以总结出一些问题。到家后，一篇新博文就这样诞生了。

剩女不婚的秘密

剩女是指 30 岁以上的单身女性，很多拥有高学历、高收入和出众的长相，在婚姻上却得不到理想归宿。从用词来看，似乎剩女是被男人剩下的女人。其实这个"剩"字，词义不准。剩女不是嫁不出去，而是不嫁。

虽然她们整天喊着要嫁人，其实内心里根本没有活在现实的世界里。你发现没有？大龄剩女往往具有着一定的姿色，追她的人也不是没有，一般人却根本入不了她们的法眼。当你问她们要找什么样的男士的时候，她们只说，希望找有感觉的，有一定的经济能力，有责任心就行了。

这么一听，剩女们的要求似乎不高，你却发现她们一次次的相亲后，总是看不到有感觉的。这是为什么？

剩女所谓的感觉和小姑娘的感觉不一样，小姑娘所谓的感觉，是被宠和被哄的感觉。剩女所谓的感觉，是希望找顶级优秀的男士。如果你长得不够帅，剩女根本不会瞧你。

很多人看偶像剧看的，把自己的感觉"沸点"拔高了，觉得找老公就得像电视里那些帅哥一样，长相普通的人，人家根本提不起兴趣。

现实中帅哥有多少？电视上的明星还都是化妆画出来的，有多少人天生那么帅的？我们读大学的时候，几十人的班里，顶多有三四个帅哥。也就是说，在黄色人种里面出帅哥的几率最多10%，剩女们选择的机会就缩小到了十分之一。

剩女还说要有一定的经济能力，看似对钱的要求也不高，一旦你问她们要求对方收入多少钱的时候，人家一张嘴会把你吓死。

在北上广这样的城市，月收入三万以内的人，会被她们看成穷屌丝。她们口口声声说自己要求不高，似乎觉得这种收入很普通。你看看中国人的平均收入就知道了，大部分人月收入才三千，月薪三万的人已属于佼佼者。

剩女一张嘴，都是要求年薪百万的。大城市里这样的人尽管也不少，帅的也能找出几个来。这么好的条件，未婚的能有几人？即使是未婚的，也不见得喜欢剩女，人家也想找年轻漂亮的。

问题就出现了，一个卖的太高，一个觉得不值，很难让双方的恋爱达成。如果剩女们不想明白这些，只有永远的剩下去。

你或许说，剩女们年龄大了，可以接受离异的，只要对方好就行。成功男人的离异多数是有备胎的，剩女们还是没机会。

女人一旦过了年龄，就会渐渐的不占优势，或者成为过季产品。青春不常在，抓紧时间谈恋爱，设定择偶标准一定要考虑自己面临的"市场现状"，尊重现实，才会把自己嫁出去。

这篇博文刚发出来，就被人炮轰了，有的人留言说："太偏激了，女人还是渴望一份平静的爱情的。我周围的几个姐妹，结婚前就不太看重对方的经济条件，只要真心爱就行。"

我回复："我说的只是一部分特别挑剔的大龄剩女，没有说你的姐妹们，不要把你自己的例子，来反驳我所说的对象。"

接下来，那人又说："狗屁，就是你太偏激了，没有人要你，活该……"

61 潮白河的右岸

在《西游记》中，唐僧师徒的经书被老龟弄进了河里，捞上来晒经的时候，被猪八戒不小心撕掉了几页。唐僧很伤心，孙悟空说，天和地本身都是不全的，经书也有不全之理。

人生也是一样的，一辈子是短暂的，暮起暮落而已。选择一个爱人，何必那么完美，这句话才是人生的真谛。

很多人一直苦苦追求的完美，追求到最后，才发现世界的万物都是不完美的。乔布斯为苹果公司设计的标志，是一个苹果被咬了一口。也许他为了告诉世人，残缺也是一种美。

三年前，有位同事要给我介绍女朋友，对方经历过一次不到一年的婚姻。当初我死活不同意，觉得自己是个黄花大小伙子，连一次轰轰烈烈的恋爱都没有经历过，就娶一个离异的女人，似乎很委屈。

经历了很多相亲后，我渐渐发现，离异过的女人或许更懂得珍惜好男人。经历过感情伤害的女人，才会懂什么样的男人是好男人。女人是用耳朵恋爱的，坏男人的花言巧语，会让她们来了感觉，婚后才知道什么是"傻"。

她的名字叫韩蕾，29岁，形象端庄，很有几分姿色。婚恋网背景为离异，她在个人独白里说了，经历了一次几个月的短暂婚姻，由于老公出轨而离异。希望找一个真正的好男人，走完人生的岁月。

我准备给她一次机会，也给自己一次机会。人生不会那么完美，我也不再苛求。再说了，反正也找不到处女了，离异和未婚的实质也都差不多。

一个人婚前，谈过N次恋爱的女人，比离异的女人伺候过的男人更多，想想感觉更乱。大龄剩女们，一个个说话尖酸刻薄的要命，还不如去找离异的女人，只要对方还没生出孩子，都是可以考虑的。

韩蕾的学历是中专，在国贸万达广场化妆品专柜做导购。我本来对学历要求挺高的，看到韩蕾的姿色和气质，渐渐的对学历也放宽了。

我们上班的地方距离很近，很快便约见了。第一次见面，我们就约在了附近的肯德基，是她选的地方。

几年来的相亲经历中，很少有女孩把第一次见面的地点定在肯德基。也许是韩蕾收入不高，对她来说肯德基已经算是不错的场合了。我暗自高兴，跟这样的女孩约会不用担心破费。

见面后，我们对彼此的印象都比较满意。韩蕾的形象很秀美，穿着工作服显得格外俊俏和雅致。

在聊天中，她也表达了欣赏我的才华。当她问我房子在哪里的时候，我说在东六环。我不愿意把"燕郊"二字提出来，给人的感觉似乎出境到了河北。其实燕郊的距离并不太远，比起房山和顺义距离中心城要近多了。

燕郊的房价每平米都在万元以上了，北京的上班族，如果只依靠自己的能力，能买起燕郊的房子就不错了。

她问我，"东六环，属于通州吧？"

"是的。"

我算是撒了一个谎，在我看来燕郊和通州，就隔着一条潮白河，区别也不大。再说了，我们都在国贸附近上班，如果婚后在燕郊住，上下班一小时内就能到达。

晚上，我们微信个不停，长这么大，我都没有如此多的动过大拇指。渐渐的，我们的感情迅速升温了。甚至都开始谈尽快见见父母，准备年底就把婚结了。两个靠谱的人在一起，都是希望迈向婚姻殿堂的。

……

我们认识了一个月后，她准备来参观我的寒舍。我告诉她，从国贸坐车，到燕郊下车。她忽然问："你的房子在燕郊吗？"

"算是吧，其实也没远多少。"

电话里，顿时没声音了。我等了很长的时间，她说："我们就此为止吧。"

"啊？"

"我不能接受你没有北京的房子。"

我顿时有些情绪上来了，说："韩蕾，你这么挑剔的话，真是有些奇怪。我们谈了这么多天，难道就因为房子属于燕郊而分手吗？不就是隔着一条潮白河吗？有多大的区别呢？"

"你不了解我！我的户口一直在前夫家里放着，他们家是北京的。现在人家一直催我，让我把户口签出来。只要有北京的房子，我就可以把户口落到北京，否则，我的户口就会被打回原籍……"

"北京户口，真的那么重要吗？"

"当然很重要。"

"为什么一个户口那么重要呢？"

"为了孩子将来上学，为了很多福利，政策，还有很多很多……"

"我觉得以我的才华，将来我的孩子上学没有问题，我跟那些小市民不一样，他们都在等国家的政策和福利。而我一直是在寻找人生的机会，和他们相比，我有方向，有目标，工作之余我不断地在出书，我的《张旭旭跳槽记》也卖出去电视剧版权了，我一定会很成功的……"

"对不起，我年龄大了，已经不是小姑娘了，没法再相信男人的空话了……"

我听到这里，觉得没法谈下去了，也不想再谈下去了，于是说："好了，好了，那就挂电话吧！"

和韩蕾的交往，我一些同事都知道。老板知道后还劝说过我，认为我们两人不合适在一起。旁观者比我更冷静，回想我和韩蕾的相识，我属于一见钟情，放宽了很多重要的条件。

工作没有贵贱之分，却有着社会见识的高低差别。差距太大的人，即使一开始的激情让两个人相互欣赏，好感很快会散去，难以有真正的共鸣。当我追着理想往前跑的时候，人家追求的只是一个北京户口，人各有志，谁也不能勉强对方。

62 天使和猴子

这件事如果不是真实发生，我似乎会觉得只会出现在书本上。我和杨婷同样是从婚恋网认识的。

她 28 岁，老家是哈尔滨的，有着东北女孩特有的气质和高挑，颇具明星范儿。令我更加对她看好的是，我们有着相同的上进心。

杨婷对北京户口、车子、房子压根没提。在她看来，有理想的人，才是过得真正有意义的人生。

这么漂亮的女孩，还如此上进，遇到她真是三生有幸。现在的美女们，多数都被男人们捧着，甚至有的价值观已经扭曲。

杨婷的出现，使我相信了浮躁的社会照样有好女孩。每天我们都会煲一个小时电话粥，我们价值观的相同，会有说不完的话。我们一起畅谈理想，一起抒怀，一起骂人，都有着一致的节奏和情调。

杨婷的电话，总是不知不觉中就聊了一个多小时。周末，我们多数时间是拟在一起，短短的两个月，我们的感情迅速升温。如果双方的父母没意见的话，我们就可以领证了。

我提议先见见我的父母，北京到石家庄比较近。杨婷却说，她在北京有一个师父，像父亲一样的关心她，也非常受她的敬重。师父是她在北京唯一的亲人，想先让他师父先对我进行"面试"。

杨婷是佛教徒，她的师父是来北京后认识的。我也很推崇佛教，有信仰的人做事情更让人放心。

无论一个国家还是一个民族，如果没有信仰的话，都是很可怕的，人们做事情就不会有道德底线，无论多么健全的法律，都会有人钻空子。

杨婷那位师父既然是佛教徒，我顿时有一种肃然起敬的感觉。杨婷还说，她师父可以通灵，可以看到你的前世。

"啊？不会吧。"

"我就被他看到过前世。"

我摇了摇头，说："小心对方骗你。"

"不许你这么说我师父。"杨婷又说："我师父还可以控制梦，他让你做什么梦，你就会做什么梦！"

"不会吧……"

我摸了摸杨婷的额头，温度是正常的，我才放心下来。好奇心让我想立刻见见这位神奇的大师，看一看，这个人究竟何许人也。

周末，阳光明媚。

我们约好去拜访她的师父，为了讨好那位"半仙"，我还买了一大堆礼品。杨婷把这位师父当做在北京唯一的长辈，师父这一关过了，我们的婚事就成功一多半了。

杨婷让我在雍和宫门口等她，本以为她师父是雍和宫里的一位法师。她却带我来到雍和宫门外的算命一条街。

我越走越觉得不对劲儿，这条胡同里，有好多个门店，门口几乎都站着一些穿着道士或者僧人衣服的人。见到我们走过来，那些人恨不得拉住要送"几句话"，还声称"不准不要钱"，为的就是忽悠你掏钱算一卦。

好不容易摆脱了那些人，杨婷带着我继续往里走。我开始对那位师父质疑了，问："你师父怎么会在这种地方？"

"这里的人都是神人。"

"神经的神吧。"

杨婷瞪了我一眼，我没吭气。不管人家师父是做什么的，咱不能不尊重长辈，我这次拿出拜见岳父大人的态度去见那位师父。

胡同的尽头，有一家卦馆。门外写着，预测、起名、调风水、驱邪、看阴宅等。杨婷走了进去，我也跟了进来。

里面坐着一位40来岁的矮胖男人，冲杨婷瞄了一眼，笑着说："婷婷，来来来，好久没来这里了，坐……"

杨婷拉住我的手，对那位师父说："这是我的男朋友，他叫夏晓光，这次带他来见见您……"

师父看了我两眼，说："确实一表人才，来，待会儿我看看你的来历。"

"啊？看什么？来历？"

我只听说过看学历，很少有人看来历。杨婷笑了，凑到我的耳边，说："待会儿师父会看看你的前世。"

"啊——"我惊愕的长大了嘴巴，说："我没说要看我的前世呀？"

师父拍了拍我的肩膀，说："小伙子，不要紧张，你要知道，婚姻都是前世注定的。我来看看你的前世，才会知道你和婷婷是否有缘……"

我想了想，觉得看看也行，反正见到杨婷的时候，总有一种感觉，就跟上辈子有缘似的。一见面聊得就很开心，不像之前遇到的那些女孩子，你怎么说都不对劲儿。

俗话说，真金不怕火炼，只要有缘的话，终归是可以走到一起的。

我也很好奇，前世到底是谁？师父先让我喝下去一杯水，带我来到一间密室，里面有一张床，他让我躺下来。然后，让我按照他的指令行事，首先闭上眼睛，接着他在我头部缓缓的按了几下。

这时候，我觉得出现了浓浓的睡意，师父的嘴里开始念一些我听不懂的咒语。这时候，我的意识处于朦朦胧胧中，耳边依稀听到师父说话的声音，看到光圈了吗？

他这么一说，朦胧中，我的眼前似乎出现了光环。我"嗯"了一声，师父的声音继续告诉我，走进去，快，走到光圈里面。

我似乎吃力的站了起来，走进了光圈里面。师父的声音再次响起，"往前走"，我按照对方的指示，走到了前面。

"看到前面的一片草地了吗？草地上有一棵树，树上有三只小猴子，其中，一只小猴子在冲你招手……"

对方这么一说，我眼前真的出现了草地，树，小猴子，真的有一只猴子冲我招手了。

我又"嗯"了一声。

这时候，我的额头有一股冰凉刺骨的感觉，我醒来了。

……

师父手里攥着冰块，刚才放在我的额头上，把我弄醒了。我正在纳闷，平时我入睡非常慢，这次怎么这么快就能睡着呢？

莫非是师父给我喝的水里面，有催眠药物？再加上穴位的按摩，让我快速进入了浅表型的睡眠状态。

师父笑着说："你刚才已经看到自己的前世了。"

"我的前世？"

"对呀，就是那只冲你招手的小猴子呀。"

"啊？我的前世是猴子？"

"是的，刚才你看到的就是你的前身……"

……

我顿时明白了，这个"师父"利用催眠的原理，使我进入浅表型睡眠状态，这种状态的人，部分神经会和外界的信息相互联系。当外界的声音进入神经系统，就会迅速的加工成自己的梦境。

看似是对方让我在梦中看到了"前世"，其实是他给我创造出来的梦，利用这种催眠的原理，使我的大脑系统捕捉了对方的信息，进而使我下意识的看到了他所引导出来的内容。

——真是一个骗子师父。

我不想当着杨婷的面揭穿对方，杨婷把对方当做亲人，我也只能拿出尊重来。我对他点了点头，伸出了大拇指。

杨婷在一旁，很崇拜的望着师父，问："师父，您看看我和晓光的缘分如何呢？"

师父伸出一只手，按在了杨婷的头顶，闭上眼睛嘴里胡乱念了几句咒语。说是咒语有些不准确，其实也就是这个骗子嘴里胡乱哼唧了几句。过了一段时间，他缓缓睁开眼睛，对杨婷说："你到我里屋来，姻缘属于天机，不可对外人泄露……"

我感觉不妙，如果会说"好话"，何必避开我呢？刻意地避开我，就是准备说坏话呢。我很来气，但也只好装的客客气气的，谁让人家是"师父"呢？

杨婷跟师父进了里屋，我足足等了20分钟，她们才出来了。杨婷那张美丽的脸上，似乎挂着一丝伤感，眼睛里依稀带着泪花。

"师父"在身后拍了拍杨婷的肩膀，似乎在进行某种安慰。我可以猜到答案了，一定是说我们的缘分不好，不然的话，杨婷绝对不是这种状态。师父见到我后，又挤出一张笑脸，说："你们坐下来，喝会儿茶。"

杨婷有气无力地说："我们先走吧，改日再来坐。"

……

我们走出去的时候，不等杨婷说话，我已经急不可待的问："你师父跟你说了什么？咱们的缘分怎么样呢？"

"师父告诉我，我未来的老公不是你。"

"啊？"我故作吃惊，其实他妈的这种结果我早猜到了，忙问，"他怎么说的？"

"他之前让我看到过自己的前世，我的前世是一个小天使，而你的前世是一只猴子。师父说，天使和猴子根本就不可能成为夫妻。师父刚才告诉我，我未来的老公是中关村的一个IT工作者，根本不会是你这样的培训师……"

我忍不住了，说："去他妈的，他就是一个骗子！"

"你——"杨婷美目圆睁，怒冲冲地说："你敢骂我师父？"

我已经忍不住了，说："你想想啊，他刚才让我喝了什么？那是催眠的药水，让我半醒半睡的时候，对我进行催眠。这种状态下，外面人说什么话，就就被大脑加工成什么梦。我见到的前世，就是他引导的……"

"你敢这么污蔑我师父！我师父一定会感应到的！我现在终于看清你了，

人家只能给你好的评价，否则你就开始骂人，你还算男人吗？我师父说得太准了，看来我们在一起还真的没有好结果……"

杨婷将头一甩，头也不回的往前走。我急忙追上来，从后面拉住杨婷的手，"婷婷，你要知道，我是害怕失去你才会变得这么激动的，再给我一次机会，好吗？"

"放开我！"杨婷一把推开我，说："你这只臭猴子，我师父早把你看透了，我们还是就此为止吧。"

我又把她抱住，说："我以后不会这么做了，再给我一次机会吧，我真的很珍惜你，不想失去你，你应该也知道，我是一个很正直的好人。"

"好人？"杨婷冷冷的一笑，说："猴子转世的人，都是你这么善变的。你还是回你的花果山吧，以后不要再联系我了。我的老公在中关村做IT行业呢，不是你，我们还是不要再浪费时间了……"

"哈哈哈哈哈哈……"

我放开了杨婷，用非常沧桑和无奈的声音，冲着天空大笑了起来，当我睁开眼睛的时候，杨婷已经走远了。

这件事就这么夭折了，当有人问我为什么和女朋友吹了，我只是编造了一些理由。如果我说出来真相，朋友说不定会给我一个绰号"猴子"。说心里话，我倒想成为一只猴子，一个跟头十万八千里，我就会到玉帝那里，告那个傻逼"师父"一状。

小天使飞走了，我这只"猴子"，只有空着手回家了。小学时候学过一篇课文叫"猴子下山"，我和那只小猴子一样，同样是一无所获的回家了。

63 神马都是浮云

婚恋网这个网络的平台，让我越来越失望了。有不少女孩，见面后答应先处着，然后人家再去撒网。

忽然有一天告诉我，她又认识了一个，觉得对方更合适。这种现象，我不止一次遇到。起初，我是在思考自己哪里做得不够好。

当一次次的遇到同样的事情，我渐渐的明白了事情的真相，不是咱不够好，而是咱去错了地方。婚恋网就是一个捡贝壳的海滩，我觉得捡到了一颗合适的贝壳就想离开海滩，人家却没想走。

……

那个女孩名字叫韩萍萍，25岁，我们认识后，每天通一次电话。当我提出见面的时候，她说刚交往了一个男朋友。本来我已经死心了，第二天，我收到韩萍萍的短信，内容是："我们可以见一见。"

我抱着试试看的心理过去见了一面，韩萍萍对我说，觉得你不错，可以交往一下。然后，我就正儿八经的和人家"恋爱"了。

交往一星期后，她还让我见了她在北京的姐姐。我们中午一起吃的饭，那次"面试"很顺利，我的文化素质在这摆着，而且说话又不砸锅，还被她姐姐夸赞了一番。

本以为韩萍萍已经准备做我老婆了，觉得我们下一步就会花好月圆了。第二天，韩萍萍给我发了信息，说希望终止我们的关系。

当我问自己哪里做得不好的时候，韩萍萍说："你人挺好的，只是我遇到了比你更适合的人。"

"昨天中午，咱们还和你姐姐一起吃饭呢，她什么时候遇到的另一个人？"

"我们昨天晚上见了一面。"

……

如果她和我交往着，还要继续淘宝，早晚有一天，会淘到比我更优秀的过客，我很佩服韩萍萍的"爱情快餐"。

我们吹了，半小时后，韩萍萍微信朋友圈就出现了那小子的影子。当看到那个人的形象，我的气就不打一处来。那小子留着光头，长着一双色咪咪的小眼睛。每一张照片中，都用手拽着韩萍萍的头发。

这一点，也许是我应该学习，我谈恋爱的时候，顶多拉拉手，平时也是一本正经的。人家昨天晚上见的面，今天发出的照片就拽着韩萍萍头发照的，早知道我在一周前就拽她头发了。

我早已意识到，思想不成熟的女孩，人家不是在找"正经人"。你不够坏，人家就觉得你缺少情调。

接下来，我认识了一个叫李薇艳的女孩，陕西妹子，28岁。跟我交往了一个月，每个周末我们都见面。

这一个月内，我不是请吃饭，就是请看电影。后来，她也是忽然的告诉我，说父母给介绍了一个，觉得父母介绍的比较知根知底，更适合结婚。

……

我白忙活了一个多月，成了不知根知底的人。如果大家都能拿出交往的诚意，还会去让父母介绍男朋友吗？

还有一位叫刘璐璐的女士，东北人，29岁，职业是一名舞蹈老师，身材不错。也是同样的问题，跟我交往了一个多月，每次见面还总是吃大餐。当然花这点小钱，对我外企的收入来说不算什么？

哥不怕花钱，哥要的是真诚。刘璐璐也是忽然发短信告诉我，姨妈给她介绍了一个，前几天回老家的时候相了亲，还分别见过了双方的父母。

我一听，觉得自己又傻B了一回。人家都见过男方的父母了，我还花钱给人家买衣服呢。有人或许会说，你们交往那么久，都不能把女孩子的心收住吗？

你要知道，不是我不够好，而是对方在"淘宝"。人家淘宝的过程中，总会淘到觉得比我更适合的人，我注定会成为对方的过客。

还有一个很关键的问题是，那些女孩子不信任婚恋网，看似跟她们上了婚恋网，也和我交往一阵子，她们只是拿我填补了恋爱的空白期。当家人给她介绍了男朋友的时候，人家就立刻闪了。

再加上，我又是一个低调恋爱的人，不会刻意的说出肉麻的话。调查结果显示，凡是低调恋爱的会更持久，对方没有刻意的伪装。婚前和婚后基本上不会有落差。比如，两个人约在了商场门口见面，分手快情侣的对话如下：

"亲爱的，你在哪里呢？"

"老公，我在商场门口。"

"亲，我马上过来，一分钟。"

"老公，你来嘛，我就在这里等你，我数着时间，1秒钟，2秒钟，3秒钟……"

……

长久恋爱型的情侣对话是这样的，内容如下：

"你在哪呢？"

"商场门口。"

"知道了。"

……

真实的爱情都是慢热的，以玩为目的激情并不是爱情。在恋爱的时候，女人或许会觉得喜欢糟钱的男人更酷，不去上班，在家陪"老婆"的男人更体贴和温馨。拥有这种想法的女人，真的有待成熟。

在婚恋网的最后一站，是一个名叫高雯的女孩，27岁，老家山东的。本以为山东人很实在，这一次我却被山东人彻底给涮了。

QQ聊了没几天，我们就约见。交往了一个多月，2013年的国庆节到了，七天的法定假日，我先回老家呆了三天，看望了一下父母。

准备回来后留出几天陪高雯，经营一下我们的爱情。我们本来约好的，当我给她打电话的时候，人家就不接了，每次都给我按掉，说家里有客人。

我并没有在意，就发微信告诉她，问："明天去哪里约会？"

"明天我有同学聚会。"

这么一说，我觉得很生气，本来我们约好的，早知道我还不如在家多陪陪父母。尽管我生气，也没有发火，毕竟是自己女朋友，男人还是应该有容忍的。我又问："后天呢？我们去哪里？"

"我还不知道呢，同学们可能也会有安排，明天晚上再告诉你吧。"

"好吧。"

……

次日，晚上了。我又打电话，高雯又捏了。当我发微信提出约会的事情，高雯说："明天同学们去爬山。"

"晕。"我又白白的等了一天，我只好又问："后天有时间吗？"

"明天，我才能确定。"

……

用同样的方法，高雯又推了一天。结果，又到了"明天"，我打电话，又被高雯捏了。这种情况下，我都丝毫没有对她进行怀疑，我还认为对方说的是实话。当我再发微信，也不见对方回复了。

我有些来气了，又打了电话，还是被捏了。我发了一条长长的微信，内容为："你啥时候方便的话，给我回个电话吧。我们都是成年人，首先要学会沟通，如果我和同学有活动的话，我会提前好几天就做好安排，而不是让别人等一天，失望一天。这样的话，我有一种被涮的感觉。"

发过去这条信息后，高雯的电话打来了。接听后，对面传来一个男人的声音，粗鲁地说："你是夏晓光吗？"

"你是？"

"我是高雯男朋友，请你以后不要再给我女朋友打电话了，也不要发微信了，你要是再纠缠她的话，老子不会放过你……"

听到这里，我本想骂人，后来却没有骂。因为她使我真正的认清楚了一件事，婚恋网里的女人，神马都是浮云。要么就是PS成美女的丑女，让你见光死，要么就是在大片撒网，没有丝毫的诚信。

本以为我上的是婚恋网，却发现对方玩的是淘宝网。挂掉电话后，我登陆婚恋网站，注销了自己的账户。

婚恋网顾问打电话，问我为什么注销了账户。我一口气说了两个小时，对方惊呆了，觉得真是不可思议，一个人口才居然这么好，在没有草稿的情况下，能够一下子说那么久。

从06年注册的婚恋网，八年的时间，这得积累多少经历呀？我之所以那么久的在婚恋网奋斗，就是态度太认真了。对婚恋网一直寄托于希望，我对待每一次相亲都很认真，而人家却当成了一次小游戏。

有人说，我以自己的失败证明了婚恋网是不靠谱的。在以后的日子里，我会继续坚持自己的原则，认真地去谈恋爱，认真地走好人生的每一步，一定会收获一个好太太。

尾 声

春节快到了，这一年回家的车票特别不好抢。培训部的工作，临近年关基本上没什么差可以出了。这阵子我一直在北京，下班后的时间多数用在写作上，这本小说基本上已经完稿。

我正发愁安排什么样的结尾，本希望安排自己的十年求爱经历，能有个花好月圆的结局，却又不想违背现实。

十年的求爱经历，我遇到了无数奇葩，回想起来自己都无法相信能够如此"幸运"。在婚姻大事方面，没必要虚构一个故事的结局去哄骗读者。我希望展示故事最真实的一面，让读者们了解女人思维的盲点，了解如何去欣赏一个好男人。

……

这天，我收到一个陌生号码的短信，内容为："夏作家，我是郭芙。"

——原来又是大美女郭芙，我的心猛地一愣。下意识的感觉到，郭芙一定又失恋了，在给我机会。

我一直对她感觉挺好的，如果这一次能谈成，也许是冥冥之中的缘分。不等片刻，我就把电话打了过去。

我们寒暄了几句，郭芙忽然哭了起来，我本以为是被人骗了感情。郭芙哽咽地说："我已经是孩儿他妈了。"

……

这件事经过了解才知道，郭芙刚刚办完离婚，一个人带着孩子，目前正处于无家可归的状态中。

我和郭芙在三年前的婚恋网"八分钟交友"中认识的，我们牵手后，每天不管下班多晚，晚上都要和她在一起吃饭。每次吃什么饭，她都说"随便"，我的每一个提议都被她否定，当时沟通很吃力。

　　这样的女孩子不在少数，自己想的什么，故意不说出来，要求对方去猜。你如果猜不到，就判断你不懂她。

　　我们分手后，很快她就说要结婚了，男朋友是个身高163cm，身材很胖的秃顶男人。那小子一个月收入只有3000块钱，把郭芙哄的如痴如醉。

　　郭芙还说那小子每天带给她惊喜，好几次故意冲他发火，那小子都心平气和的交流，还一直责备自己做得不够好。

　　正准备领证的时候，发现那小子也在和别的女人约会。于是，郭芙又来找过我一次，当初我说郭芙不懂沟通，她一下子火了，那一次通完电话，我们两个人就再也没有联系过。

　　转眼，三年了。我们这次联系上了，我还是原来的我，郭芙却已经成为单亲妈妈。令我不可思议的是，她后来嫁的男人，正是那个当初脚踩两只船的死胖子。

　　我非常吃惊，问为什么还要嫁给他？郭芙说："那小子后来发誓说不再去找别的女人，保证爱我一辈子。"

　　这种看起来十分傻逼的谎话，女人一下子就信了，于是领证结婚了。

　　郭芙很快怀孕了，生下了一个"拖油瓶"。老公每月三千块，还喜欢抽烟喝酒，连房租都支付不起，怎么养老婆孩子？

　　夫妻之间的矛盾渐渐出现，老公也一直没有闲着，一直在婚恋网上"钓鱼"，骗小姑娘。要想人不知，除非己莫为，那小子隐藏的再好，郭芙再傻B，最终还是被发现了。

　　办完了离婚手续，郭芙没敢跟父母讲，害怕远在黑龙江的父母接受不了这个现实。郭芙带着孩子，从家里跑了出来，暂时住在了宾馆里，等着买回家的车票。

　　郭芙的故事，我成了第一目击证人。在爱情上，女人就是智商为零，她们就是分不清好赖，导致好男人找不到好老婆，坏男人玩了一个又一个。

……

经过我们的沟通，我才知道郭芙这次联系我，是来借钱的。她现在身无分文了，既然能来找我，说明实在是走投无路了。

我二话没说，跑过去给她塞了两千块钱，并且帮她买了回老家的机票。郭芙走的那天，我帮她提着行李。由于她以后不准备再回北京了，准备在老家把孩子养大，这辈子也不准备再结婚了。

听到这里，我觉得很可惜，美女的一辈子，就这么糟蹋在了一个流氓的手里。正当我们走到宾馆前台的时候，流氓出现了，他一幅凶巴巴的面孔冲我骂，"你离我老婆和孩子远点，给我滚！"

看到这小子的一幅尊荣，我觉得非常纳闷，他头顶上的毛发都所剩无几了，居然还能骗到女人？

他是来抢孩子的，这时候孩子大哭起来，郭芙使劲推他，那小子一巴掌把郭芙打得倒在地上。

我正过去阻拦，那小子抬起腿冲我踹了过来。我身体一闪，躲过了。我早把拳头攥的咯咯发响，冲那小子的脸上，"啪——"就是一拳。这一拳下去，劲儿使的挺大的，那小子摔在了地上，捂着脸呻吟了起来。

看到他倒地不起，我没有过去再出气，因为练过武的人如果打一个没练过武的人，应该点到为止。

这家快捷酒店客人不多，只有前台看到了这一幕，他们用非常钦佩的目光望着我，此时此刻，我仿佛成了获得金腰带的世界拳王。

我出去叫了一辆出租车，把郭芙和孩子送到了机场。郭芙走的时候，将头贴在我胸前大哭了一场。

……

这件事接下来的结果，你们或许想不到。春节后，郭芙和孩子他爸复合了。你或许觉得不可思议，她们会幸福吗？

你要知道，这就是命。女人为了孩子，有时候会忍着痛苦跟一个二B男人过一辈子。对于孩子来说，不管郭芙嫁给谁，都意味着面临一个后爸。

这件事一直在我脑海里回荡，我也一直在想。世界对女人不公平，一次嫁人失败，就会毁掉一生的幸福。

为了解救天下的女人，我要告诉她们，应该选择什么样的男人。我不忍再看到，好男人不被女人欣赏，坏男人糟蹋了一个又一个。

我要用我的笔作为"武器"，去唤醒天下的女人，让她们变得成熟，学会理性的看待爱情，懂得客观地分析男人。让社会中少一些悲剧，多一份幸福；少一些眼泪，多一份欢笑；少一些离异，多一份永久。

后 记

有人看了本书的内容，觉得我的经历很"奇葩"，甚至怀疑我是为了写小说而积累素材。这么问的人太不了解我了，我的每一次寻爱的经历，都是认真对待的。如果仅仅为了寻找素材，我不会"相亲"的那么辛苦，也不会"相亲"的那么郁闷。

十年的寻爱经历，使我感悟了很多。为什么社会上那么多单身男女没有获得幸福？下面我来总结一下原因，希望大家看到后有所收获。

年轻人都是被父母溺爱长大的，"富养女"的思想流行了，老百姓并没有给女儿精神上的富养，而是给了无原则的宠爱。这样的环境下，女孩就会形成大小姐脾气，自我、任性等。

女孩长大后离开父母，就开始寻找新的依靠，希望从老公那里继续获得那种宠爱。好男人做事情都是有原则的，可以宠女人，在某些问题上也会和女人讲道理。因为他们希望和你磨合，希望和你长久。

女人的自我和任性，恰恰听不进去任何道理。还总是说，别跟我讲道理！这些恰恰是幼稚的表现。

坏男人不会教育你，只要你开心，把你哄住了，骗到手就行了。这样一来，好男人和好女人没走到一起，坏男人却占了便宜。

当今社会最失败的爱情问题，就是好男人不被女人欣赏了，坏男人糟蹋了一个又一个。女人如果不学着成熟，就会造成更多的人间悲剧上演，我们的下一代将有更多的孩子会成长在单亲家庭里。

看看人家林徽因，徐志摩为了追求她和结发妻子离婚，还把此消息刊登了报纸，这个浪漫要的够大吧？

如果是现在的社会，女孩立刻被感动得哭了。林徽因却因为这件事而放弃了徐志摩。爱是什么？很多人都把激情当做了爱情，觉得爱情来了不能自拔。其实爱仅仅是行为，不是什么激情。

爱是对一个人的付出，说白了就是一个动词。你饿了，我帮你做饭，你渴了，我帮你烧水，这都是爱。真正的爱，就是对一个人的责任和付出。很多人把爱和"喜欢"给弄混了，女孩子觉得某男士在楼下当众喊了"我爱你"，就感动得哭了，我想问问那个男生，他们知道"爱"字怎么写吗？

徐志摩对自己的结发妻子，根本就没有责任和付出，他根本就不懂爱。他对林徽因的感情，也仅仅是喜欢，想得到人家而已。如果不管自己的家室，喜欢谁就想娶，这就是不靠谱。徐志摩能为了林徽因离婚，将来也保不住会为了别人离婚，责任心是一个人与生俱来的东西。

对林徽因的爱情，除了梁思成之外，别的男人都是来瞎扯淡的。很多人说，找到了更合适的，和结发妻子没感情了，还说什么七年之痒，爱情的力量等等，这些都是在为自己婊子的行为立牌坊。

对一个人的厌烦，是因为没有发现对方的优点。人们对任何事物，久了就会生厌烦，那是自己没有进步，没有发现这个事物更好的一面。比如，有人做一份工作，久了没有新鲜感了，因为你没有从这份工作上发现新的乐趣和新的起点。

在爱情中，女孩子嫁给你，就是把这辈子托付给你了。你既然接受了人家，就必须对其负责。

我对爱情的态度一向是认真的，喜欢就去发展，不喜欢就明说，从不会玩什么拖泥带水。社会上很多男人却不这么想，他们分别有恋爱对象和结婚对象，这恰恰是为自己耍流氓的行为找说辞。

如果梁思成出生在这个时代，可能和我今天的处境是一模一样的。恋爱经历少，耿直，认真，女孩需要的浪漫和激情却拿不出来。徐志摩如果生在这个时代，那可是风流去了。同样的道理，我如果早出生几十年，早成抢手货了，现在却成了大剩男。

婚恋网时代的开始，又让人们向浮躁迈进了一大步。很多人觉得相亲的资源多了，就更会不认真了。在对待婚恋网的态度方面，我每次都真心实意的去了解对方，女孩子似乎动不动就说"不合适"。

我的一个动作，一句话，一个眼神，她们还没搞懂真正什么意思呢，就先给"灭灯"了。还遇到过一个女孩，加了我的 QQ 后，说的第一句话就是"我们不合适"。当时我很纳闷，加我 QQ 难道就为了上来说一声"不合适"？

在沟通方面，两种态度的人是讲不通道理的，我在想为什么那些人那么浮躁，还没真正了解一个人，就先 PASS 了。人家或许会想，不就是海选吧，淘汰一个人，还需要那么隆重的找理由吗？

我经历了八年的婚恋网寻爱生涯，从这八年抗战里，我深入的分析了一下，要学会爱一个人，必须做到真诚、表达、倾听、包容，这几项基本功。现在我以培训师的身份给大家分别来阐述，希望大家体会一下，是不是存在这样的问题。

第一项基本功——真诚。

如果没有真诚，一切的一切都是免谈。真诚是一个人行走天下必须的东西，而当今的社会真诚却成了人们缺少的东西，我感到很悲催。

有的人一边和我约会，一边继续"淘宝"，这就是缺少真诚的表现。如果没有真诚，你就不会发现对方的一切优点，常常因为对方的一句话，一个动作，就把对方灭灯了，然后再去寻找下一个，这样一个个的换下去。

你或许觉得这是不懂"包容"，我认为还没到包容的层面，这种现象是缺少真诚，压根就没给对方机会，何来包容？

第二项基本功——表达。

你要善于分享自己的想法，不然就像我当初遇到的大美女郭芙。每天吃什么饭，只告诉我"随便"，我的一次次提案，都被她一次次的否决。她心里的想法故意不说，却让我去猜，我猜不到，就认为我不懂她。

这样的女孩子在社会上不在少数，这种人就是不懂表达。刚开始交往，又不是老夫老妻，两个人都不太了解，如果不表达自己内心的想法，硬让对方去猜，只会把对方累死。

第三项基本功——倾听。

你一定要知道，"听"比"说"难上百倍。中国的老祖宗造字的时候，就已经把听字给了我们启示。

"聽"字拆分开为：左侧为耳听为王，右侧为十目一心。意为在听的过程中要一心一意的关注着对方，做到"同理心"去聆听对方心底的声音。

沟通中很多人做不到同理心，甚至不少人喜欢在对立的立场去听对方。比如，我是一个拥有梦想的人，除了工作之外，我不断的出书，也是为了扩大自己的影响力，施展自己的才华。

当别人一生的目标只是吃喝玩乐的时候，我的目标是让我的作品以及我的职业对社会带来积极的影响，进而去改变世人的思想。

这些本该是我的骄傲，女孩子却没有把我看好。提起写作这件事，有的女孩子认为，你这么有理想，以后事业成功了就会花心。还有的女孩子认为，这么高的目标太可怕了，万一将来事业不成功，说不定会冲老婆孩子撒气。也有的女孩子说我好高骛远，不够踏实。她们认为男人追求老婆孩子热炕头才是踏实，追求别的似乎就是不踏实了。

倾听的最高境界是同理心，如果不能做到同理心，沟通很可能就会变成辩论，辩论的结果，双方都会觉得对方有病。

第四项基本功——包容。

这一项放在最后，如果前三项基本功没有，两个人还到不了包容的层面，就已经"拜拜"了。

所谓的包容，也就是允许对方的一些小缺点。选一个老公还是老婆，只要那些"主要方面"合适，次要的方面想着如何去磨合，这就OK了。事实证明，完美主义的人只有单身，两个人生活背景不一样，在一起会有很多地方需要磨合。如果连一点对方的瑕疵都不能接受，那就只有单身了。

值得注意的是，"主要方面"一定要是客观的方面，而非那些虚无缥缈的感觉。比如，价值观和责任心，一定要作为择偶要求的主要方面，这些东西关系到爱情的基础，无法通过磨合解决。

……

谈了这么多，希望对大家有所帮助。或许有人说，我的寻爱结果失败了，无借鉴意义。你要知道正是由于这些"奇葩"的经历，让我看清了更多的社会现象。本书的出版，可以让女人读后变得成熟，清晰的认识到自我思维的盲区，这样才会分得清男人的好赖，否则只会便宜了那些坏男人。

感谢阅读本书的人，感谢我的父母，感谢我一路走来，支持过我的朋友们，祝大家一生幸福！

夏晓光

2014 年 3 月 25 日